YOGA KOCH BUCH

GARLONE BARDEL

YOGA KOCH BUCH

GRUNDLAGEN, ÜBUNGEN UND 108 REZEPTE

Unter Mitwirkung von Anne-Claire Meret, Heilpraktikerin
Mit Fotos von Thomas Dhellemmes und Illustrationen von Sandrine Boumier

Mit einem Vorwort von Blaise Angel

at VERLAG

Inhalt

6	Vorwort
8	Kochen als Lebensart

10 Teil 1: YOGA UND ERNÄHRUNG

13	Die Qualität der Nahrung
16	Gesunde Ernährung im Zeitalter industriell hergestellter Nahrungsmittel
20	Yogische Antworten auf Vegetarismus, Laktose, Zucker, Gluten, Wasser
29	Mäßigung und Einsicht
31	Die individuell beste Nahrung finden und in den Alltag integrieren
36	Der Schlüssel für eine gute Verdauung und eine gute Nahrungsaufnahme
43	Yoga und Ayurveda auf dem Teller
46	Ernährung und Doshas
51	Prana, die Lebensenergie der Nahrungsmittel
54	Die Grundnahrungsmittel und ihre wohltuenden Eigenschaften
54	Der Vorratsschrank
64	Der Einkaufskorb: Gemüse, Gewürzkräuter und Milchprodukte
66	Ghee, sattvisch und wohltuend
67	Nahrungsmittel, die eher oder ganz zu meiden sind
69	Küchenutensilien
71	Kochmethoden für eine lebendige Nahrung

75	**Teil 2:** YOGA UND YOGISCHE ERNÄHRUNG FÜR ALLE TAGESZEITEN
77	Den Körper beim Aufwachen reinigen und nähren
78	Vor dem Yoga: Den Körper reinigen
80	Bereit für eine Yoga-Stunde mit sich selbst?
87	Andere morgendliche Praktiken: Pawanmuktasanas
99	Rezepte für das Frühstück
123	Den Körper am Mittag nähren
124	Yogaübungen für ein entspanntes Mittagessen
127	Rezepte für das Mittagessen
179	Den Körper den ganzen Tag über mit Feuchtigkeit versorgen
197	Brote, Kuchen und kleine Leckereien
237	Den Körper am Ende des Tages nähren
238	Yogaübungen vor dem Abendessen, ein Ruhepuffer
241	Rezepte für das Abendessen
291	Dank an Annapurna
292	Dank
294	Rezeptverzeichnis

Yoga

Das Wort *Yoga* hat seinen Ursprung im Sanskrit und bedeutet sowohl »Vereinigung, Verbindung« wie auch »anspannen, einspannen, anschirren (unter das Joch)«. Soll dies bedeuten, dass es Anstrengung, Engagement und vielleicht auch Askese braucht, um den Yoga-Zustand oder anders gesagt die »Vereinigung« von Körper, Atem und Geist zu erlangen? Ja, so ist es. Doch warum sollen wir diesen Weg gehen, wenn er uns eine Anstrengung abverlangt? Was bietet uns das Yoga, das diese Anstrengung lohnen würde? Patañjali sagt uns *Yogascittavrttinirodhah* (Yogasutra I, 2): »Yoga ist jener innere Zustand, in dem die seelisch-geistigen Vorgänge zur Ruhe kommen.« Yoga ist vor allem ein Zustand, und jede Aktivität kann im Yoga-Zustand durchgeführt werden. Das Ziel des Yogas ist, Abstand von den negativen Erscheinungen des Lebens nehmen zu können. Oder anders ausgedrückt, mehr Einsicht. So wird sich der Yoga-Praktizierende nach und nach von seiner Konditionierung lösen und sich schließlich ganz befreien können. Yoga ist ein Weg der Befreiung.

Der Ursprung des Yogas verliert sich in grauer Vorzeit. Archäologische Grabungen am Unterlauf des Indus haben Reste von Siedlungen (Mohenjo-Daro und Harappa) aus der Zeit um 2500 v. Chr. zutage gefördert. Darunter waren Siegel, die einen Yogi in der Position des Mulabandhâsana, umgeben von Tieren, zeigen. Daraus lässt sich ableiten, dass es Yoga zu dieser Zeit bereits gab. Somit wäre es also fast fünftausend Jahre alt.

Die ersten Texte, in denen Yoga erwähnt wird, sind die ab 1500 v. Chr. zuerst mündlich, dann schriftlich überlieferten Veden (*Rigveda* sowie die später entstandenen *Samaveda*, *Yajurveda* und *Atharvaveda*). Diese vier Veden sind aus den *Shrutis*, den sogenannt »gehörten« Offenbarungen, hervorgegangen (Offenbarungen, welche die Weisen direkt vom Göttlichen »gehört« haben). Sie sind die Quelle für die Lehren der späteren Texte und überhaupt der geistigen Kultur Indiens. Der allererste Text jedoch, der das Yoga in einem vollständigen System zusammenfasst, ist das *Yogasutra* von Patañjali (vermutlich zwischen 200 v. Chr. und 200 n. Chr. verfasst), eine Folge von 195 Versen, in denen das Yoga in allen seinen Disziplinen beschrieben wird, was man davon erwarten kann (*Kaivalya*, Befreiung), und die Mittel, um dieses Ziel zu erreichen.

Nachdem Yoga lange Zeit nur mündlich überliefert wurde, wird es heutzutage selbst über das Internet verbreitet und auf der ganzen Welt so viel wie nie zuvor praktiziert, in traditioneller oder auch in ganz moderner Weise. Dabei wurde Yoga natürlich auch zu einem interessanten Geschäft (in den USA gab es 2007 selbst Versuche, Patente auf Yoga zu erheben). Ich bin jedoch für die Zukunft des Yogas sehr zuversichtlich: Der Verlust an Bezugspunkten, der sich in unserer Gesellschaft vollzieht, wird früher oder später eine Rückkehr zu sich selbst zur Folge haben. Unter allen Systemen, die diesen grundlegenden menschlichen Bedürfnissen Rechnung tragen, ist das Yoga zweifellos das umfassendste, das reichhaltigste und das freieste.

Damit sind die Grundlinien dieses Buch abgesteckt. Wir alle wissen es: *Mens sana in corpore sano* (ein gesunder Geist in einem gesunden Körper). Wir tun gut daran, den Körper – als Sitz der Seele und des Geistes – in bestmöglicher Form zu erhalten. Und wir alle wissen, einen gesunden Körpers kann man weder erlangen noch erhalten, wenn man ihn mit Junkfood und industriell hergestellten Nahrungsmitteln ernährt. Wie man sich bewusst ernährt und wie wunderbar einfach das ist, wird in diesem Buch aufgezeigt. Denn, wie es bei Racine heißt: »Wer weit reisen will, sollte sein Reittier schonen.«

Hari Om Tat Sat.

Blaise Angel
Yogi und Karma Sannyasin
www.yoganidra.ch

Kochen als Lebensart

Dieses Buch hat nicht nur einen einzelnen Aspekt des Yogas zum Thema. Es vereint das wunderbare Geschenk des Yogas mit der unerschöpflichen Freude, Nahrung zu bereiten und zu teilen. Yoga verfeinert die Empfindsamkeit und führt den Menschen dazu, in allen Formen der Nahrung das Beste zu suchen. Jeder Augenblick des Lebens ist im Grunde ein Veränderungsprozess, der seine Energie aus der Umwelt, den Nahrungsmitteln, der Luft und natürlich auch aus den Gedanken schöpft. Yogis haben schon immer gesunde, hochwertige Nahrungsmittel bevorzugt, die dem Körper Energie geben und ihn reinigen. In Schriften wie dem *Hatha Yoga Pradipika,* dem *Gheranda Samhita* und der *Bhagavad-Gita* sind die Ernährungsregeln niedergelegt, die dem Yoga-Praktizierenden angepasst sind.

Entgegen gewisser Vorurteile gibt es im Yoga keinerlei extreme und rigide Ernährungsvorschriften: Im Yoga wird lediglich eine Ernährung bevorzugt, die reich an Prana, das heißt an Lebensenergie ist. Dieses Buch stützt sich auf die überlieferten Grundsätze, jenseits aktueller Trends und Moden in der Ernährung. Was die geeignete und passende Nahrung ist, unterscheidet sich von Mensch zu Mensch. Daher ist die einzig unwiderrufliche Regel die, auf seinen eigenen Körper zu hören. Wie auf der Yogamatte ist es auch hier ratsam, seinen Empfindungen gegenüber offen und achtsam zu sein. Jeder Mensch ist einzigartig, und der Inhalt seines Tellers sollte dem entsprechen.

Dieses Buch ist der erste Schritt zu einer Küche voller Vitalität, die dem Stoffwechsel, dem Alter, der Lebensweise und der Geschichte jeder und jedes Einzelnen angepasst ist. Dabei geht es nicht nur um das Essen an sich. Auch im Kochen und im Umgang mit den Lebensmitteln lässt sich Yoga praktizieren. Im Bewusstsein der Bedeutung des Prana wird Kochen, das die Vielfalt und die Erneuerung durch eine den Jahreszeiten und den Bedürfnissen angepasste Ernährung sicherstellt, Teil der yogischen Haltung dem Leben gegenüber. Die Früchte und das Gemüse, die wir in den Händen halten, müssen mit Sorgfalt und Achtsamkeit behandelt werden. Die einfachen Handgriffe in der Küche werden zu einem Bindeglied zwischen individueller und globaler Ökologie.

Genuss und Freude am Essen geht weit über die Geschmackspapillen hinaus. In einer wahrhaft yogischen Ernährung geht es darum, nicht nur den Körper, sondern alle Dimensionen des Seins zu nähren und zu beglücken.

Wir haben uns dafür entschieden, nur Rezepte ohne Fisch und Fleisch in dieses Buch aufzunehmen. Insbesondere für fortgeschrittene Stufen im Yoga wird eine vegetarische Ernährung empfohlen, wobei Vegetarismus aber keine zwingende Voraussetzung für die Ausübung von Yoga ist. Die Rezepte enthalten zudem weder Knoblauch noch Zwiebeln. Sie bewirken Schwere und stehen der Befreiung des Geistes entgegen, die im Yoga das Ziel ist.

Die Besonderheit dieses Buches liegt darin, zwei unterschiedliche Esskulturen miteinander zu verbinden: die Prinzipien der yogischen Ernährung und der ganzheitlichen indischen Medizin, des Ayurveda, und die gesunde westliche Ernährungsweise. 108 Rezepte, aus ganz unterschiedlichen Quellen inspiriert, zeigen, wie ein yogagemäßes Kochen aussehen kann, das dem heutigen beschleunigten westlichen Lebenrhythmus angepasst ist. Es braucht Erfindungsreichtum und Kreativität, um unter dem Druck entgegengesetzter äußerer Umstände dennoch für Lebensqualität und Qualität auf dem Teller zu sorgen.

Aber warum 108 Rezepte? Weil 108 die Schlüsselzahl des Yogas ist. In der indischen Tradition ist die 108 eine *Harshad*-Zahl, das heißt, eine Zahl, die durch ihre Quersumme teilbar ist. *Harshad* bedeutet im Sanskrit »große Freude«. In der Zahlensymbolik setzt sich 108 – ein Vielfaches von 9 – folgendermaßen zusammen:

1 steht für die Einheit.
0 repräsentiert alles, Leere und Fülle.
8 steht für die Unendlichkeit.

Neben den Rezepten helfen die beschriebenen Yoga-Übungen, jeden Tag bewusst zu erleben, für einen guten Energiefluss zu sorgen und die Verdauung sanft anzuregen. Nach dem Tagesablauf aufgebaut, bietet das Buch von der Morgendämmerung bis zum Sonnenuntergang viele Ideen, Anregungen und Inspirationen, um das Leben zu einem Feuerwerk von Geschmacksfreuden, Fröhlichkeit und Energie zu machen!

Garlone Bardel

Teil 1

YOGA UND ERNÄHRUNG

»Die Philosophie des Yogas geht davon aus, dass der Körper als Sitz der Seele genauso wichtig ist wie der Geist, dass die Physiologie genauso viel Aufmerksamkeit erfordert wie die Psychologie. Ausgehend von einer körperlichen Disziplin, zielt das Yoga letztlich auf eine Veränderung des Wesens ab und schlägt dazu verschiedene geistige Übungen vor. Die Verbindung eines starken Geistes mit einem gesunden Körper ist die Voraussetzung für die Synthese von individueller Seele und universaler Seele. Was den Körper betrifft, versteht es sich von selbst, dass eine gute Gesundheit eine entsprechende körperliche Disziplin erfordert. Auf ein Nahrungsmittel zu verzichten, das einem den Magen verdirbt, oder auf Süßigkeiten, die krank machen, hat nichts mit Entsagung zu tun und ist kein Opfer. Allein schon reiner Eigennutz sollte uns zu dieser Art ›Körperkultur‹ führen. Dass wir einen wunderbaren Körper erhalten haben, der von ganz allein funktioniert, ist nicht einfach als gegeben hinzunehmen und daraus zu schließen, dass wir nichts für den Erhalt seiner Funktionen tun müssen.«

Swami Satyananda Saraswati, *Dynamics of Yoga*, Yoga Publications, Munger, Bihar, Indien 1966

Die Qualität der Nahrung

Nach der indischen Tradition werden Nahrungsmittel nicht nach ihrem Nährstoffgehalt (Aminosäuren, Vitamine, Mineralsalze usw.) unterschieden, sondern nach der Energie, die sie enthalten. Nach der Philosophie des *Samkhya*, zu dem auch das Yoga gehört, ist jedes Element des Universums, egal ob menschlich, tierisch, pflanzlich oder mineralisch, aus drei Grundprinzipien aufgebaut, den Gunas:

Sattva verkörpert das Prinzip von Ausgeglichenheit, Harmonie, Reinheit, Licht.
Rajas verkörpert das Prinzip von Aktivität, Verwandlung, Leidenschaft, Ruhelosigkeit.
Tamas steht für Trägheit, Passivität, Schwere, Unwissenheit, Dunkelheit.

Diese drei Gunas sind in jedem Nahrungsmittel gegenwärtig und wirken im Körper, wenn ein Nahrungsmittel aufgenommen wird. Um Körper und Bewusstsein zu reinigen, werden im Yoga sattvische Nahrungsmittel bevorzugt, auch wenn rajasische und tamasische Nahrungsmittel im Ernährungszyklus durchaus eine Rolle spielen.

Sattvische Nahrung

Sattvische Nahrung ermöglicht die Entwicklung auf allen Ebenen des Seins: physisch, energetisch, emotional, intellektuell und spirituell. Gesunde und nahrhafte sattvische Lebensmittel sind gut für den Körper, sie fördern Zufriedenheit, Harmonie, Frieden und Ruhe. Sie wirken anregend und energiespendend, erzeugen Vitalität, Kraft und Ruhe. Sie sind appetitlich und wohlschmeckend und wirken sich daher auch auf der emotionalen Ebene günstig aus. Die sattvische Ernährung verbessert Gedächtnis, Intuition, Klarheit des Denkens und Meditation, ist gut für die geistige Verfassung und den Intellekt. Sie gibt dem Körper die für den Stoffwechsel erforderliche Energie, regeneriert ihn und fördert die Erweiterung des Bewusstseinszustands. Sattvische Nahrungsmittel zeichnen sich durch große Frische aus; sie sind biologischen Ursprungs, vegetarisch und sehr gut verträglich, da sie mehr Energie liefern, als für ihre Umwandlung erforderlich ist. Sattvisches Obst und Gemüse ist nicht chemisch behandelt, auch nicht genetisch verändert, es ist im natürlichen Rhythmus der Jahreszeiten gewachsen und in der Sonne gereift. Obst und Gemüse sollten vorzugsweise aus lokalem Anbau stammen.

Sattvisch meint dabei nicht nur die Qualität des Nahrungsmittels an sich, sondern umfasst auch die gesamte Haltung und den Respekt der Erde und dem Tier gegenüber, den mentalen und emotionalen Zustand beim Kochen und beim Verzehr der Nahrung. Vom Acker bis

auf den Teller sollen Liebe und Respekt vor dem Leben und jedem Lebewesen von der wahren yogischen Haltung der Ernährung gegenüber zeugen.

Auch der Rahmen, in dem die Mahlzeit stattfindet, spielt eine Rolle. Es sollte ein angenehmer, sauberer, heller, gut gelüfteter und ruhiger Ort sein. Wird sattvische Nahrung unter rajasischen Bedingungen (Lärm, Gereiztheit, Unruhe) oder schlimmer noch unter tamasischen Bedingungen (Gewalt, Schmutz) eingenommen, verliert sie ihre wohltuende Wirkung. Das Essen sollte immer im Sitzen eingenommen werden. Vermeiden Sie es, im Gehen zu essen oder nebenbei etwas anderes zu tun; halten Sie beim Essen auch Abstand zu Handy, Bildschirm und Ablenkungen aller Art. Es geht darum, sich bewusst und ausschließlich dem Inhalt des Tellers zuzuwenden. Bewusst essen bedeutet: »Während ich esse, weiß ich, dass ich esse, und ich weiß, was ich esse, denn ich nehme die Geschmacksaromen, die Texturen und die Eindrücke wahr, die es in mir hervorruft.«

Eine sattvische Ernährung setzt einen positiven Kreislauf in Gang. Sie stärkt die Gesundheit des Körpers, seine Geschmeidigkeit und seine Widerstandsfähigkeit, und sie wirkt sich in allen Dimensionen des Seins positiv aus. Sie lässt die Energie frei fließen, erhält die Vitalität und stimuliert dadurch die Aktivität, Lust und Freude am Tun, Begeisterung und Optimismus. Je mehr die sattvischen Dimensionen genährt werden, desto mehr prägen sie das Verhalten und verbessern es in günstiger Weise.

Beispiele für sattvische Nahrungsmittel: natürlich gereifte, frische biologische Früchte und Gemüse, qualitativ gute Milch und Butter, Getreide, Hülsenfrüchte, Nüsse und Honig. Unter den Getreiden ist Reis besonders sattvisch. Für alle, die ein gutes Verdauungsfeuer haben, ist Vollkornreis die erste Wahl. Auch andere Getreide (Quinoa, Couscous, Dinkel, Weizen) sind ausgezeichnet. Dazu Zitrone (reinigt den Organismus), gekeimte Sprossen, Wasser von guter Qualität, Kräutertees.

Rajasische Nahrung

Rajasische Nahrung regt an und auf, stimuliert auf physischer, mentaler und emotionaler Ebene. Sie bewirkt eine erhöhte Geschwindigkeit und Erregbarkeit, kann zu psychischen und nervösen Unruhezuständen führen. Im Übermaß aufgenommen, schürt diese Art der Nahrung die Leidenschaften, macht die geistige Verfassung schwer kontrollierbar, ruft lebhafte, starke Gefühle wie Wut, Reizbarkeit, Eifersucht, Lust, Unwohlsein, Schmerz hervor und kann zu Abhängigkeit führen.

Beispiele für rajasische Nahrungsmittel: Lauch, Knoblauch, Zwiebeln, Fisch, Schokolade, Kaffee, Tee, Pfeffer, scharfe Gewürze, eisgekühlte Getränke, zu trockene, zu heiße, zu saure, zu salzige und zu stark gewürzte Nahrungsmittel. Rajasische Nahrungsmittel sind nur verarbeitet, gekocht oder gewürzt genießbar. Rajasisch wirkt auch zu schnelles, hastiges Essen und zu viele unterschiedliche Kombinationen von Nahrungsmitteln.

Menschen, die sehr auf Aktivität und Erfolg ausgerichtet sind, benötigen etwas Rajas.

Tamasische Nahrung

Tamasische Nahrung belastet (»vergiftet«) den Körper, ermüdet ihn, erschwert die Verdauung und verbraucht viel mehr Energie, als sie dem Körper zuführt. Sie entbehrt jeglicher Vitalität. Nach der yogischen Lehre zieht sie den Geist nach unten, macht dumpf und grob, führt zu Pessimismus, Zweifeln, Geiz, Faulheit und Minderwertigkeitsgefühlen. Sie ist mit größter Vorsicht zu genießen.

Beispiele für tamasische Nahrungsmittel: Fleisch, Schalentiere, Eier, Hartkäse, industriell hergestellte Nahrungsmittel, Frittiertes, Konserven und Eingemachtes, getrocknete, tiefgefrorene, überlagerte und sterilisierte Nahrungsmittel. Eine tamasische Wirkung hat auch Essen im Übermaß, in einer ungünstigen Umgebung oder Essen, das mit negativen Gefühlen zubereitet wurde.

Gesunde Ernährung im Zeitalter industriell hergestellter Nahrungsmittel

Individuelle Ökologie und globale Ökologie

Die Verbindung zwischen der alten yogischen Überlieferung und den ökologischen Problemen der Gegenwart herzustellen, ist eines der Anliegen dieses Buches. Wir müssen wieder eine yogische Haltung der Ernährung gegenüber erlernen, die Nahrung aus Liebe zum Leben und allem Lebendigen respektieren – eine bedingungslose Liebe zur Erde und zur Menschheit, wie sie der Inbegriff des Bhakti Yoga ist.

Gesund essen erfordert, dass wir unser Essen überlegt auswählen und unsere Augen nicht verschließen vor der Herkunft der Produkte, die wir verzehren. In unserer aktuellen komplexen Welt lohnt es sich zu fragen, woher die Nahrungsmittel auf unserem Teller kommen, wovon unsere Ernährung abhängt und ob wir ein weltweites System der Nahrungsmittelindustrie in den Händen einiger multinationaler Unternehmen wirklich unterstützen wollen.

Es ist möglich, anders einzukaufen. Kurze Vertriebswege bringen lokale Produzenten und die Verbraucher zusammen. Und wo ein Zwischenhändler benötigt wird, sollten es Händler unseres Vertrauens sein, die engagiert, ernsthaft und respektvoll mit den Nahrungsmitteln umgehen. Es sollten biologische Produkte sein, die der Jahreszeit entsprechen und regional hergestellt oder angebaut werden. Sich regional zu ernähren ist nicht nur ökologisch, sondern auch gut für den Organismus. Regionale Produkte gedeihen unter klimatischen Bedingungen und auf dem Boden des Ökosystems, zu dem wir selbst gehören. Alles, was in unserer näheren Umgebung wächst, ist natürlicherweise für unsere Bedürfnisse passender.

Die Beachtung des sattvischen Aspekts der Nahrung hat zur Folge, dass wir auch auf das Leben und auf die Erde achten. Individuelle Ökologie und globale Ökologie haben hier dieselbe Intention und dieselbe Dynamik. Die Bevorzugung von sattvischer Nahrung bedeutet das Ende von Pestiziden, Herbiziden, Insektiziden, chemischem Dünger, genetisch veränderten Organismen (GVO), vorzeitigen Ernten, künstlicher Reifung, Kühlung, Bestrahlung, Tiefgefrieren, Konservierung, Zufügung von Zusatzstoffen und Konservierungsmitteln. All diese negativen Seiten der industriellen Nahrungsmittelproduktion, deren einziges Ziel das Streben nach Gewinn ist, aber nicht die Gesundheit des Menschen, lassen sich dadurch vermeiden.
Mit der Auswahl unseres Essens halten wir Macht in Händen: Die Macht, jeden Tag, bei jeder Mahlzeit zu entscheiden, welche Quellen sprudeln sollen, um die Menschheit zu ernähren. Diese Verbindung mit den anderen Menschen auf der Welt, die unmittelbar persönliche Interessen bei Weitem übersteigt, ist ebenfalls eine zutiefst yogische Empfindung.

Die vier Gruppen der Nahrungsmittel

Nach dem Grad der Verarbeitung lassen sich die Nahrungsmittel in vier Kategorien einteilen.

Die erste Gruppe bilden nicht-verarbeitete Nahrungsmittel, wie zum Beispiel Gemüse, Früchte, aber auch qualitativ hochwertige Milch oder Gewürzkräuter. Ihr Verzehr ist der Gesundheit zuträglich, unter Berücksichtigung der individuellen Bedürfnisse des Stoffwechsels. Sie wurden nicht denaturiert und besitzen noch ihre wohltuenden Eigenschaften. Sie sind lebende Materie, das Ergebnis aus der Kombination der natürlichen Elemente Luft, Feuer, Wasser, Erde und Äther. Der Körper liebt und braucht sie.

Die zweite Gruppe umfasst Nahrungsmittel, die einmal verarbeitet sind, wobei eine Zutat hinzugefügt wird. Zum Beispiel Marmelade, die Früchte enthält und zusätzlich Zucker, oder die Umwandlung von Früchten in Alkohol. Diese Produkte sind für Menschen mit einem schwachen Verdauungsfeuer schwer verdaulich und sollten daher nur maßvoll konsumiert werden.

Zur dritten Gruppe zählen alle Nahrungsmittel, die aus mehr als einem Rohstoff hergestellt wurden (Kekse, Kuchen, Fertiggerichte) und die in Konservendosen oder Plastikverpackungen aufbewahrt werden oder tiefgefroren sind. Sie enthalten keinerlei Vitalität mehr, füllen den Magen und ermüden den Organismus, der die daraus entstehenden Abfälle beseitigen muss.

Die vierte Gruppe umfasst alle künstlichen Produkte wie Nahrungsmittelfarbstoffe und chemische Produkte jeglicher Art (Zusatzstoffe, Konservierungsmittel usw.), die wir aufnehmen und die in den Organismus eindringen. Sie bewirken schädliche und potenziell gefährliche Störungen der Körperfunktionen. Wenn der Körper mit Schadstoffen belastet und »vergiftet« wird, werden sich unweigerlich Krankheiten einstellen.

»Wenn die Bevölkerung nicht weiß, woher ihre Nahrung kommt und wie sie hergestellt wurde, wenn große Unternehmen kontrollieren, was wir essen, dann ist uns der intimste Aspekt unserer Freiheit, nämlich unseren Körper zu stärken, ihn gesund zu erhalten oder nicht, genommen.«

Vandana Shiva, zitiert im Film von Cyril Dion und Mélanie Laurent, *Tomorrow. Die Welt ist voller Lösungen*, 2015

Yogische Antworten auf Vegetarismus, Laktose, Zucker, Gluten, Wasser

In der heutigen Zeit rufen manche Ernährungsweisen oder Nahrungsmittel starke Kontroversen hervor. Dies ist vor allem bei Fleisch, Milch, Zucker, Gluten und Wasser der Fall. Wie sind sie aus yogischer Sicht zu beurteilen?

Vegetarische Ernährung

Die indischen Yogis sind Lakto-Vegetarier, und auch wenn die vegetarische Ernährung keine Voraussetzung für das Praktizieren von Yoga ist, ist es doch stark empfohlen, den Fleischkonsum zu reduzieren oder gar zu meiden. Doch wie bei allen Ernährungsfragen gibt es dazu keine Vorschriften und keine universelle Wahrheit. Jeder muss diese Frage im Zusammenhang mit seinen Essgewohnheiten, seinen Entwicklungszielen und seiner Einstellung den ethischen Fragen gegenüber, die der Fleischkonsum aufwirft, selbst beantworten. Im Yoga finden sich allerdings Argumente für die Bevorzugung des Vegetarismus und seine positiven Auswirkungen.

Das erste Argument geht zurück auf Patañjali, den Autor des berühmten *Yogasutra*, eines der Grundlagenwerke des Yogas, in dem die Beachtung der persönlichen und gesellschaftlichen Regeln als Voraussetzung für das Yoga beschrieben wird. In diesen Lebensregeln geht es um die Art und Qualität unserer Beziehungen zu anderen, zur Umwelt; sie werden *Yamas* genannt. Die erste Regel, *Ahimsa,* beschreibt die Gewaltlosigkeit. Da getötet werden muss, um Fleisch als Nahrungsmittel zu erhalten, ist es zu vermeiden. Entsprechend der Auffassung, dass nur Leben Leben erzeugt, heißt es, dass lebendige Nahrungsmittel vitalisieren, im Gegensatz dazu aber tote Nahrung ihrerseits »tötet«.

Neben dieser symbolhaften Bedeutung hat der Fleischverzehr auch Auswirkungen auf den Stoffwechsel. Rotes Fleisch und in etwas abgeschwächter Form auch weißes Fleisch, Fisch und Eier haben die Eigenschaft zu verwesen bzw. zu faulen. Im Unterschied dazu wird Milch nicht faul, sie wird sauer, Getreide und Gemüse gären oder schimmeln. Durch den Verwesungsprozess entwickeln die tierischen Proteine schädliche Giftstoffe und erhöhen die Harnsäure. Diese Giftstoffe oder Fäulnisbakterien breiten sich im Darm aus und verändern die Darmflora, die in gesundem Zustand zum größten Teil aus Milchsäurebakterien besteht. Sind diese Bakterien im Übermaß vorhanden, vergiften sie nach und nach den Organismus, indem sie die Darmwand durchdringen und die Entstehung von Krankheiten begünstigen. Als einfach festzustellendes Anzeichen weist ein sehr übel riechender Stuhlgang auf eine große Menge von Fäulnisbakterien im Darm hin.

Dazu der ökologische Aspekt: Zwei Drittel der landwirtschaftlichen Flächen weltweit dienen dem Anbau und der Herstellung von Viehfutter. Um ein Kilogramm Rindfleisch zu produzieren, benötigt man 15 000 Liter Wasser. Für die Herstellung von einem Kilogramm Getreide braucht man im Durchschnitt nur 500 Liter Wasser. Fleischkonsum ist daher untauglich zur Sicherung der Ernährung einer weltweit wachsenden Bevölkerung. Angesichts dessen und der Auswirkungen des Fleischkonsums auf die Umwelt (Verschmutzung von Erde und Luft, nicht artgerechte Behandlung der Schlachttiere) gilt Fleisch nach den Prinzipien des Yogas als tamasisches Nahrungsmittel.

Doch auch bei Verzicht auf Fleisch sind essenzielle Aminosäuren in der Ernährung unverzichtbar. Sie sind aber nicht nur in Fleisch enthalten. Nüsse, Algen, gekeimte Sprossen und Hülsenfrüchte in Verbindung mit Getreide liefern dem Körper alle notwendigen Aminosäuren. Eine abwechslungsreiche vegetarische Ernährung, die dank einer guten Verdauung gut aufgenommen wird, erfüllt sämtliche physiologischen Anforderungen des Körpers, vor allem, wenn sie schon in jungen Jahren begonnen wird. Bei einer plötzlichen Einführung einer fleischlosen Ernährung im Erwachsenenalter braucht der Körper etwas Zeit, bis er in der Lage ist, nur aus Früchten, Gemüse, Kernen und Getreide die zum Aufbau und zur Reparatur der Zellen benötigten Aminosäuren herzustellen.

Zu beachten ist allerdings die Gefahr eines Vitamin-B12-Mangels, der schwierig festzustellen ist, da die Symptome oft nicht unmittelbar sichtbar sind. Vitamin B12 ist in Fleisch (vor allem Innereien), Eiern und Milch vorhanden und wird gebildet durch bestimmte im tierischen Organismus vorkommende Bakterien; es gibt keine zuverlässige pflanzliche Quelle für dieses Vitamin. Vitamin B12 ist für diverse Funktionen von Nervensystem und Blutkreislauf wesentlich. Ohne regelmäßige Kontrollen kann sich ein Mangel mit der Zeit verschlimmern und zu einer tickenden Zeitbombe entwickeln. Aber Vorsicht, lange Kochzeiten, auch das Aufkochen von Milch, zerstören das Vitamin B12.

Alle anderen Bedürfnisse des Organismus können durch eine pflanzliche Ernährung befriedigt werden, auch wenn die Werte für Eisen, Jod, Kalzium sowie für Vitamin B9 und D von Zeit zu Zeit überprüft werden müssen. Mangelerscheinungen kommen allerdings nicht nur bei Vegetariern vor, sondern können auch durch eine unausgewogene oder schlecht verdaute Fleischernährung verursacht werden.

Milchprodukte

Milchprodukte, die in den westlichen Ländern reichlich konsumiert werden, werden seit einigen Jahren kritisch betrachtet. Dabei ist weniger die Milch an sich das Problem als vielmehr die verschiedenen Behandlungen, denen sie unterzogen wird. Wenn in älteren Yoga-Texten von Milch die Rede ist, ist diese natürlich nicht mit der heute üblichen Handelsware zu vergleichen. Gemeint ist vielmehr eine Milch von Kühen, die mit Respekt und Wohlwollen behandelt werden, die frei weiden können und erst dann gemolken werden, wenn die Kälber genügend getrunken haben. Diese Milch riecht gut und verändert ihren Geschmack im Wechsel der Jahreszeiten, genauso wie die Butter, die daraus hergestellt wird. Diese Milch ist in höchstem Maße sattvisch und wird in Indien als göttlicher Nektar betrachtet.

Im Gegensatz dazu steht die industriell produzierte Milch von Kühen, die künstlich trächtig gemacht werden mit dem Ziel, möglichst viel Milch zu produzieren. Tiere, die in Ställe eingesperrt sind und sofort von ihren Kälbern getrennt werden, die ihrerseits meist für den Metzger bestimmt sind. Sie werden mit Hormonen stimuliert und mit Antibiotika behandelt, deren Rückstände auch in ihrer Milch enthalten sind, die anschließend pasteurisiert und gekühlt wird. Eine solche Milch passt natürlich nicht in die yogische Ernährung. Demgegenüber ist eine Milch vom Bauernhof, aus einer kleinen Herde, unbehandelt und biologisch, für diejenigen, die sie gut verdauen können, durchaus zu empfehlen.

Verträglichkeit von Milch und Milchprodukten

Obwohl Milch in der yogischen Tradition als ausgezeichnetes Nahrungsmittel gilt, ist zu beachten, dass sie sich nicht für jede Konstitution eignet. In unseren ersten Lebensjahren produzieren wir alle ein bestimmtes Enzym (LPH, Lactase Phlorizin Hydrolase), dessen Aufgabe es ist, den Milchzucker (Laktose) in Glukose und Galaktose zu spalten, um so die Muttermilch verdauen zu können. Nach dem Abstillen wird die Produktion dieses Enzyms bei drei von vier Menschen weltweit nach und nach eingestellt, mit unterschiedlicher Verteilung je nach geografischem Breitengrad. Bei sechzig Prozent der mediterranen Bevölkerung und bis zu achtzig Prozent der Asiaten und Afrikaner besteht eine Laktose-Unverträglichkeit, da sie normalerweise nach dem Abstillen der Muttermilch keine oder kaum mehr Milchprodukte konsumieren. Demgegenüber ist die Bevölkerung Europas von dieser Unverträglichkeit viel weniger betroffen. Da Kuhmilch dort seit langem Bestandteil der Ernährung ist, produziert sie dank genetischer Anpassung auch im Erwachsenenalter genügend Laktase, um diese gut zu verdauen. Allerdings besteht auch hier bei etwa einem Sechstel der Bevölkerung eine Laktoseintoleranz.

Eine Unverträglichkeit kann sich in Form von Verdauungsproblemen, Hautproblemen, wiederkehrenden Infekten, Allergien, chronischer Müdigkeit usw. äußern. Die Tendenz zu Erkältungen, zu Schnupfen und anderen Problemen im Hals-Nasen-Ohren-Bereich (in Verbindung mit vermehrter Schleimbildung) wird ebenfalls durch Milchprodukte verstärkt. Wenn die Nase das ganze Jahr über läuft, könnte sich ein Verzicht auf Milchprodukte lohnen.

Manche Gewürze (Zimt, Kardamom, Ingwer) können Milchprodukte besser verträglich machen. Von den verschiedenen Milchsorten ist Ziegenmilch für den Menschen am besten verträglich, danach kommt Schafsmilch und schließlich Kuhmilch. Eine Besonderheit ist die Stutenmilch, die in ihrer Zusammensetzung der menschlichen Muttermilch am nächsten kommt und dadurch für den Menschen sehr gut verwertbar ist. Sie wird nur in sehr geringem Umfang produziert und ist meist als frische Milch, ganz selten in Form von Käse erhältlich.

Butter wird in der Yoga-Ernährung und im Ayurveda verwendet, allerdings in Form geklärter Butter, Ghee genannt. Geklärte Butter ist frei von Kasein und Laktose. Es bleiben nur die guten Fette, die für die Gesundheit der Zellen, der Nerven und der Haut sowie für die Geschmeidigkeit des Darms unverzichtbar sind. Diese machen Ghee zu einem Produkt voller guter Eigenschaften, die Jugendlichkeit und Langlebigkeit fördern.

Wie bei der Milch ist auch hier auf hochwertige Qualität zu achten. Zur Herstellung von Ghee verwendet man Butter aus biologischer Rohmilch, von Kühen mit Grasfütterung. Um einer Denaturierung durch den Herstellungsprozess vorzubeugen, stellt man Ghee am besten selbst her. Ghee kann ohne die Gefahr schädlicher Umwandlungsprozesse zum Kochen verwendet werden (es enthält keine Stoffe, die beim Erhitzen verbrennen können) und hält sich gut auch ungekühlt über längere Zeit. Mehr dazu und zu den positiven Auswirkungen auf die Gesundheit auf Seite 66.

Hochwertige Fette sind für den Körper eine wesentliche Nährstoffquelle. Der Verzicht darauf bewirkt Hunger, den der Körper mit allen Mitteln zu kompensieren versucht. Die erste Reaktion ist Lust auf Süßes.

Zucker

Der Körper braucht Zucker. Maßvoll genossen, trägt er zum guten Funktionieren des Stoffwechsels bei. Allerdings gilt das nicht für jede Art von Zucker. Hier sprechen wir von natürlichen, vollwertigen, nicht raffinierten Zuckersorten (Muscovado, Rapadura, Kokoszucker usw.), Honig, Ahornsirup, Getreidesirup und Melasse, die reich an Mineralien und Vitaminen

sind. Im Gegensatz dazu sind weißer raffinierter Zucker und in etwas abgemilderter Form brauner Zucker ohne Nährwert; diese Art Zucker verbraucht die Verdauungskapazität und vermindert die Lebensenergie.

Honig hat außer seiner Süßkraft und seinen Geschmacksaromen viele weitere Pluspunkte: Er ist ein starkes natürliches Antibiotikum, wirkt antiseptisch, antioxidierend, lindernd und schleimlösend. Achten Sie auf hochwertige Qualität möglichst biologischer Herkunft (Honig aus europäischer Produktion ist grundsätzlich roh, unbehandelt und nicht pasteurisiert). Um seinen herausragenden Nährwert zu erhalten, sollte Honig nicht über 40 Grad erhitzt werden, denn durch Erhitzung werden wertvolle Enzyme zerstört. Nach Ayurveda verstopft erhitzter Honig das Verdauungssystem, bildet Schlacken und Giftstoffe.

Früchte enthalten den besten Zucker. Sie können roh oder leicht gekocht verzehrt werden.

Gluten

Brot (auch Teigwaren, Feingebäck und andere Produkte auf Getreidebasis), wie es heute hergestellt wird, ist das perfekte Beispiel für die Irrungen der modernen Ernährung. Der Großteil des Mehls, das aus der konventionellen Landwirtschaft stammt, wird aus Weizen gemacht, der mit Pestiziden und Fungiziden behandelt und dem Stickstoff zugeführt wurde, um die Glutenbildung zu verstärken. Dann wird das Mehl unter anderem mit zusätzlichem Gluten angereichert (eine Gruppe von Proteinen, die Elastizität verleihen), dessen Herkunft unbekannt ist. Das Ergebnis sind Brote und Teigwaren, die für viele schwer verträglich, wenn nicht gar unverträglich sind.

Der übermäßige Verzehr von schlechtem Gluten erhöht das Risiko einer Darmdurchlässigkeit und dies nicht nur bei Menschen, die unter einer entsprechenden Allergie leiden. Man spricht auch vom Leaky-Gut-Syndrom; die geschädigten Zellen sind nicht mehr in der Lage, ihre Aufgabe korrekt zu erledigen. In der Folge ist nicht nur die Verdauung eingeschränkt und die Aufnahme von Nährstoffen betroffen, sondern der Körper reagiert auf die dadurch ausgelösten entzündlichen Vorgänge mit allergischen Reaktionen und anderen Symptomen, die Ausdruck zahlreicher Krankheiten sind.

Allerdings ist Getreide und das daraus gewonnene Mehl, aus dem Brot und Teigwaren hergestellt werden, ein wichtiges Element der Ernährung, denn sie sind reich an Proteinen, Ballaststoffen und komplexen Kohlehydraten. Es wäre schade, sie ohne langes Überlegen einfach zu eliminieren.

Glücklicherweise sind sich heute viele der Problematik bewusst und bevorzugen Produkte mit hohem Nährwert, die aus Mehlen und anderen Zutaten aus biologischem Anbau hergestellt werden. Das Zaubermittel ist dann eine Zutat, die mithilfe von natürlichen Hefen und Milchsäurebakterien aus einer Mischung von Vollkornmehl und Wasser entsteht: der Sauerteigansatz. Er ist ein unerlässlicher Verbündeter für ein gutes, bekömmliches Brot und wirkt sich auf den Geschmack, die Haltbarkeit und auf die Verdauung aus, indem das Gluten des Weizens quasi schon vorverdaut wird.

»Gutes«, verträgliches Gluten findet man in alten, nicht veränderten Weizensorten (einschließlich der Varietäten Dinkel, Weichweizen und Kamut), aber auch in Roggen, Gerste und Triticale (einem Hybrid aus Roggen und Weizen). Die Lösung ist also, von umweltbewussten, achtsamen Landwirten produzierte hochwertige Grundprodukte zu kaufen, diese maßvoll zu konsumieren und bewusst zu genießen.

Wasser

Der Körper des Menschen besteht zu zwei Dritteln aus Wasser, und Wasser ist auch das Wertvollste, das wir zu uns nehmen. Es ist absolut unerlässlich für unseren Organismus, es durchläuft schnell unseren Verdauungstrakt, um in nur wenigen Minuten mit allen Zellen in Kontakt zu treten. Während des Zirkulierens nimmt es Stoffwechselrückstände auf und reinigt den Körper so von Abfällen. Dann fließt es durch den Filter der Nieren, um zuletzt unerwünschte Moleküle durch den Urin auszuscheiden. Wasser ist ein reinigendes Element, daher ist es wünschenswert, dass es so »rein« wie möglich ist. Genau genommen gibt es reines Wasser in natürlichem Zustand nicht, denn es enthält immer Mikroorganismen, Mineralien und andere chemische Elemente. Der Begriff »rein« bedeutet hier »hochwertig«.

Um sich seine Vitalität zunutze zu machen, müsste Wasser den Energiewert von lebendigem, bewegtem Wasser haben, sollte wenig Mineralien und möglichst wenig Schwermetalle und chemische Produkte enthalten. Sowohl Leitungswasser wie in Flaschen abgefülltes Wasser haben Nachteile. Leitungswasser enthält Mikrorückstände von Medikamenten, Schwermetallen, Chlor und Pestiziden aus der Landwirtschaft. Bei Mineralwasser sollten Sie niedrig mineralisierte bevorzugen, um die Nieren nicht zu ermüden. Um Verschmutzungen des Leitungswassers zu vermindern, gibt es Filtersysteme, etwa auf der Basis der Umkehrosmose, Aktivkohle (Binchotan-Kohle) sowie verschiedene Systeme, die das Wasser revitalisieren. Diese Systeme können stagniertes Wasser beleben.

Wann, wie viel und mit welcher Temperatur trinken?
Das Erste, was der Körper morgens beim Aufwachen verlangt, ist, hydriert zu werden. Daher beginnt der Tag idealerweise mit dem Trinken eines großen Glases lauwarmen Wassers. Warmes Wasser ermöglicht es dem Körper, sich von den im Organismus angehäuften Giftstoffen zu befreien, indem es wie eine innere Dusche wirkt, die das Verdauungssystem »weckt«. Diesem ersten Glas Wasser kann man den Saft einer halben Zitrone hinzufügen, um eine zusätzliche Entwässerung der Organe zu fördern.

Anschließend empfiehlt es sich, den ganzen Tag über zu trinken, am besten außerhalb der Mahlzeiten, um eine Verdünnung der Verdauungsenzyme zu vermeiden. Über den Tag verteilt in kleinen Schlucken zu trinken, begünstig die Aufnahme von Flüssigkeit und verbessert die Flüssigkeitszufuhr in das Gewebe. Wenn man mehrmals am Tag ein großes Glas Wasser auf einmal trinkt, wird es eher schnell wieder ausgeschieden und versorgt den Körper weniger gut mit Flüssigkeit.

Es ist empfehlenswert, das Wasser lauwarm (ungefähr 37 Grad) oder bei Raumtemperatur zu trinken; für kaltes Wasser muss der Organismus Energie aufwenden, um es erst auf Körpertemperatur zu bringen. Lauwarmes Wasser begünstigt die Darmtätigkeit und verbessert so die Verdauung. Normalerweise benötigen wir zwischen 1½ und 2 Liter Flüssigkeit pro Tag, am besten in Form von Wasser oder Kräutertee (die Flüssigkeitsmenge kann variieren je nach dem Verzehr von Obst und Gemüse, die ebenfalls Wasser enthalten).

Mäßigung und Einsicht

Über zahlreiche Aussagen zur Ernährung herrschen konträre Ansichten, aber in einem Punkt besteht Übereinstimmung, nämlich im Begriff der Mäßigung. Alle Lehren des Yogas sind sich darüber einig, dass der Magen niemals überladen werden darf, dass er immer nur zu drei Vierteln gefüllt sein sollte, und zwar zur Hälfte mit Nahrung und zu einem Viertel mit Wasser; das letzte Viertel soll leer bleiben, um für eine gute Verdauung zu sorgen. Yogis essen weder zu viel noch zu wenig. Der Grundgedanke ist, mit Essen aufzuhören, bevor man das Gefühl hat, zu voll zu sein. Dieses Gefühl, welche Wohltat ein nicht ganz gefüllter oder überfüllter Magen für die Verdauung darstellt, muss man erst lernen oder wiederentdecken. Dabei gilt es zu bedenken, dass das Sättigungsgefühl erst zwanzig Minuten nach Ende der Mahlzeit eintritt.

Es ist ein Irrtum zu glauben, es sei eine große Menge an Nahrung erforderlich, um viel Kraft zu haben und bei guter Gesundheit zu sein. Das Wesentliche ist in Wirklichkeit die Qualität der Nahrung und die Aufnahmefähigkeit des Organismus. Eine Mahlzeit sollte erst verdaut sein (dies dauert zwischen 3 und 6 Stunden), bevor man die nächste Mahlzeit zu sich nimmt. Knabbern zwischen den Hauptmahlzeiten ist zu vermeiden. Wenn Sie wirklich Hunger haben, begnügen Sie sich mit einem Stück Obst oder mit einem Getränk. Dabei entstehen Hungergefühle oder Essgelüste vor allem dann, wenn man sich nicht in angemessener Form ernährt.

Vorsicht auch vor »Frustessen«: Nahrung ist keine Lösung im Fall von Stress, Frustration oder Unsicherheitsgefühlen. Wenn Sie aber einmal eine Trostnahrung brauchen, schließen Sie Frieden mit dieser kleinen Freude, akzeptieren Sie die Entgleisung und kehren Sie schnell auf den richtigen Weg zurück. Lust auf Süßes? Statt Zucker kann ein Löffel Honig helfen, sie zu vertreiben. Nehmen Sie sich einige Augenblicke Zeit, um sich selbst zu beobachten und fragen Sie sich, welche Art von Hunger Sie genau haben.

Die Nahrung sollte mit Bewusstsein und Einsicht ausgewählt, gegessen und genossen werden. Die Nahrungsaufnahme hat ein anderes Ziel, als nur die Sinne zu erfreuen (auch wenn das Vergnügen am Essen zur Gesundheit beiträgt), daher sind immer die Regeln für ein gut funktionierendes Verdauungssystem zu beachten. Gewöhnen Sie sich an, nur zu essen, wenn Sie wirklich Hunger haben, und folgen Sie nicht gleich jeder geruchlichen, visuellen oder sozialen Verlockung. Echter Hunger ist tiefer, er liegt in den Zellen, und wenn man auf ihn hört, gelangt man zu einem regelmäßigen und viel befriedigenderen natürlichen Rhythmus der Nahrungsaufnahme.

Wenn Sie die Regel des zu einem Viertel leeren Magens und Ihren inneren Rhythmus beachten, erfolgt auch die Verdauung reibungslos und frei von Beeinträchtigung. Mäßigung, Einsicht und Anpassung sollen als Richtlinien dienen: Jedes Individuum hat seine eigene

»richtige« Ernährung, die seinem Stoffwechsel entsprechend für Gleichgewicht, Befriedigung sowie körperliche und geistige Gesundheit sorgt. Wer auf sein Empfinden und die Zeichen von Körper und Geist hört, erwirbt immer mehr die Haltung eines besonnenen Essers. Den »Yogazustand« über die Yogamatte hinaus zu erweitern und ihn auch bei Tisch zu üben, ist ein weiterer Schritt auf dem Weg des Yogas. Er wird zu einer Lebensart, die alle Bereiche der Existenz berührt.

Die individuell beste Nahrung finden und in den Alltag integrieren

Ein wesentlicher Begriff des Yogas ist das *Dharma*. Dafür gibt es keine wörtliche Übersetzung, aber im Wesentlichen bedeutet es die »Treue zu unserer wahren Natur«. Die Untreue unserer wahren Natur gegenüber verursacht Störungen. Yoga bringt uns in Verbindung mit unserer wahren Natur. Es erfüllt den Körper mit Bewusstsein und erhöht so unsere Fähigkeit zu Einsicht und Intuition. Und wenn man seiner wahren Natur gerecht wird, dann trifft man ganz selbstverständlich die richtigen Entscheide.

Yoga bringt uns in Verbindung mit uns selbst und zeigt uns unseren Weg auf. Alle Anweisungen zur Ernährung sind nur zutreffend, wenn sie den Besonderheiten und Bedürfnissen eines jeden Einzelnen Rechnung tragen. Sie sind eine Quelle der Inspiration und keine Zwangsjacke. Es sind Spielregeln mit Varianten. Ihnen mit Aufmerksamkeit und Einsicht zu begegnen, erlaubt es festzulegen, wo das eigene Gleichgewicht liegt. Es ist besser, dieses Gleichgewicht mit Flexibilität und der entsprechenden Anpassungsfähigkeit zu erhalten. Jeder soll es so machen, wie es zu ihm passt. Es wäre ein Fehler, sich entmutigen zu lassen, weil die Aufgabe zu umfangreich erscheint und/oder von den eigenen Gewohnheiten zu weit entfernt ist. Es geht darum, den Faden aufzunehmen, anzufangen, die Absicht zu haben, sich zu entwickeln. Sich für einen Aspekt zu interessieren (ein Rezept, seinen yogischen Charakter, die wohltuenden Auswirkungen auf die Gesundheit) stellt schon eine Verbindung zum Ganzen her, zu dem es gehört. Nehmen Sie neue Gewohnheiten an und der Körper wird Ihnen sagen, ob es ihm dabei besser geht. Beginnen Sie mit einer kleinen Veränderung, und beurteilen Sie selbst, welche Auswirkungen dies auf Ihr Leben hat. Der erste Schritt wird natürlicherweise einen zweiten nach sich ziehen, denn das Streben nach fortwährender Entwicklung liegt in der Natur der Menschen. Das richtige Maß von Anstrengung im Yoga ist mit Mäßigung verbunden, die sich in der Beachtung des Empfindens ausdrückt, die jede Unmäßigkeit zügelt.

Und wenn Sie trotz des Wunsches, alles richtig zu machen und sich gesund zu ernähren, den Lockungen schädlicher Nahrung nachgeben, beobachten Sie einfach diese rebellische Lust und akzeptieren Sie sie eher, als sich schuldig zu fühlen und in einen inneren Konflikt zu geraten, der Sie von Ihrer wahren Natur entfernt. Eine tamasische Nahrung mit Freude zu essen, ist das kleinere Übel. Wenn man den Frieden gefunden hat, ist es wieder möglich, sich mit den tiefen Empfindungen in Verbindung zu bringen, die dann die Tür zu besseren Entscheidungen öffnen.

*»Besser die eigene Bestimmung unvollkommen
als eine fremde Bestimmung gut befolgt.«*

Bhagavad-Gita, Kapitel 18, Vers 47

Orientierungspunkte für die passende Ernährung

– *Beobachten Sie die Ernährungsgewohnheiten*, die Sie von Ihrer Familie und Ihrer soziokulturellen Umgebung übernommen haben. Entsprechen diese immer noch Ihrer aktuellen Lebensauffassung? Wenn dies ganz oder teilweise nicht mehr der Fall ist, definieren Sie Ihre gewünschten neuen Gewohnheiten, und leben Sie diese mit Begeisterung, um einen neuen Start zu bewerkstelligen.
– *Hören Sie gut auf Ihren Körper.* Halten Sie fest, wann die Nahrung Sie schwächt oder stärkt, und ziehen Sie Ihre Schlüsse daraus.
– *Passen Sie Ihre Ziele der Wirklichkeit an.* Die grundlegenden Texte des Yogas, auf die wir uns auch in diesem Buch stützen, wenden sich an erfahrene Yogis, die ihre Übungen (*Sadhana,* siehe Seite 81) mehrere Stunden pro Tag praktizieren und bei denen alle Aspekte des Lebens damit in Zusammenhang stehen. Ein westlicher Mensch, der ein oder zwei Stunden pro Woche Yoga praktiziert, wird niemals diese hohen Anforderungen an seine Ernährung stellen, aber er kann sie als Inspirationsquelle nutzen und sie in angemessenem Maße für sich anpassen.
– *Flexibel bleiben.* Was Tag für Tag wiederholt wird, wirkt in der Tiefe. Hier geht es um *Abhyasa,* Übung und Praxis, einen zentralen Begriff des Yogas. Die Fähigkeit, sich kleine Ausschweifungen im Zusammenhang mit dem gesellschaftlichen Leben oder der Familie zu erlauben, ist auch ein Zeichen von Flexibilität. Flexibel bleiben und eine Anpassungsfähigkeit ohne starres Festhalten zu pflegen, ist eine ganz wesentliche yogische Eigenschaft.
– *Daher sollten Sie sich einen kritischen Geist bewahren* und unterscheiden zwischen absolut schädlichen Nahrungsmitteln (die Sie nie zu sich nehmen wollen, auch nicht ausnahmsweise) und solchen, die Sie als nicht empfehlenswert gewöhnlich meiden, deren Auswirkungen bei gelegentlichem Verzehr aber nicht schwerwiegen.
– *Jeder muss selbst wissen, wie es um ihn steht:* Ein müder, geschwächter, kranker Körper mit einem geschwächten Verdauungsfeuer sollte sich mehr schützen, indem er auf gesunde Nahrung achtet. Ein Organismus in perfektem Zustand, der ein hervorragendes Verdauungsfeuer hat, kann auch nicht angemessene Nahrung verstoffwechseln und eliminieren, sofern dies nur gelegentlich geschieht.

Orientierungspunkte im Umgang mit den Gegebenheiten des Lebens

Wer auf rundum ideale Bedingungen wartet, um sich gesund zu ernähren oder Yoga zu praktizieren, läuft Gefahr, diese Projekte auf immer vor sich her zu schieben. Sich der Wirklichkeit anzupassen, sie zu akzeptieren, wie sie ist, ist Teil des Yogas. Im Folgenden einige Ratschläge, um Schuldgefühle zu vermeiden, wenn nicht alles perfekt ist.

- *Der Körper liebt Regelmäßigkeit, geben Sie sie ihm.* Und wenn dies nicht möglich ist, zeigen Sie Flexibilität, ohne Schuldgefühle.
- *Sie sind müde, erschöpft, kraftlos oder sogar krank und brauchen Energie?* Schlafen und/ oder Ausruhen ist die bessere Lösung als zu essen. Auf jeden Fall sollten Sie bei Schnupfen den Verzehr von Milchprodukten und von Produkten mit Stärke vermeiden.
- *Sie haben zu wenig Zeit zum Kochen?* Machen Sie es sich zur Gewohnheit, lieber frische oder getrocknete Früchte zu verzehren als ein Sandwich, ein Fertiggericht oder Junkfood zu kaufen. Gute Ideen sind zum Beispiel auch ein Avocado-Brot, schnell zubereitete Porridges, Gemüsesäfte und Milchshakes.
- *Sie essen auswärts?* Machen Sie lieber für die Dauer eines Essens, das Sie in Freude und Heiterkeit teilen, eine Ausnahme, als Frustration oder innere Konflikte zu durchleben. Akzeptieren Sie, dass Sie nicht immer alles in der Hand haben, und belasten Sie sich nicht damit; das wäre kontraproduktiv. Wohlwollen und Flexibilität auch sich selbst gegenüber, zusammen mit einer insgesamt gesunden Ernährungsweise, sind die beste Kombination.
- *Wagen Sie es, auch einmal Nein zu sagen.* Bieten Sie an, einen Teil der Mahlzeit mitzubringen, wenn Sie Ihre ausgewogene Ernährung außerhalb Ihrer gewohnten Umgebung fortsetzen wollen.
- *Lassen Sie sich von Menschen in Ihrer Umgebung, die Ihre Entscheidung nicht verstehen, nicht verunsichern.* Vergleichen Sie Ihr Leben nicht mit dem der anderen. Hören Sie auf Ihr eigenes Empfinden; dies bleibt der beste Wegweiser, um Ihnen zu sagen, was gut oder schlecht ist.
- *Verfallen Sie nicht in Missionierungseifer.* Halten Sie es mit Ihrer Umgebung wie mit den Kindern: Sagen Sie Ihnen nicht ständig, was sie am besten essen sollten, sondern tun Sie für sich selbst das Bestmögliche. Das ist der beste Weg, um auch andere zu inspirieren.

Der Schlüssel für eine gute Verdauung und eine gute Nahrungsaufnahme

Nach der ayurvedischen Heilkunde liegen fast allen Krankheiten (mit Ausnahme von angeborenen Erkrankungen, Erkrankungen durch extrem virulente Viren oder Bakterien sowie Vergiftungen) Verdauungsprobleme zugrunde. Eine qualitativ hochwertige Ernährung ist daher sehr wichtig, aber sie allein reicht nicht aus, um die Gesundheit zu erhalten. Selbst eine gesunde Nahrung kann zur Bildung von endogenen Toxinen führen, wenn sie zum falschen Zeitpunkt, unter ungünstigen Bedingungen und in unangemessenen Mengen aufgenommen wird. Schlecht verdaut, und wenig oder schlecht aufgenommen, vergiftet selbst die beste Nahrung den Körper und macht ihn krank. »*Reste, die am Ende der Verdauung wegen eines schwachen Verdauungsfeuers unverdaut übrig bleiben, werden Ama genannt. Sie sind die Ursache aller Krankheiten*«, schreibt Vijayarakshita, in *Madhava Nidana*.

Ama: Die schlechte Verdauung

Wenn der Dünndarm die Folgen von über längere Zeit angehäuften Ernährungsfehlern nicht mehr bewältigen kann, wird nur noch ein Teil der Nahrung aufgenommen. Der unverdaute Rest wird von unerwünschten Bakterien abgebaut, wobei Giftstoffe entstehen, die für den Verdauungsapparat schädlich sind. Nach und nach wandern diese Giftstoffe in den Enddarm. Der ganze Verdauungstrakt (der zwischen den Verdauungsphasen leer und von guten Bakterien besiedelt sein sollte) wird so von Abfallstoffen und Giften vereinnahmt – im Ayurveda *Ama* genannt –, die Darmflora wird gestört, der Darm geschwächt, erschlafft und gereizt.

Ama kann man sich als klebrige Substanz vorstellen, die den Körper verschlackt. Ein Zeichen dafür ist ein weißer Belag auf der Zunge, der sich vor allem morgens zeigt. Dieser Belag kann das Vorzeichen für Störungen des Organismus sein, die den Körper möglicherweise ermüden und krank machen und zu allen Arten vorzeitiger Alterung führen können, wenn das Gleichgewicht nicht wiederhergestellt wird. Weitere Anzeichen für Ama sind Schwäche, Schwere, Lethargie, Verstopfung, Durchfall, Blähungen, Stimmungsschwankungen, Appetitstörungen, Kopfschmerzen.

Folgende Faktoren begünstigen die Produktion von Ama: Nahrungsmittel, die im Magen Säure erzeugen, rohe Nahrungsmittel im Übermaß, zu kalte oder geeiste, zu süße und zu stark gewürzte oder nicht mehr frische Nahrungsmittel. Ebenso industriell hergestellte, belastete, verdorbene, nicht mehr ihrer ursprünglichen Qualität entsprechende oder aufgewärmte Nahrungsmittel. Außerdem unverträgliche Nahrungsmittel, frittierte, dehydrierte oder zu lange in Wasser eingeweichte Nahrungsmittel und solche, die schädliche Stoffe produzieren

und im Magen verwesen wie Fleisch. Auch Alkohol gehört dazu und natürlich das Knabbern zwischen den Mahlzeiten. Auch zu viel, zu schnell und nicht regelmäßig oder unter Stress, bei Streit oder in Angst zu essen sind Faktoren, die die Produktion von Ama begünstigen.

Wie kann man das Ama eliminieren? Und wie kann man eine gute Verdauung (Ojas genannt) fördern? Für eine gute Verdauung ist es ratsam, seine Ernährungsgewohnheiten zu ändern. Man sollte alles vermeiden, was die Produktion von Ama begünstigt, warmes Wasser und Kräutertees trinken und über kurze Perioden fasten. Eine sehr effiziente Methode, den Ama-Überschuss zu eliminieren ist es, warmes Wasser in kleinen Schlucken zu trinken, alle halbe oder ganze Stunde den ganzen Tag über, sobald sich ein Bedürfnis danach bemerkbar macht. Im Yoga heißt es, dass Fasten zum Eliminieren der Giftstoffe zwar nützlich ist, aber nur sehr gelegentlich angewendet werden sollte. Auch wenn in Indien viele Menschen traditionell im Zusammenhang mit den verschiedenen Mondphasen fasten, so heißt es doch auch, dass alle, die viel Hatha-Yoga praktizieren, sich regelmäßig und ausreichend ernähren und ihrem Körper keine übermäßigen Anstrengungen abverlangen sollten. Yoga strebt überall nach Gleichgewicht und vermeidet alle Extreme. Statt Fasten kann man auch einfach jenen Nahrungsmitteln den Vorzug geben, die das Eliminieren von Giftstoffen fördern.

Ojas: Die gute Verdauung

Eine gute Verdauung äußert sich auf körperlicher und geistiger Ebene: Energie, Appetit, hervorragende Verdauungsleistung, Leichtigkeit, regelmäßiger Stuhlgang, körperliche Kraft und Widerstandsfähigkeit, Wohlbefinden und Lebensfreude … Obwohl das Verdauungssystem autonom und passiv funktioniert, kann man es in seinen Funktionen unterstützen.
Einige wichtige Regeln, die man zur Anregung der Verdauung beachten sollte:
– *Hunger und Appetit sind unsere Verbündeten.* Im Ayurveda heißt es, dass der Hunger vom Verdauungsfeuer kommt, das *Agni* genannt wird. Wenn man Hunger hat (richtigen Hunger, nicht nur Lust zu essen), ist das ein Zeichen dafür, dass Nahrungsmittel verdaut und gut aufgenommen werden.
– *Halten Sie regelmäßige Essenszeiten ein,* soweit wie möglich.
– *Essen Sie ein leichtes Frühstück, ein gehaltvolles Mittagessen und ein leichtes Abendessen.* Lassen Sie zwischen den Mahlzeiten mindestens 4 Stunden vergehen. Knabbern Sie nicht zwischen den Hauptmahlzeiten. Sollten Sie zwischen zwei Mahlzeiten Heißhunger verspüren, essen Sie etwas frisches Obst.

»Die Verdauung muss immer ein schneller und regelmäßiger Vorgang sein, der auf den Organismus weder ein Übermaß an Spannung noch ein Übermaß an Wärme ausübt.
Die Verdauung darf nicht zu einem Verlust von Prana führen.«

Swami Satyananda, *Hatha Yoga Pradipika,* Phänomen Verlag, Palma de Mallorca 2011

— *Gehen Sie nicht unmittelbar nach dem Abendessen zu Bett,* eine Verdauungsphase von 2 bis 3 Stunden vor dem Schlafen ist wichtig.
— *Wählen Sie yogagemäße Nahrungsmittel:* frische Nahrungsmittel aus biologischem Anbau, gutes Getreide, Obst und Gemüse der Jahreszeit entsprechend und möglichst aus regionalem Anbau, leicht verdauliche Hülsenfrüchte, Milchprodukte (sofern sie hochwertig sind), natürliche Zucker und hochwertiges Wasser (ohne chemische Zusätze oder zu viele Mineralstoffe und frei von Verunreinigungen). Bevorzugen Sie verträgliche Nahrungsmittelkombinationen.
— *Bereiten Sie nur die für eine Mahlzeit erforderliche Menge zu, damit keine Reste übrig bleiben.* Sie sollten bei jeder Mahlzeit frisch Zubereitetes essen.
— *Verwenden Sie Gewürze, die das Verdauungsfeuer verstärken,* zum Beispiel Ingwer, Kreuzkümmel, Zimt, Senf, Kardamom, Gewürznelken und schwarzen Pfeffer.
— *Verwenden Sie in jeder Mahlzeit die sechs Geschmacksrichtungen:* salzig, süß, bitter, zusammenziehend, sauer, scharf. Durch Hinzufügen von bestimmten Gewürzen und Kräutern ist das leicht zu befolgen.
— *Vermeiden Sie Zuckerhaltiges als Abschluss der Mahlzeit.* Auch wenn dies eine sehr verbreitete Gewohnheit ist, sollte sie eine Ausnahme bleiben.
— *Essen Sie Obst nicht als Nachtisch,* nur außerhalb der Mahlzeiten.
— *Vermeiden Sie es, während der Mahlzeiten zu trinken,* um die Verdauungssäfte nicht zu verdünnen.
— *Vermeiden Sie eisgekühlte Getränke und eiskalte Nahrungsmittel.* Trinken Sie warme Getränke, und dies vorzugsweise außerhalb der Mahlzeiten und den ganzen Tag über.
— *Essen Sie in Ruhe.* Vermeiden Sie es, beim Essen einer anderen Aktivität nachzugehen und vermeiden Sie es, als Ersatzhandlung zu essen. Nehmen Sie Ihre Mahlzeit bequem an einem Tisch ein, genießen Sie bewusst die unterschiedlichen Geschmacksaromen.
— *Kauen Sie langsam* und legen Sie Ihre Gabel regelmäßig ab: Gewöhnen Sie sich einen langsamen Rhythmus an. Ein großer Teil des Verdauungsprozesses findet schon beim Kauen im Mund statt.
— *Kauen Sie jeden Bissen mindestens zehn Mal!* Erhöhen Sie auf zwanzig, dann auf dreißig Mal! »Man muss die festen Nahrungsmittel trinken und die flüssigen kauen«, sagt Swami Satchidananda. Probieren Sie es aus, machen Sie Ihre eigenen Beobachtungen und betrachten Sie die Auswirkungen. Dazu ist es gut, die Mahlzeiten allein einzunehmen, um die Ruhe zu genießen und bewusst zu essen.

- *Essen Sie möglichst nicht, wenn Sie verärgert, wütend, traurig oder unruhig sind.* Lassen Sie diesen Zustand vorübergehen oder machen Sie eine Pause, bevor Sie essen bzw. weiteressen. Falls Sie mit anderen gemeinsam essen, bevorzugen Sie leichte Gespräche und angenehme Themen, heikle Themen sollten Sie auf einen anderen Zeitpunkt verschieben. Wenn Sie allein bei Tisch sitzen, nutzen Sie dies, um alles bewusst wahrzunehmen. Gebrauchen Sie Ihre fünf Sinne: Beobachten Sie die Farben der Nahrung, riechen Sie, schmecken Sie und lassen Sie sich Zeit.
- *Ruhen Sie sich nach jeder Mahlzeit aus.* Nehmen Sie eine kleine Auszeit und überlassen Sie den Körper nur der Verdauung, ohne Arbeit, ohne Lektüre, ohne Diskussion, einfach nur Ruhe.
- *Körperliche Übungen sind wichtig für eine gute Verdauung.* Die Stimulation durch körperliche Übungen sendet dem Körper ein Signal und informiert ihn darüber, dass ein Teil der Energiereserven benötigt wird. So entsteht ein positiver Kreislauf, der wiederum nach Energie verlangt.

Ungünstige Kombinationen von Nahrungsmitteln

Im Grunde ist fast alles erlaubt, was schmeckt und Freude macht, solange die Verdauung gut funktioniert und die Nahrungsmittel hochwertig sind. Trotzdem sollte man, wenn man die Ernährung über den ganzen Tag betrachtet, einige Grundkenntnisse über die Vereinbarkeit von Nahrungsmitteln haben.

- *Essen Sie Obst vorzugsweise außerhalb der Mahlzeiten.* Es wird sehr schnell verstoffwechselt und wird am besten 30 Minuten vor der Mahlzeit oder nach deren Verdauung (2 bis 4 Stunden, je nach Zusammensetzung der Mahlzeit) verzehrt. Am Ende einer Mahlzeit verzehrtes Obst beginnt auf dem restlichen Nahrungsbrei zu gären, da es Zucker enthält. Die Folge sind Blähungen.
- *Vermeiden Sie es, stärkehaltige Nahrungsmittel (Kohlehydrate) miteinander zu kombinieren,* selbst wenn sie gesund und vom Ernährungsstandpunkt aus interessant sind. Da die Verdauung von Kohlehydraten lange dauert, sollte das Verdauungssystem dadurch nicht unnötig belastet werden.
- *Essen Sie zuerst rohes und danach gekochtes Gemüse.* Unser Organismus erkennt Moleküle, die durch das Erhitzen verändert wurde, schlechter. Wenn man rohes und gekochtes Gemüse gleichzeitig isst, sollte das rohe Gemüse in kleinerer Menge vorkommen.

— *Tierische Milch besser allein und außerhalb der Mahlzeiten konsumieren.* Müsli oder Getreideflocken können auch mit pflanzlichen Milchsorten gegessen werden (Mandel-, Hafer-, Reis-, Haselnussmilch usw.). Wegen der Proteine und Fette, die in der Kuhmilch enthalten sind, gerinnt sie im Magen zu kleinen Klümpchen, die andere Nahrungsbestandteile umhüllen, sie so vom Magensaft isolieren und ihre Verdauung behindern.

— *Honig soll nur allein konsumiert werden.* Sonst kann er die Verdauung verlangsamen; es können Molekülverbindungen entstehen, die verklumpen und eine Art Kleber bilden, der auf den Schleimhäuten haftet. Einen Löffel Honig in einer Tasse heißem Tee oder Milch aufzulösen, wie dies zur Bekämpfung von Halsschmerzen verbreitet ist, ist nicht empfehlenswert, da Honig bei Erhitzung über 40 Grad wertvolle Enzyme, Vitamine und Aminosäuren verliert. Daher besser für sich allein einen Löffel Honig einnehmen oder eventuell ganz zuletzt in einen nur noch lauwarmen Kräutertee einrühren. Jeder gute, naturbelassene Honig kristallisiert mit der Zeit aus und wird umso fester, je länger er lagert. Honig aus dem Supermarkt, der immer flüssig bleibt, wurde druckfiltriert und erhitzt und hat keinerlei Nährwert mehr.

— *Frisch zubereitetes Essen ist immer besser.* Isst man jedoch Reste, sollte man es vermeiden, sie mit frischen Nahrungsmitteln zu vermischen.

Yoga und Ayurveda auf dem Teller

Wenn man sich unter dem Blickwinkel des Yogas für Ernährungsfragen interessiert, fängt man früher oder später an, sich für Ayurveda zu interessieren. Yoga und Ayurveda haben zahlreiche Gemeinsamkeiten, ihre Ziele sind aber nicht dieselben, weshalb auch die jeweiligen Empfehlungen oft sehr unterschiedlich sind. In diesem Kapitel beschränken wir uns auf einige allerdings sehr vereinfachte Erklärungen zu Ayurveda.

Während Ayurveda durch das Bemühen um das Gleichgewicht der Elemente, aus denen wir bestehen, nach der Gesundheit des physischen Körpers strebt, geht es auch im Yoga um die Förderung und Erhaltung der Gesundheit des Körpers, dies aber als Voraussetzung zur Entwicklung des subtilen Hintergrundes des Lebens, nämlich der geistigen und spirituellen Dimension. Wenn es zum Beispiel im Ayurveda heißt, dass gekochte Nahrungsmittel besser verträglich sind, ist das Yoga gegenüber rohen Nahrungsmitteln sehr positiv eingestellt, da sie reicher an Prana (Lebensenergie) sind und schlägt Techniken vor, die für ein hervorragendes Verdauungsfeuer sorgen, um eine gute Verdauung auch von rohen Nahrungsmitteln zu ermöglichen. Umgekehrt sind manche Zutaten, die im Ayurveda aufgrund ihrer heilenden Wirkung geschätzt werden, im Yoga nicht für den täglichen Gebrauch empfohlen. Yoga und Ayurveda steuern unterschiedliche Sichtweisen bei, die zusammengenommen die Perspektiven erweitern und die Frage nach der Gesundheit des Menschen bereichern.

Die traditionelle indische Medizin ist von der Weltgesundheitsorganisation (WHO) als Gesundheitssystem anerkannt. Ayurveda entstand vor mehr als fünftausend Jahren in Indien und wird heute als Urmutter jeder Art von Medizin betrachtet. Sie betrachtet das Individuum in seiner Ganzheit, berücksichtigt den physischen Körper, den Geist, die Gefühle und die Seele. Ayurveda hat seinen Ursprung im Sanskrit; *ayus* bedeutet »Leben« und *veda* »Wissen« oder »Wissenschaft«, es ist also die Wissenschaft des Lebens oder das Wissen vom Leben. Eine Wissenschaft, die eine konkrete und philosophische, bewusste Lebensweise vorschlägt – als Schlüssel zu einem ausgeglichenen und langen Leben. Ayurveda ist eine Medizin, die uns zu unserer inneren Natur zurückführt und uns anbietet, das ganze Leben lang bei guter geistiger und körperlicher Gesundheit zu bleiben.

Aber wie sieht es heutzutage aus? Die sogenannten modernen westlichen Gesellschaften nehmen in Kauf, dass ab einem gewissen Alter zahlreiche organische Störungen auftreten: Nachlassen der Sehkraft, Müdigkeit, Schmerzen, Bluthochdruck, Diabetes, chronische Erkrankungen. Verstärkt werden diese Ungleichgewichte allerdings auch durch schlechte Lebensgewohnheiten und die mangelnde Beachtung unserer eigenen Bedürfnisse über lange Jahre hinweg.

»Speisen, die langes Leben, Charakter, Stärke, Gesundheit, Behaglichkeit und Freude fördern, die schmackhaft, ölig, fest und bekömmlich sind, sind den Sattvischen lieb.«

Bhagavad-Gita, Kapitel 17, Vers 8

Um die Gesundheit zu erhalten und jedem zu ermöglichen, sein ursprüngliches Gleichgewicht wieder zu finden, müssen die grundlegenden Gleichgewichte erhalten werden: das Säure-Basen-Gleichgewicht, das freie Fließen der Flüssigkeiten im Körper und die Balance zwischen Oxidation und dem Abbau der Zellen. Mit einem profunden Wissen über unsere Konstitution und einem besonderen Augenmerk auf unsere Ernährung ist es möglich, unsere Zellen zu schützen und bei guter Gesundheit zu altern. Das Schlüsselwort im Ayurveda ist Gleichgewicht, es ist Synonym für Vitalität, Gesundheit, Wohlbefinden und Freude. Gleichgewicht bedeutet einen guten körperlichen, geistigen und emotionalen Gesundheitszustand, der wiederum zur Folge hat, dass wir das Gewicht erreichen, das unserer Konstitution am besten entspricht. Es sind nicht die Diäten, die das Idealgewicht bringen, sondern das Streben nach einem gesunden Gleichgewicht.

ERNÄHRUNG UND DOSHAS

Die erste Frage, die man sich stellen muss, wenn man beschließt, seine Ernährung und seine Gewohnheiten umzustellen, lautet: Welches ist meine grundlegende Natur, und was entspricht mir? Ayurveda bietet Verständnishilfen, die es uns ermöglichen, unsere Grundkonstitution besser zu erfassen und gleichzeitig auch die Schwachstellen zu erkennen, die sich im Laufe des Lebens zeigen können.

Nach dem Ayurveda besteht die Welt aus fünf Elementen: Erde, Wasser, Feuer, Luft und Äther. Aus diesen fünf Elementen bilden sich die drei Lebensenergien, die Doshas, Vata (Äther und Luft), Pitta (Feuer und Wasser) und Kapha (Erde und Wasser). Sie sind in uns und in allen anderen Dingen enthalten: In Nahrungsmitteln, Pflanzen, Tieren, den atmosphärischen Bedingungen usw. Jeder Einzelne hat eine einzigartige Zusammensetzung dieser Elemente, die er sein ganzes Leben über beibehält. Diese Grundkonstitution wird durch die Lebensumstände ständig gestört, denn die Doshas verbinden uns mit unserer Umgebung, mit der wir in gegenseitiger Abhängigkeit verbunden sind. Jede Zelle des Organismus enthält die drei Doshas, genauso wie jeder von uns die drei Doshas in sich trägt, physisch und psychisch. Sie beeinflussen unser Verhalten und unsere Gesundheit.

Das Dosha der Bewegung und der Luft: Vata

Vata ist das wichtigste Dosha, denn es kontrolliert die Bewegungen im Körper. Vata ist veränderlich, es ist trocken, leicht und kalt. Wenn es gut ausgeglichen ist, beeinflusst es die Körperenergie positiv, indem es das Tempo der Bewegung und der Atmung steuert. Es begünstigt die Kreativität und die Spiritualität. Vata ist im ganzen Körper vorzufinden, am deutlichsten zeigt sich seine Aktivität aber im Dickdarm und im unteren Rücken.

Der Körper von Menschen mit vorherrschendem Vata ist oftmals schlank und lebhaft, ihr Geist ist rege. Sie sind fröhlich und begeisterungsfähig, können aber auch unvorhersehbar, nervös und unruhig sein. Ein Vata-Ungleichgewicht kann Angst, Angstzustände, Stress, Sorgen und schlechtes Gedächtnis verursachen. Vata, der Wind, dominiert im Herbst und am Winteranfang.

Das Dosha der Hitze und des Feuers: Pitta

Dieses Dosha kontrolliert die Verdauung und den Stoffwechsel. Es ist heiß, scharf und sauer. Wenn es im Gleichgewicht ist, reguliert es den Hunger, den Durst, die Körpertemperatur und auch die intellektuelle Schärfe. Es ist förderlich für das Gedächtnis, die Intelligenz und die Einsicht. Der Hauptbereich von Pitta liegt im Dünndarm.

Menschen mit Pitta-Konstitution sind meist von mittlerer Korpulenz und solide gebaut, die Grundlage ihrer Gesundheit ist eine große Verdauungskraft. Ihr Geist ist geordnet, ihre Bewegungen sind energisch. Sie sind von Natur aus fröhlich und dynamisch, können aber schnell wütend werden, wenn sie Zwängen unterliegen. Ein Pitta-Ungleichgewicht führt zu Wut, Hass, Manipulation und Gewalt. Pitta, die Sonne, dominiert zu Ende des Frühlings und den ganzen Sommer über.

Das Dosha der Struktur, des Wassers und der Erde: Kapha

Dieses Dosha sorgt für Stabilität und erhält sie aufrecht. Es ist schwer, langsam, kalt und einförmig. Ist es im Gleichgewicht, verleiht es Stärke und körperliche Kraft, es wacht insbesondere über unsere Knochen und unsere Muskeln. Seine Hauptaktivität liegt in der Brust.

Menschen mit dominierender Kapha-Konstitution haben meist einen schweren Körperbau, sind gelassen und entspannt. Sie sind Ungleichgewichten gegenüber resistent und meist heiter. Kapha erzeugt Liebe, Wohlwollen, Mitgefühl und Geduld. Ihr Geist ist ruhig und friedlich. Angesichts von Ärgernissen neigen sie dazu, sich in sich selbst zurückzuziehen. Ein Kapha-Ungleichgewicht begünstigt Geiz, Eifersucht, Groll und übermäßige Anhänglichkeit. Kapha, durch Regen und den Mond vertreten, dominiert in den letzten Wintertagen und bei Frühlingsbeginn.

Alles Leben, jedes Funktionsprinzip des Körpers enthält diese drei Aspekte. Der Körper braucht Bewegung (Vata), denn sie ermöglicht das Zirkulieren des Blutes, der Nahrung, der Luft, aber auch die nervlichen Impulse; ebenso braucht er einen ausreichend intensiven Stoffwechsel (Pitta), um die Aufnahme von Nahrung, Luft und Wasser im Organismus zu ermöglichen. Der Körper braucht ebenfalls Struktur (Kapha), um die physische Grundlage zu bilden und den Zusammenhalt der Zellen zu gewährleisten.

Es ist wichtig, sich selbst zu kennen

Ernährungsprinzipien, die für eine Person stimmig sind, sind nicht unbedingt auf eine andere Person übertragbar. Alle Nahrungsmittel treten mit jedem individuellen Stoffwechsel in Interaktion. Jeder muss die Ernährungsweise finden, die zu ihm passt. Im Ayurveda wird davon ausgegangen, dass wir alle einzigartig sind und wir daher bei der Ernährung, der Lebensweise und der persönlichen Entwicklung nicht alle dieselben Bedürfnisse haben.

Seinen ayurvedischen Typ zu kennen und genau zu beobachten weckt unser Körperbewusstsein und unsere »innere Intelligenz«. Wir kommen bereits mit typischen Kennzeichen zur Welt, die unsere Grundkonstitution zeigen. Diese Grundkonstitution wird als *Prakriti* bezeichnet (im Sanskrit bedeutet dies »Natur«). Wir können ein dominierendes Dosha haben (Vata, Pitta oder Kapha) oder zwei (Vata-Pitta, Vata-Kapha, Pitta-Kapha), mit der Dominanz des einen oder anderen Doshas, das ist der häufigste Fall. Auch drei Doshas sind möglich, in ausgeglichener Form oder nicht. Wenn man seine Konstitution kennt, weiß man, welche Nahrungsmittel man bevorzugen und welche man meiden sollte, welchen körperlichen Aktivitäten der Vorrang zu geben ist und welche eventuellen körperlichen Schwachstellen überwacht werden sollten.

Ziel dieses Buchs ist es nicht, diese komplexen Aspekte der Konstitution im Detail vorzustellen. Wer seine Kenntnisse zu diesem Thema vertiefen will, findet dazu spezialisierte

Literatur oder kann sich für einen ersten Überlick auf entsprechenden Websites informieren (z. B. www.yoga-vidya.de, Ayurveda-Test). Um seine Grundkonstitution und seine besonderen Bedürfnisse genauer zu ermitteln, ist es aber empfehlenswert, einen Spezialisten für ayurvedische Medizin zu konsultieren.

Unsere Konstitution ist nicht wirklich stabil und unveränderlich, sie wandelt sich in Abhängigkeit von unserem Alltag. Auf die wechselnden destabilisierenden Elemente (Stress, Essen außerhalb des Hauses, Qualität der Verdauung, Temperaturwechsel, Schlafmangel usw.) zu hören, erlaubt uns, die notwendigen Maßnahmen zu ergreifen, um das Gleichgewicht rasch wieder herzustellen und ein Leben lang eine gute Gesundheit zu erhalten. Es erlaubt uns auch, eine Anpassungsfähigkeit zu entwickeln, die es uns ermöglicht, trotz der schwankenden Balance der Doshas ein optimales Gleichgewicht beizubehalten.

Auf was muss man achten? Ein Ungleichgewicht des Vata-Doshas zeigt sich in chronischen Schmerzen, Spasmen, Krämpfen, Zittern, Blähungen, Verstopfung, Erkältungen.

Ein Ungleichgewicht des Pitta-Doshas zeigt sich in Form von Entzündungen, Fieber, übermäßigem Hunger und Durst, Sodbrennen, Hitzewallungen, Akne, Aggressivität.

Ein Ungleichgewicht des Kapha-Doshas zeigt sich in Form von Einlagerung von Flüssigkeit/Wasser, Schleimbildung, Schweregefühl, Lethargie, Gewichtszunahme, Allergien, Asthma, übermäßigem Schlaf.

Wie lassen sich die Doshas wieder ins Gleichgewicht bringen? Um das Vata wieder ins Gleichgewicht zu bringen, bevorzugen Sie Ruhe, Wärme, regelmäßige Essenszeiten, Massage und Ausruhen. Für ein ausgeglichenes Pitta sorgen Sie für Mäßigung, Frische, Freizeitaktivitäten, Verringerung von Aufputschmitteln. Kapha lässt sich durch Stimulation, regelmäßige körperliche Betätigung, Trockenheit, Gewichtskontrolle und Verringerung des Zuckerverbrauchs regulieren.

Alle Geschmacksrichtungen sind gut und notwendig

Immer schon haben alle Kulturen der Welt, ohne jede Kenntnis moderner Ernährungslehre, abwechslungsreiche und ausgeglichene Ernährungsweisen bevorzugt. Sie wussten aus Erfahrung, welche Aromen wärmen, wach machen oder den Körper beruhigen. Die sechs Geschmacksrichtungen *(Rasas* im Sanskrit), nach denen sich der Geschmack definiert, sind: süß, sauer, salzig, bitter, zusammenziehend/herb und scharf. Im Ayurveda und auch im Yoga geht man davon aus, dass der Geschmack den Stoffwechsel beeinflusst und dass für eine ausgewogene Ernährung alle sechs Geschmacksrichtungen in einer Mahlzeit enthalten sein sollten.

Wenn in einem gut ausgewogenen Essen die Nahrung mit unseren Geschmackspapillen in Berührung kommt, werden die Informationen an die Doshas weitergeleitet. Dabei werden ihnen zahlreiche wichtige Informationen für den Erhalt ihres Gleichgewichts übermittelt. Der Organismus ist intelligent, er verteilt die Nährstoffe, die für die gute Ernährung eines jeden erforderlich sind.

Man kann auch die verschiedenen Geschmacksrichtungen nutzen, um ein gestörtes Dosha wieder auszugleichen. Vata wird durch salzige, saure und süße Nahrung gesenkt, durch bittere, scharfe und zusammenziehende erhöht. Pitta wird durch bittere, süße und zusammenziehende Nahrung gesenkt, durch saure, salzige und scharfe erhöht. Kapha wird durch scharfe, bittere und zusammenziehende Nahrungsmittel gesenkt, durch saure, salzige und scharfe erhöht.

Im Idealfall sollten die dominierenden Geschmacksrichtungen bei den Mahlzeiten variieren, damit der Körper von jeder Nahrung, die er aufnimmt, in vollem Umfang profitieren kann. Um diese Anforderung zu erfüllen, braucht es nicht viel. Es genügt zum Beispiel eine Prise Kräuter und Gewürze, um ein Essen bitter oder scharf zu machen.

Prana, die Lebensenergie in den Nahrungsmitteln

Im Yoga wird die Lebenskraft, die den ganzen Kosmos durchdringt, als Prana bezeichnet. Dieser Begriff aus dem Sanskrit kommt von *pra*, das bedeutet »vor«, und *ana*, »Atem, atmen«. Prana ist die Essenz von allem und ist in allem gegenwärtig: in Lebewesen und unbelebten Dingen, im Mineral-, Pflanzen- und Tierreich und im menschlichen Wesen. Prana ist mit bloßem Auge nicht zu sehen. Es lässt sich aber in Verbindung bringen mit dem feinstofflichen Energiekörper, der Aura, die sich durch das Verfahren der Kirlianfotografie sichtbar machen lässt, oder mit der von Isaac Newton angenommenen Primärenergie, die alles durchdringt und alle Bewegungen und Verbindungen, die in der Welt bestehen, reguliert.

Im Yoga geht es darum, das Prana als Quelle des Lebens, das durch Luft, Wasser, Nahrung und Sonne übertragen wird, zu erhöhen. Reich an Prana sind biologisch angebautes Obst und Gemüse, das an der Sonne gewachsen und gereift ist, Vollkorngetreide, gekeimte Sprossen, Würzkräuter, Rohmilch und die daraus hergestellten Produkte.

Im menschlichen Körper unterteilt sich die Lebenskraft Prana in fünf Energieströme, die *Pancha Prana* oder *Vayus* genannt werden und je nach ihrer Lage im Körper verschiedene Funktionen ausüben. Im Yoga geht es auch darum, diese Lebensenergien harmonisch fließen zu lassen. Durch die Wahl der entsprechenden Nahrungsmittel lässt sich dies fördern und unterstützen.

Prana

Auf den Körper bezogen hat Prana seinen Sitz in der Brust, zwischen Zwerchfell und Kehle, und im Herzen; es bewegt sich nach innen und oben. Es ist die Kraft, die alle Arten des Empfangens im Körper steuert, die Aufnahme von Luft, Nahrung, Sinneswahrnehmungen und psychischen Erfahrungen. Sie ermöglicht die Atmung und reguliert den Herzschlag. Nahrungsmittel, die dieser Energie entsprechen, sind insbesondere Pflanzen, die Chlorophyll enthalten, gekeimte Sprossen, Kräuter und Gewürze, wie Ingwer, Minze und Koriander.

Udana

Udana ist die nach oben gerichtete Energie; sie hat ihren Sitz in der Kehle und kontrolliert Hals, Kopf und damit Sprache, Denken, Willen und Gedächtnis. Sie ist aber auch die Energie des Nervensystems insgesamt und aller Sinnesrezeptoren, die uns mit der Außenwelt verbinden. Nahrungsmittel vom Typ Udana wachsen in der Höhe, wie Früchte und Nüsse.

Samana

Samana hat seinen Sitz im Bauchraum, in der Körpermitte. Es ist die Energie, die den gesamten Verdauungsapparat (Magen, Leber, Bauchspeicheldrüse, Darm) steuert und für die Aufnahme der Nährstoffe zuständig ist. Es ist aber auch die Kraft, die in den Lungen die aufgenommene Luft »verdaut«, den Sauerstoff absorbiert und die im Geist alle Arten von Erlebnissen verarbeitet. Zu den Nahrungsmitteln vom Typ Samana gehören Vollkorngetreide, vor allem Reis, aber auch Milch von hochwertiger Qualität, Honig und nicht-raffinierter Zucker.

Apana

Apana wirkt im Unterbauch und Becken; es bewegt sich nach unten und nach außen weg. Es ist die Kraft, die vom Bauchnabel nach unten zum Wurzelchakra fließt und mit der Ausscheidung und der Fortpflanzung in Verbindung steht. Nahrungsmittel vom Typ Apana sind essbare Wurzeln oder Knollen wie Kartoffeln, Karotten, Süßkartoffeln und auch Ingwer und Kurkuma.

Vyana

Vyana ist die sich in alle Richtungen ausbreitende Kraft, welche die anderen Pranas im Körper koordiniert und reguliert. Sie steuert die Verteilung der Energie im ganzen Körper, den Kreislauf des Blutes und die Bewegungen der Gelenke und Muskeln. Nahrungsmittel vom Typ Vyana wachsen auf dem Boden: Kürbisgewächse, Melonen, Wassermelonen, Erdbeeren, Tomaten, Bohnen, Erbsen usw.

Eines der Geheimnisse der Gesundheit liegt darin, sein Prana-Niveau aufrechtzuerhalten und zu erhöhen. Yoga bietet hierzu viele Techniken. Wer die Vitalität seines Körpers erhalten will, wird bei der Ernährung auf Nahrungsmittel achten, die reich an Prana sind. Yoga legt viel Wert auf Nahrungsmittel vom Typ Udana (sie erhöhen die Energie) und vom Typ Samana (sie erhalten das Gleichgewicht), aber alle Nahrungsmittel, die Prana fördern, sind nützlich und tragen zur Vitalität und zum Gleichgewicht des Körpers bei. Empfehlenswert sind daher Nahrungsmittel für alle fünf Pranas, die alle sechs Geschmacksrichtungen enthalten.

Nahrungsmittel, die die Prana-Energie senken und den Organismus ermüden, sind beispielsweise: Fleisch, Fisch, Konserven, gentechnisch veränderte Produkte, raffinierte Produkte (weißer Zucker, Weißmehl), Alkohol, Kaffee, schwarzer Tee usw.

In einer Welt, die sich wenig darum kümmert, eine sattvische Nahrung zu liefern, kann es belastend und anstrengend sein, alle diese Parameter zu beachten. Aber die Erfahrung zeigt, dass diese Art der Anstrengung auch die Kreativität stimulieren kann. Das Streben nach umfassender Gesundheit hängt von der Arbeit an sich selbst ab; dies ist nicht sehr verbreitet, aber Yogis wohlbekannt. Sie irren sich nicht, und wenn ihre persönliche Erfahrung sie dazu führt, ihre Yoga-Praxis immer wieder zu erneuern und fortzuführen, dann deswegen, weil sie dadurch die Möglichkeit haben, besser zu leben.

Die Grundnahrungsmittel und ihre wohltuenden Eigenschaften

Mit einem praktischen Vorrat an passenden Nahrungsmitteln – Gewürze, Getreideprodukte, Hülsenfrüchte, Nüsse und Körner, natürliche Süßmittel und verschiedene Pflanzenöle – können Sie die Rezepte dieses Buchs leicht nachkochen. Dann brauchen Sie nur noch ein paar frische Kräuter, Früchte und Gemüse und Milchprodukte guter Qualität. Wählen Sie Lebensmittel aus biologischem Anbau und bevorzugen Sie regionale und lokale Produkte; meiden Sie möglichst oft Supermärkte.

DER VORRATSSCHRANK

Kräuter und Gewürze

Gewürze sollten bei keiner Mahlzeit fehlen. Sie spielen eine grundlegende Rolle bei der Kombination von Nahrungsmitteln, können den Geschmack der Nahrungsmittel heben und variieren und haben darüber hinaus noch weitere Vorteile zu bieten. Sie regen den Appetit an, stimulieren die Produktion der Verdauungssäfte, unterstützen die Verdauung, das Ausscheiden von Giftstoffen und die Reinigung des Organismus und erweisen sich damit als wertvolle Stützen des Immunsystems. Sie begünstigen den Energiefluss und lösen Blockaden im Stoffwechsel. Manche Gewürze lindern Blähungen, andere regen besonders die Gallenproduktion an, und viele können den Griff nach dem Salzstreuer ersetzen. Nicht zu vergessen ist ihre Verwendung für Kräutertees, wo sie ein weites Spektrum an Geschmacksrichtungen und wohltuenden Eigenschaften entfalten.

Anstelle der heute angesagten »Detox«-Kuren empfiehlt die östliche Weisheit eher die stete Vorbeugung im täglichen Leben. Gute Nahrungsmittelkombinationen in Verbindung mit dem großen Potenzial der Kräuter und Gewürze machen aus der Ernährung sowohl eine langfristige Gesundheitsvorsorge wie auch eine Freude für die Sinne.

Gewürze sollten möglichst im Ganzen vor Licht geschützt aufbewahrt und erst vor dem Gebrauch gemahlen oder zerstoßen werden.

Ingwer (vorzugsweise frisch): entgiftend, schleimlösend, belebend, antibakteriell, entzündungshemmend, erleichtert die Verdauung, beugt Übelkeit vor, bekämpft Halsentzündungen, Grippe und Husten. Um das Verdauungsfeuer vor dem Essen anzuregen: Den Saft von ½ Zitrone mit dem Saft von 2 cm Ingwerwurzel, 3 Prisen Muskatnuss und etwas Salz in einem Glas Wasser vermischen.

Zimt: regt das Verdauungsfeuer an, enthält Eisen und Kalzium, löst muskuläre Spannungen in den inneren Organen, erleichtert die Ausleitung von Giftstoffen (ist schweißtreibend und schleimlösend), antiseptisch, wirkt gegen Blähungen, stimuliert das Herz.

Kardamom: bekämpft Blähungen und Durchfall, regt das Verdauungsfeuer an, reinigt die Lungen, erleichtert das Abhusten, beruhigt Schnupfen und Allergien. Wird aufgrund seiner sattvischen Natur Yoga-Praktizierenden empfohlen.

Koriander (Samen): lindert Kopfschmerzen und Gelenkprobleme, bekämpft Blähungen und wirkt ausgleichend auf die Darmfunktion; antibakteriell, krampflösend, harntreibend, wirkt gegen Blähungen. Zusammen mit Ingwer als Aufguss bei Schnupfen und Husten.

Kreuzkümmel: erleichtert die Verdauung, gilt als »Gegenmittel« zu aufheizender und scharfer Nahrung, begünstigt die Milchproduktion bei stillenden Frauen; harntreibend, schweißtreibend, salztreibend, entgiftend, beruhigend.

Sternanis: kräftigt, beruhigt Husten und Atmungsprobleme, regt die Gallenproduktion an, mildert Blähungen und Verdauungskrämpfe, reguliert Probleme des Blutdrucks und des Herzschlags.

Kurkuma (vorzugsweise frisch): antibakteriell, entzündungshemmend, entgiftend, blutreinigend, antioxidativ, hilft bei Hautproblemen, bekämpft Schnupfen und Halsentzündung, erhöht die Elastizität der Muskeln, reinigt die Energiezentren (Chakras).

Fenchel: erleichtert die Verdauung, bekämpft Blähungen und chronische Darmentzündungen, regelt die Monatsblutung und erhöht die Milchproduktion bei stillenden Frauen; krampflösend, schleimlösend, blutdrucksenkend, allgemein kräftigend.

Gewürznelken: schmerzlindernd, krampflösend, antiseptisch und wundheilend, bekämpft Fäulnisbakterien (ideal in Marinaden), wirkt stärkend und ausgleichend auf die Darmflora, hilft bei der Beseitigung von Darmwürmern, bekämpft Halsentzündungen, Grippe und Husten.

Senfkörner: beruhigen Bronchitis, Asthma und Halserkrankungen, erleichtern die Verdauung, wirken gegen Blähungen, anregend, abschwellend. Schlafen auf einem mit Senfkörnern gefüllten Kissen verbessert den Zustand des Energiekörpers.

Muskatnuss: antiseptisch, Gehirn- und Kreislaufstimulans, bekämpft Schlaflosigkeit (in warmer Milch), wirkt ausgleichend auf Leber und Darm, bekämpft Blähungen.

Schwarzer Pfeffer: verdauungsanregend und -erleichternd, hilft bei der Beseitigung von Darmwürmern, wirkt gegen Blähungen, bei Grippe, Halserkrankungen, Husten und Asthmaproblemen, unterstützt den Gewichtsverlust, indem er Giftstoffe verbrennt, und lindert Gelenkprobleme.

Langpfeffer: wirksam bei Lungenproblemen, hilft bei der Beseitigung von Darmwürmern, bekämpft Husten, wirkt gefäßerweiternd, lindert Gelenkprobleme.

Safran: krampflösend, hormonausgleichend, blutreinigend, beruhigend, große Serotoninquelle (Glückshormon, schlaffördernd).

Vanille: appetitanregend, verdauungsfördernd, dank des Serotonins ein natürliches Antidepressivum, wirkt ausgleichend auf das Hormon- und Nervensystem. Aufgrund ihrer sattvischen Natur wird sie Yoga-Praktizierenden empfohlen. Verwenden Sie ein hochwertiges reines Vanillepulver oder das ausgekratzte Mark (Samen) aus der ganzen Vanilleschote (Bourbon), alternativ auch Vanillepaste bzw. -extrakt (1 TL Paste entspricht dem Aroma von 1 Vanilleschote).

Getreide

Getreide, in Form von Körnern oder gemahlen, ist für den Organismus sehr nahrhaft. Getreide ist warm und schwer, es stärkt und harmonisiert die drei Doshas. Manche Getreidesorten sind aufgrund ihres Kleber-Anteils von Menschen mit Kapha-Dominanz nur maßvoll zu verwenden. Getreide kann Wassereinlagerungen und Schleimbildung erhöhen, das beste Gegenmittel sind Kreuzkümmel, Kurkuma, Senfkörner, Pfeffer, Kardamom und Ingwer.

Reis (Vollkorn, Parboiled oder weißer, je nach Verträglichkeit): besänftigend, liefert Energie, wirkt zusammenziehend, hervorragend gegen Durchfall. Er vermindert Vata, erhöht aber Pitta und Kapha. Eine gute Quelle für Phosphor, Mangan, Selen und Magnesium. Menschen mit gereiztem Darm bevorzugen weißen oder Parboiled-Reis, der verträglicher ist, da er weniger Ballaststoffe enthält. Reis enthält kein Gluten.

Weizen: stark remineralisierend, nahrhaft, anregend, wirkt auch abführend. Er hat die Tendenz, Vata und Pitta zu senken, Kapha hingegen zu erhöhen.

Dinkel und Einkorn: Diese Urgetreidesorten sind ernährungsphysiologisch sehr wertvoll; sie sind reich an Aminosäuren, Vitaminen und Spurenelementen wie Kalzium, Phosphor, Magnesium, Zink, Selen, Eisen und Kupfer. Sie sind besser verträglich als Weizen, denn sie enthalten weniger Klebereiweiß.

Quinoa: ist kein Getreide, aber genauso vewendbar wie Getreide. Es ist glutenfrei, liefert leicht aufzunehmende Proteine und beruhigt die drei Doshas.

Gerste: beruhigend, cholesterinsenkend und remineralisierend. Hervorragend bei Müdigkeit und Magenschmerzen. Gerste wirkt zusammenziehend und erfrischend. Sie vermindert Pitta und Kapha, während sie Vata erhöht.

Buchweizen: gut bekömmlich, nahrhaft und liefert Energie. Aufgrund seiner remineralisierenden Eigenschaften empfehlenswert bei Fieberzuständen und während des Wachstums. Er vermindert Kapha, erhöht aber Pitta und Vata. Er ist glutenfrei und reich an Antioxidantien.

Hülsenfrüchte

Hülsenfrüchte sind ein guter Lieferant für pflanzliches Eiweiß. Im Rahmen einer vegetarischen Ernährung sollte man regelmäßig Hülsenfrüchte essen, möglichst kombiniert mit einer Handvoll Getreide, um die Aminosäuren auszugleichen. Hülsenfrüchte wirken häufig trocknend und harntreibend. Sie eignen sich vor allem für Pitta-Typen, da zu ihrer Verdauung ein kräftiges Verdauungsfeuer benötigt wird. Bei Kapha-Typen helfen sie, Feuchtigkeit zu reduzieren. Bei Vata-Typen können sie im Darm Gärungsprozesse verursachen. Um diese entzündungsfördernde Wirkung zu vermeiden, hilft als Gegenmittel die großzügige Verwendung von schwarzem Pfeffer, Gewürznelken, Cayennepfeffer und Ingwer.

Wie Getreide müssen Hülsenfrüchte vor dem Kochen oder Einweichen gewaschen werden. Man kann Hülsenfrüchte auch in einem Keimapparat keimen lassen; dabei über einige Tage zweimal täglich mit Wasser gründlich durchspülen. Dann roh genießen, um von ihrem Eiweißgehalt und ihrem ganzen Reichtum an Vitaminen, Mineralien und Antioxidantien zu profitieren.

Mungobohnen: Sie sind der Liebling der ayurvedischen Ernährung. Sie liefern Energie, wirken remineralisierend und cholesterinsenkend. Wenn sie vor dem Kochen mehrere Stunden lang eingeweicht werden (unbedingt erforderlich!), sind sie gut verträglich. Sie sind schwer,

süß und frisch. Sie senken Vata und Pitta, aber auch Kapha, wenn sie zusammen mit erhitzenden Gewürzen zubereitet werden.

Grüne und rote Linsen: Eine wunderbare Energiequelle bei körperlicher oder geistiger Müdigkeit. Linsen sind sehr nährstoffreich und gut verträglich. Aufgrund ihrer milchbildenden Eigenschaften sind sie auch für stillende Frauen interessant. Linsen vermindern Vata und Kapha, aber erhöhen Pitta.

Kichererbsen: Sie sind harntreibend, magenstärkend, liefern Energie und wirken sehr gut bei Müdigkeit und Darmparasiten. Sie sind schwer zu verdauen und müssen vor dem Kochen unbedingt einige Stunden lang eingeweicht werden. Kichererbsen vermindern Pitta und Kapha, aber erhöhen Vata.

Adzukibohnen: süß und zusammenziehend, reich an Ballaststoffen und Folsäure (Vitamin B9, wichtig für den Aufbau neuer Zellen). Sie vermindern Pitta und Kapha, aber erhöhen Vata.

Nüsse und Kerne

Mandeln: nervenausgleichend, sehr nährstoffreich und remineralisierend. Sie liefern viel Energie.

Haselnüsse: sehr nährstoffreich und zusammenziehend, sie unterstützen die Entwurmung.

Walnüsse, Cashewkerne und Macadamianüsse: abführend, aufbauend, unterstützen die Entwurmung. Sie sind sehr nährstoffreich und reich an Omega-3-Fettsäuren. Macadamianüsse zeichnen sich durch einen hohen Selengehalt aus.

Kürbiskerne: antioxidierend, unterstützen die Entwurmung, hervorragend zur Vorbeugung von Prostataproblemen und Harnwegsentzündungen.

Sonnenblumenkerne: antioxidierend, reich an ungesättigten Fettsäuren.

Chiasamen: reich an Proteinen und Antioxidantien. Sie sind sehr gut verträglich und liefern gute Fette.

Leinsamen: schleimlösend, besänftigend, knochenstärkend. Bei Verstopfung sind sie ein hervorragendes Abführmittel.

Sesamsamen: besänftigend, regenerierend, abführend. Sie sind ideal, um Salz zu ersetzen und sanft zu remineralisieren.

Pistazien: antioxidierend, besonders reich an ungesättigten Fettsäuren.

Roher Kakao: gut für das Nervensystem, antioxidierend, begünstigt den Blutfluss im Gehirn und verbessert die Konzentrationsfähigkeit.

Trockenfrüchte

Datteln: nährstoffreich, remineralisierend, belebend.

Feigen: abführend, erweichend, harntreibend.

Rosinen: remineralisierend, entgiftend, abführend, anregend.

Trockenpflaumen: abführend, belebend, nahrhaft.

Salzige und süße Würzmittel

Nicht raffiniertes, naturbelassenes Meersalz (fein und grob): belebend, reinigend, reich an Mineralien.

Sojasauce: antimikrobiell, reich an Milchsäurebakterien und Antioxidantien, gut verträglich.

Gomasio (am besten selbst gemacht, siehe Rezept Seite 114): remineralisierend, reich an Kalzium, arm an Salz.

Miso: nahrhaft, natürliches Probiotikum, reich an Proteinen, enthält alle essenziellen Aminosäuren.

Rosenwasser: zusammenziehend, wirkt gegen Durchfall, ausgezeichnet bei Nervosität, wirkt kräftigend und belebend.

Orangenblütenwasser: erfrischend, anregend, beruhigend, mild, stärkt das Nervensystem.

*»Wie der Duft in der Blume,
die Butter in der Milch,
das Öl im Sesam,
das Gold im Gesteinsklumpen
ist dies in allen Dingen.«*

Aus den *Yoga-Upanishaden*

Gemüsebrühe: Wählen Sie eine hochwertige Gemüsebrühe ohne Geschmacksverstärker, ohne Glutamat, ohne Hefe und möglichst biologisch. Die meisten im Handel erhältlichen Brühen enthalten Knoblauch und Zwiebeln, Zutaten, die in den Rezepten dieses Buchs nicht verwendet werden. Sie können Gemüsebrühe aber ganz einfach selbst herstellen: Knollensellerie, Sellerieblätter, Fenchel, Karotten, Lauch (evtl. auch einige Pilze und Pastinaken) in Scheibchen oder in kleine Stücke schneiden. Im Dehydriergerät (Dörrgerät) oder auf einem Blech ausgebreitet im Backofen bei 45 Grad (Backofentür einen Spalt geöffnet halten) ungefähr 20 Stunden lang trocknen. Das getrocknete Gemüse im Cutter mahlen und in fest verschließbare Gläser abfüllen. Das Pulver ist 1 bis 2 Jahre haltbar.

Kalt gepresste Öle

Olivenöl: besänftigend, nährend, regenerierend, antibakteriell und feuchtigkeitsspendend.

Kokosöl: geschmeidig machend, antiseptisch, antiviral, fungizid (pilztötend), feuchtigkeitsspendend.

Sesamöl: Infektionen abwehrend, abführend, remineralisierend, schützt das Nervensystem.

Rapsöl: cholesterinsenkend, besänftigend, antioxidierend, schützt das Herz-Kreislauf-System.

Natürliche Zucker

Nicht raffinierter Vollrohrzucker (Muscovado, Rapadura usw.): reich an Mineralien und Vitaminen.

Ahornsirup: reich an Mineralien und Vitaminen.

Honig (naturbelassen, unbehandelt): natürliches Antibiotikum, antiseptisch, wundheilend, besänftigend und schleimlösend.

Pflanzliche Milch

Reismilch: sehr gut verträglich, cholesterinfrei, leicht und frisch.

Mandelmilch: nahrhaft und reich an Proteinen, Vitaminen und Spurenelementen, wirkt im Darm antiseptisch, cholesterinsenkend.

Kokosmilch: reich an Mineralien und Vitaminen, entgiftend, antiviral, schützt das Herz-Kreislauf-System.

Tees und Kräutertees

Tulsi-Tee: hilft bei geistiger und körperlicher Müdigkeit, wirkt beruhigend, entzündungshemmend, hervorragend bei Erkältungen und viralen Erkrankungen, erleichtert die Verdauung.

Grüner Tee: gefäßerweiternd, harntreibend, verdauungsfördernd, wirkt allgemein anregend und belebend.

Matcha-Tee: grüner Tee, der extrem reich an Chlorophyll und Antioxidantien ist.

Eisenkraut: krampflösend, verdauungsfördernd, wirkt sehr gut gegen Nervosität.

Kamille: schmerzstillend, schmerzlindernd. Die Kamille ist vor allem für ihre beruhigende Wirkung bekannt, ist aufgrund ihrer wundheilenden Wirkung auch für das Verdauungssystem sehr gut geeignet.

Lindenblüten: krampflösend, hervorragend bei Störungen des Nervensystems, Schlafproblemen und Hals-Nasen-Ohren-Problemen (vermindert die Sekretabsonderung).

Lavendel: antirheumatisch, antiseptisch, blähungswidrig, beruhigend.

DER EINKAUFSKORB: GEMÜSE, KRÄUTER, MILCHPRODUKTE

Wählen Sie das Gemüse immer der Jahreszeit entsprechend aus. Denken Sie auch an frische Kräuter, die viele Vitamine, Mineralsalze, Betakarotin und Antioxidantien enthalten.

Kräuter

Basilikum: antiseptisch für den Darm, krampflösend, beruhigend, belebend (Nerventonikum), blutzuckersenkend.

Koriander: wirkt gegen Blähungen, krampflösend, blutreinigend, harntreibend, lindert Blasenentzündungen, fiebersenkend.

Petersilie: appetitanregend und gegen Blähungen, entzündungshemmend, harntreibend, allgemeines Stimulans, belebend, stärkt das Immunsystem.

Minze: antiseptisch, krampflösend, lindert Verdauungsprobleme und stimuliert die Gallenproduktion, anregend, belebend, schweißtreibend.

Schnittlauch: krampflösend, wirkt gegen Blähungen, schleimlösend, begünstigt den Schlaf, verstärkt die Milchproduktion bei stillenden Frauen.

Thymian: beruhigt das Nervensystem, wirkt antiseptisch in den Atemwegen, gegen Blähungen, krampflösend, antirheumatisch und harntreibend; aufgrund seiner sattvischen Natur ist er Yoga-Praktizierenden empfohlen.

Rosmarin: wirkt auf das Nervensystem, stimuliert bei Müdigkeit, antiseptisch, krampflösend, leberreinigend.

Kerbel: antiseptisch, appetitanregend, wirkt gegen Blähungen, fördert den Gallenfluss, blutreinigend, stimuliert und wirkt abführend; hervorragend für die Haut.

Estragon: krampflösend, verdauungsfördernd, allgemeines Stimulans, hilft bei Blähungen und Bildung von Darmgasen.

Salbei: antirheumatisch, harntreibend, antiseptisch, zusammenziehend und belebend; besonders gut bei Fieber und Unruhe sowie während der Genesung. Bei vorliegenden hormonabhängigen Erkrankungen (Brust-, Gebärmutter-, Eierstock-, Prostatakrebs) wird von seiner Verwendung abgeraten.

Zitronengras: krampflösend, beruhigend, harntreibend, verdauungsanregend und darmberuhigend, lindert Blähungen und Krämpfe.

Brennnessel: antibakteriell, beruhigend, harntreibend, blutreinigend und remineralisierend, gut geeignet zum Entschlacken.

Milchprodukte

In der indisch-yogischen Tradition gelten Milchprodukte als hervorragende Nahrungsmittel.

Milch: Ideal ist frische Rohmilch. Pasteurisation, Homogenisierung und lange Kühlung verschlechtern die Milchqualität. Durch das Kochen mit Gewürzen (Ingwer, Zimt, Kardamom) wird die Milch verträglicher. Milch wird vorzugsweise allein, ohne andere Nahrungsmittel, eingenommen.

Joghurt hat die Tendenz, die Schleimbildung zu fördern, und sollte nur maßvoll konsumiert werden. In Indien mischt man ihn mit Wasser und genießt ihn in Form von Lassi. Auf diese Weise ist er verträglicher.

Käse wird nach herkömmlicher Art mit tierischem Lab hergestellt, das aus dem Labmagen von Kälbern stammt; heutzutage gibt es auch synthetisches Lab. Wer auf tierische oder synthetische Produkte verzichten will, kann auf Käse ausweichen, der mit pflanzlichem Lab hergestellt wurde, wobei diese allerdings oft weniger gut schmecken. In diesem Buch wird in manchen Rezepten Käse verwendet; dieser kann nach Wunsch aber auch weggelassen werden. Es ist auch ganz einfach, Frischkäse (z. B. Panir) aus frischer Milch und Zitronensaft selbst herzustellen.

GHEE, SATTVISCH UND WOHLTUEND

Ghee ist geklärte Butter, aus der durch den Vorgang der Klärung die Eiweißbestandteile und der Milchzucker entfernt wurden. Dadurch ist sie besonders leicht verdaulich und verbrennt beim Erhitzen nicht. Nach dem Klären bleibt nur das reine Fett der Butter übrig, das in der ayurvedischen Medizin als ein göttliches Nahrungsmittel betrachtet wird. Ghee ist hervorragend geeignet, um Vata zu kontrollieren und zu stärken, Pitta abzukühlen und die Verdauung zu fördern. Es wirkt sich positiv auf die Gesundheit und die Langlebigkeit aus, entgiftet, schmiert die Gelenke und verbessert den Zustand der Haut, es nährt Nervenzellen und stärkt das Atmungssystem. Ghee gilt im Ayurveda als »flüssiges Gold«, als eigentliches Allheilmittel und symbolisiert die Qualität der mütterlichen Liebe. Mancher Yogi reibt sich zum Zweck der Reinigung morgens einige Tropfen in die Nase, die Ohren und den Mund.

Ghee wird in Indien mit großer Sorgfalt und großem Respekt zubereitet und oft geteilt und als wertvolles Geschenk überreicht. Ob roh oder gekocht, wird es in allen süßen und salzigen Speisen verwendet. Im Gegensatz zu vielen pflanzlichen Ölen verträgt es sehr gut das Erhitzen auf hohe Temperaturen. Beim Klären der Butter werden alle Stoffe entfernt, die verbrennen und so schädlich sein könnten. Der Rauchpunkt von normaler Butter liegt bei 120 Grad, jener von Ghee bei etwa 250 Grad.

Rezept für 1 bis 2 kg Ghee
30 Minuten + 2 Stunden Ruhezeit
1–2 kg rohe Butter, aus biologischer Schafs- Ziegen oder Kuhmilch, ungesalzen

Die Butter in einem Edelstahltopf auf sehr kleiner Hitze schmelzen und die Temperatur mit einem in die flüssige Butter getauchten Thermometer überwachen. Solange noch Wasser in der Flüssigkeit enthalten ist, steigt die Temperatur nicht über 100 Grad. Nach 20 bis 25 Minuten ist das Wasser vollständig verdampft und die Temperatur steigt recht schnell an.

Den Kochvorgang bei 105 Grad stoppen, den Topf von der Herdplatte nehmen, den weißen Schaum, der sich an der Oberfläche gebildet hat, abschöpfen. 2 Stunden ruhen lassen.

Die Butter ein zweites Mal, auf sehr kleiner Hitze erwärmen, damit alle noch vorhandenen Eiweiß- und Milchzuckerbestandteile nach oben steigen. Die flüssige Butter heiß durch ein Mull- oder Seihtuch filtern, um alle Feststoffe zu entfernen. In ausgekochte (sterilisierte) Glasgefäße abfüllen und bei Raumtemperatur aufbewahren. Es hält sich bei Raumtemperatur und vor Licht geschützt mehrere Monate, ohne ranzig oder schlecht zu werden.

Nahrungsmittel, die eher oder ganz zu meiden sind

Die folgenden Nahrungsmittel sind in einer yogagemäßen Ernährung möglichst wenig zu verwenden oder ganz zu vermeiden.

- *Eier:* In früherer Zeit waren Yogis Lakto-Vegetarier, das heißt, sie ernährten sich von pflanzlichen Zutaten und von Milchprodukten, aber ohne Eier. Obwohl in der klassisch yogischen Ernährung Eier also gemieden werden, verwenden wir sie dennoch in einigen Rezepten, so wie es in der westlichen vegetarischen Ernährung verbreitet ist.
  Qualitativ hochwertige tierische Nebenprodukte (wie Eier und Käse) sind reich an Proteinen, die der menschliche Körper einfach aufnehmen kann und die helfen, Gewebe zu bilden. In der ayurvedischen Medizin gelten Eier zwar als regenerierend und wohltuend, aber auch als schwer und heiß; sie verringern Vata und erhöhen Pitta und Kapha. Pitta-Temperamente sollten daher insbesondere das Eigelb meiden. Für eine gute Verdaulichkeit sollten Eier nicht zu lange gekocht werden.
- *Fleisch und Fisch:* Falls sie gegessen werden, müssen sie absolut frisch sein. Kapha-Temperamente können leichter auf tierische Produkte verzichten und vertragen eher eine rein vegetarische Ernährung.
- *Konserven und tiefgefrorene Nahrungsmittel.*
- *Industriell verarbeitete Nahrungsmittel,* die chemisch behandelt wurden, Zusatz- und/oder Konservierungsstoffe enthalten oder aus genetisch veränderten Organismen hergestellt wurden.
- *Zu salzige, zu stark gewürzte und zu konzentrierte Nahrungsmittel.*
- *Frittierte Nahrungsmittel oder Speisen.*
- *Raffinierte Nahrungsmittel* (weißer Zucker, Weißmehl usw.).
- *Süßstoffe.*
- *Anregende Getränke* (Kaffee, schwarzer Tee usw.).
- *Alkohol:* Er zerstört die Zellen von Leber und Gehirn.
- *Industriell hergestellte und kohlensäurehaltige Getränke.*
- *Wieder aufgewärmte Speisen,* verdorbene Nahrungsmittel.
- *Bestrahlte Nahrungsmittel:* die in der Mikrowelle zubereitet wurden.
- *Nahrungsmittel, die unter tamasischen Bedingungen angebaut,* zubereitet oder konsumiert werden.

Mögliche negative Auswirkungen von Nahrungsmitteln und ihre Gegenmittel

Nahrungsmittel	Negative Auswirkung	Gegenmittel
Früchte		
Avocado	Erhöht Kapha	Kurkuma, Zitrone, Knoblauch, schwarzer Pfeffer, Paprika
Banane	Erhöht Pitta und Kapha	Kardamom
Trockenfrüchte	Bewirken Trockenheit, können Vata erhöhen	In Wasser einweichen
Samenkörner	Können Pitta erhöhen	Über Nacht in Wasser einweichen und kochen, um sie leichter verdaulich zu machen
Gemüse		
Kohl	Produziert Verdauungsgase	Mit Kurkuma und Senfkörnern in Sonnenblumenöl zubereiten
Bohnenkerne und frische Bohnen	Produzieren Verdauungsgase	Knoblauch, schwarzer Pfeffer, Gewürznelken, Cayennepfeffer, Ingwer, Salz
Grüner Salat	Produziert Verdauungsgase	Olivenöl und Zitronensaft
Kartoffel	Produziert Verdauungsgase	Ghee und Pfefferkörner
Tomate	Erhöht Kapha	Limette oder Kreuzkümmel
Getrocknete Tomate	Erhöht Pitta	
Getreide		
Hafer	Erhöht Kapha und Fettwerte	Kurkuma, Senfkörner, Kreuzkümmel
Gerste	Stabilisiert Pitta, nützlich für Vata, nicht empfehlenswert für Kapha	Kurkuma, Senfkörner, Kreuzkümmel
Reis	Erhöht Kapha und Fettwerte	Gewürznelken, Pfefferkörner, Kardamom
Weizen	Erhöht Kapha und Fettwerte	Ingwer
Tierische Produkte		
Käse	Erhöht Wassereinlagerung, verschlechtert Pitta und Kapha	Schwarzer Pfeffer, Cayennepfeffer
Rahm (Sahne)	Vermehrt Schleimbildung, verursacht Wassereinlagerung	Koriander, Kardamom
Joghurt	Vermehrt Schleimbildung, verursacht Wassereinlagerung	Kreuzkümmel, Ingwer
Ei	Erhöht Pitta; erhöht roh verzehrt Kapha	Petersilie, Korianderblätter, Kurkuma, Zwiebeln

Bei folgenden Ungleichgewichten ist speziell auf die den Doshas entsprechende Ausgewogenheit zu achten:

Vata: chronische Schmerzen, Spasmen, Krämpfe, Zittern, Verdauungsgase, Verstopfung, Erkältungen
Pitta: Entzündungen, Fieber, übermäßiger Hunger und Durst, Sodbrennen, Hitzewallungen, Akne, Aggressivität
Kapha: Einlagerung von Flüssigkeiten/Wasser, Schleim, Schwere, Lethargie, Gewichtszunahme, Allergien, Asthma, übermäßig viel Schlaf

Küchenutensilien

Die Unentbehrlichen
- *Küchenmesser,* immer perfekt geschliffen. Wählen Sie eines, das gut in der Hand liegt.
- *Gemüseschäler oder Sparschäler:* sehr nützlich zum Schälen von Gemüse, aber auch um dünne Gemüsenudeln herzustellen.
- *Mörser mit Stößel* (aus Holz oder Marmor), um Gewürze zu zerstoßen.
- *Zitruspresse:* Zitronensaft kommt in sehr vielen der Rezepte vor. Mit einer Zitronenpresse lässt sich der Saft einfach auspressen.
- *Microplane-Reibe:* Dank hochwertiger, rasiermesserscharfer Klinge ideal, um Zitrusschale fein abzureiben oder um frischen Ingwer oder Kurkuma zu reiben.
- *Mixer (Standmixer, Stabmixer):* das einzige unentbehrliche elektrische Küchengerät. Wählen Sie ein hochwertiges Produkt, das ein ganzes Leben lang halten kann. Mit einem leistungsstarken Mixer können Suppen püriert, aber auch Säfte hergestellt werden; diese anschließend durch ein feines Sieb passieren, um Faserstoffe zu entfernen. Damit roh gemixtes Gemüse und Obst nicht überhitzt und dabei Vitamine und Spurenelemente einbüßt, sollte es nur in kurzen Stößen (Pulse-Funktion) gemixt werden.

Für die ganz Eiligen

- *Brotbackautomat:* Wenn man sein Brot selbst herstellt, ist es natürlich ideal, wenn man sich die Zeit nehmen und es von Hand kneten kann. Wenn dafür keine Zeit zur Verfügung steht, erweist sich ein Brotbackautomat als nützlich. Man braucht nur die Zutaten in den Behälter zu füllen, Kneten, Aufgehenlassen des Teigs und Backen besorgt das Gerät. Man kann die Maschine auch nur zum Kneten und Gehenlassen verwenden und das Brot dann von Hand formen und im Backofen backen.
- *Entsafter (wichtig: mit Schneckenpresse, nicht Zentrifuge!):* Er hat zwar seinen Preis, ist aber praktisch zum Entsaften von Gemüse und Früchten ohne zu starke Erwärmung und damit ideal, um das Beste aus rohen Zutaten zu erhalten. Für weiche Zutaten kann der Mixer eine Alternative sein; er eignet sich aber nicht für harte/feste Früchte und Gemüse, wie Rote Bete oder Karotten.
- *Joghurtmaschine:* In Indien gilt fermentierte Milch als wertvolle Nahrung, die Kraft verleiht. Zur Herstellung von Joghurt braucht man nur Milch, Milchsäurebakterien oder etwas fertigen Joghurt und eine Joghurtmaschine. Eine Joghurtmaschine ist sehr praktisch, aber ebenso funktioniert die Herstellung bei knapp 50 Grad im Backofen.

Kochmethoden für eine lebendige Nahrung

Die beste Nahrung ist eine lebendige Nahrung. Dafür gilt es die Nahrungsmittel zu wählen, die am meisten Vitalität verleihen, und die wegzulassen, die ermüden und erschöpfen.

Damit sie ihre ganze Frische behalten, sollten die Nahrungsmittel erst kurz vor dem Essen zubereitet werden. Wählen Sie Obst und Gemüse möglichst mittlerer Größe und genau richtig reif, waschen Sie sie und schneiden sie immer in Richtung der Fasern. Es gilt dasselbe Prinzip wie beim Schreiner, der das Holz in Richtung der Holzfasern schleift, damit es nicht splittert oder reißt. Gemüse und Obst werden möglichst mit der Schale verwendet, damit alle Mineralien und Vitamine erhalten bleiben. Bei manchem Obst und Gemüse ist die Schale oder Haut aber zu dick oder zu schwer verdaulich; sie wird dann mit dem Sparschäler vorsichtig abgeschält. Wenn Obst und Gemüse nicht aus biologischem Anbau stammen, entfernen Sie Haut oder Schale und verwenden nur das Innere.

Roh oder gekocht?

Gut ausgewählte rohe Nahrungsmittel enthalten ein Maximum an Nährstoffen (Vitamine, Enzyme, Spurenelemente) und sollten mindestens ein Fünftel der täglichen Ernährung ausmachen. Dadurch wird das erforderliche Prana erhalten, die Energie genährt. Früchte werden am besten roh gegessen und sollten gekocht nur maßvoll verwendet werden, denn sie werden dann saurer.

Obst sollte immer außerhalb der Mahlzeiten gegessen werden, getrennt von Gemüse, da beide bei der Verdauung unterschiedliche Fermente erfordern.

Rohes Gemüse liefert mehr Vitalität als gekochtes und erhöht die Qualität der für den Geist förderlichen Elemente Luft und Äther, weshalb es besonders auch von Yogis bevorzugt wird. Rohes Gemüse ist allerdings wesentlich schwerer zu verdauen; viele Ballaststoffe werden erst durch Kochen aufgeschlossen und für den menschlichen Organismus nutzbar. Aus diesem Grund empfiehlt die indische Medizin Rohkost nie über einen langen Zeitraum. Rohkost hat die Eigenschaften trocken, leicht und kalt; sie stellt für das Verdauungsfeuer eine hohe Belastung dar und vermindert es. Es besteht die Gefahr, dass Nährstoffe schlecht aufgenommen werden und das Körpergewebe schlecht genährt wird, wodurch ein Nährboden für Krankheiten geschaffen wird. Rohes Gemüse ist damit nur geeignet für Menschen, deren Konstitution über ein exzellentes Verdauungsfeuer verfügt.

Eine regelmäßige und vertiefte Praxis des Yogas erlaubt, das Agni, das Verdauungsfeuer, in bestmöglichem Zustand zu erhalten. Yoga-Praktizierende vermögen dadurch rohe Nahrung problemlos aufzunehmen und energetischen Nutzen daraus zu ziehen.

Um die Vitalität, die Lebendigkeit der Nahrungsmittel möglichst zu erhalten, sind sanfte und kurze Kochmethoden zu bevorzugen. Denn ab einer Temperatur von 45 Grad verlieren die Enzyme ihre Wirksamkeit, ab 60 Grad werden die Vitamine beeinträchtigt, ab 80 Grad gehen Mineralsalze und Spurenelemente verloren. Bei über 100 Grad haben die Nahrungsmittel ihre Vitalität verloren.

Das Erhitzen von Öl

Öle sind mehr oder weniger hitzeresistent, sie verlieren aber alle die enthaltenen Enzyme und Vitamine beim Erhitzen. Es ist daher besser, sie erst nach dem Kochen auf dem Teller hinzuzufügen. Auch sind nur hochwertige biologische Produkte aus erster Kaltpressung zu verwenden. Bevorzugen Sie Öle, die reich an einfach und mehrfach ungesättigten Fettsäuren sind (Omega-3, 6 und 9). Verwenden Sie unterschiedliche Öle, denn nicht alle haben dieselben Eigenschaften. Bevorzugen Sie Oliven-, Raps-, Walnuss-, Sesam-, Hanf- oder Leinöl.

Dampfgaren, die gesündeste Methode

Die beste Kochmethode ist das Dampfgaren. Die dabei angewendete Temperatur zerstört die Vitamine nicht und gart gleichzeitig die Nahrungsmittel, ohne sie auszutrocknen. Die wertvollen Nährstoffe, Vitamine und Spurenelemente werden im Nahrungsmittel konzentriert und nicht ausgeschwemmt, wie es beim Kochen im Wasser passiert. In Dampfgarern oder Steamern der neuesten Generation kann man alles kochen: Gemüse, Suppen, Getreide, Kompott, Cremen, Kuchen, sogar Brot. Dank mehrerer Etagen bzw. stapelbarer Dampfkörbe können mehrere Nahrungsmittel gleichzeitig zubereitet werden. Hochwertiges Fett wird in Form von Ghee oder kalt gepressten Pflanzenölen erst direkt auf dem Teller hinzugefügt.

Dünsten

Diese Kochmethode braucht etwas mehr Zeit, erhält aber auch einen Großteil der Vitalität der Nahrungsmittel. Die Nahrungsmittel garen in ihrem eigenen Saft auf niedriger Temperatur. Gut geeignet sind dafür der Römertopf, ein Schmortopf aus Gusseisen oder eine Tajine.

Kochen in Wasser

Diese Methode wird für Suppen und Brühen angewendet, denn die Nährstoffe gehen in das Kochwasser über, das dann weiterverwendet wird. Für das Garen von Getreide sollten Sie nur die genau erforderliche Menge Wasser verwenden, damit dieses vollständig aufgesogen wird. Getreide kann auch gedünstet oder im Dampf gegart werden.

Andere Kochmethoden

- *Der Backofen* kann bei niedriger Temperatur eingesetzt werden. Am besten eignet sich dafür Tongeschirr (Römertopf) und Backpapier, das nicht mit chemischen Mitteln gebleicht wurde. Aluminium ist absolut zu vermeiden; wenn es erhitzt wird, können hochgiftige Partikel davon in die Nahrungsmittel gelangen und sich in gesundheitsschädigender Dosis darin ansammeln.
- *Braten in der Pfanne* sollte eher selten angewendet werden und wenn, dann bei angemessener Temperatur und mit einem Fett, das hitzebeständig ist, wie Kokosöl oder Ghee.

Mikrowelle

Schluss mit der Mikrowelle! Die Mikrowelle hat in einer gesunden Küche keinen Platz. Die Zubereitung in der Mikrowelle wirkt wie eine Bestrahlung auf die Nahrungsmittel, deren molekulare Struktur dadurch verändert wird. Nahrungsmittel, die auf diese Weise verändert sind, kann unser Organismus nicht mehr richtig erkennen, ihre Aufnahme ist gestört.

Material der Küchenutensilien

Alle Utensilien, die zum Kochen verwendet werden, reagieren mit den Nahrungsmitteln. Die sichersten Materialien sind Ton, Edelstahl, Pyrex (hitzebeständiges Kochgeschirr), Gusseisen und Keramik von guter Qualität. Aluminium und antihaftbeschichtetes Kochgeschirr kann, wenn es überhitzt wird oder beschädigt ist, eine gesundheitsschädliche Wirkung haben. Bei Keramik und Gusseisen ist darauf zu achten, dass sie nicht mit Lack oder Beschichtungen versehen sind, die Blei oder andere giftige Elemente enthalten.

Teil 2

YOGA UND YOGISCHE ERNÄHRUNG FÜR ALLE TAGESZEITEN

Den Körper beim Aufwachen reinigen und nähren

Wir sind Geschöpfe mit einem inneren biologischen Rhythmus, der auf dem Wechsel von Tag und Nacht beruht. Die Beachtung dieser Zyklen und natürlichen Rhythmen ist ein Bedürfnis des Körpers, sie liegt in seiner Natur und beruht auf der gegenseitigen Abhängigkeit zwischen Körper und Umwelt. Der Körper schätzt die Regelmäßigkeit und die Beachtung der Schlafenszeit ganz besonders. Am besten ist es, sich selbst von der wohltuenden Auswirkung auf unsere körperliche Verfassung zu überzeugen.

Und wenn man anfängt, auf seinen ureigenen körperlichen Rhythmus zu achten, ist das vielleicht auch die Gelegenheit, seine Gewohnheiten zu ändern und früher aufzustehen, um sich an der Morgendämmerung zu erfreuen. Dies ist in der Tat eine gute Möglichkeit, Zeit mit sich selbst zu verbringen, wenn der Geist noch wenig belastet ist. Der Sonnenaufgang und die beiden Stunden davor sind die friedlichsten Momente des Tages und die reichsten an heiterer, leichter Energie. Deswegen ist es besonders ratsam, Yoga zu diesem Zeitpunkt zu praktizieren, zumal Magen und Darm sich dann noch im Ruhezustand befinden.

Der Augenblick, in dem man vom Schlaf zum Wachsein wechselt, ist ein ganz besonderer, denn die Tag- und die Nacht-Dimension der tiefsten Schichten unserer Persönlichkeit überschneiden sich hier; linke und rechte Gehirnhälfte sind im Einklang und lassen ein uneingeschränktes Bewusstsein entstehen. Dasselbe gilt für den Abend, kurz vor dem Einschlafen. Die meisten von uns durchleben diese Momente, ohne darauf zu achten. Dabei sind dies entscheidende Phasen, in denen der Geist dem »geistigen Wort« zugänglich ist. Ein Augenblick, den man ergreifen sollte, um einen kurzen, positiven Satz zu äußern, der bezogen auf das gegenwärtige Sein einen Wunsch nach persönlichem Fortschritt enthält. Ein solcher Vorsatz wird im Sanskrit als *Sankalpa* bezeichnet. Diesen Wunsch oder Vorsatz, und immer nur einen gleichzeitig, wiederholt man in Freude und Vertrauen auf seine Verwirklichung morgens beim Aufwachen und abends beim Einschlafen, bis er Wirklichkeit wird. Dann kann man sich ein paar Minuten gönnen, um den Geist zu beruhigen und seine Atmung zu beobachten, ohne sie zu verändern. Erst dann dehnt man sich, reckt sich und macht einen, zwei, drei tiefe Atemzüge in Brustkorb und Bauch. Das bedeutet, durch die Nase einatmen und zuerst den Bauch weiten, dann die Brust in einer langsamen, gefühlten und stetigen Bewegung, wie eine sanfte Welle, weiten.

Sind Sie jetzt bereit, einen Fuß aus dem Bett zu setzen und den Körper auf die *Asanas* und *Pranayamas* vorzubereiten? Im Yoga gibt es verschiedene Möglichkeiten, den Körper zu reinigen. Diese Reinigungsübungen (*Shatkarmas,* was wörtlich »sechs Handlungen« bedeutet) sollen Giftstoffe und Unreinheiten aus dem Verdauungssystem, aus Nase und Augen entfernen und damit letztlich auch den Geist reinigen.

Im traditionellen System des Hatha-Yogas wird geraten, den Körper zu reinigen, bevor man mit den *Asanas* und *Pranayamas* beginnt. Die ersten drei *Shatkarmas*, *Neti* (Reinigung der Nase), *Dhauti* (sanfte Reinigung der Zähne, der Zunge und der Ohren) und *Basti* (Reinigung des Enddarms) dienen der Reinigung des physischen Körpers. Sie zielen auf das Entfernen von Unreinheiten ab, die sich durch schlechte Ernährungsgewohnheiten angesammelt haben. Die Entfernung dieser Unreinheiten reinigt den Organismus und ermöglicht es ihm, das Gleichgewicht und das wirksame Funktionieren der Organe und ihr einwandfreies Zusammenspiel zu erhalten. *Nauli* (die Reinigung des Dünndarms) ist die vierte Reinigungshandlung, sie regt die Energiequelle an und belebt den pranischen Körper. Die fünfte Handlung *Kapalabhati*, dient der Reinigung der Nase. *Tratak*, die sechste Reinigungshandlung, dient dazu, die Tränenkanäle und die Augenoberfläche zu reinigen.

Alle diese Reinigungshandlungen müssen bei einem ausgebildeten Yogalehrer erlernt werden; deswegen schlagen wir hier eine vereinfachte Morgenroutine vor, um den Körper zu reinigen und aufzuwecken. Sie braucht nur wenig Zeit und kann ganz einfach erlernt werden. Sie umfasst *Neti* und *Dhauti*, aber auch Anregungen aus dem Ayurveda und kann nach Wunsch weiter vertieft werden.

VOR DEM YOGA: DEN KÖRPER REINIGEN

Reinigung der Nase (Jala Neti)

Jala Neti vertreibt die Schläfrigkeit und verleiht dem Kopf ein Gefühl von Leichtigkeit und Frische. Diese Reinigung entfernt Unreinheiten und mit dem Schleim auch Bakterien und fördert so die Heilung von Krankheiten im Hals-Nasen-Ohren-Bereich.

Besorgen Sie sich eine Nasendusche *(Lota)*, ein kleines Behältnis mit ergonomischer Form, die es ermöglicht, Wasser in die Nasenlöcher zu gießen. Füllen Sie die Nasendusche mit qualitativ hochwertigem lauwarmem Wasser und fügen Sie pro 500 ml Wasser 1 Teelöffel Salz hinzu. Rühren Sie um, damit sich das Salz vollständig auflöst und das Wasser dieselbe Konzentration wie Kochsalzlösung hat.

Den Ausgießer der Nasendusche an das linke Nasenloch halten. Den Kopf nach rechts beugen, so dass das Wasser in das linke Nasenloch fließt und aus dem rechten wieder herausfließt. Hierbei wird durch den Mund geatmet. Die Position des Kopfes korrigieren, bis das Wasser richtig fließt und 20 Sekunden fließen lassen. Die Nasendusche vom Nasenloch entfernen und stark ausatmen, um das linke Nasenloch zu trocknen; es darf kein einziger Wassertropfen in der Nase zurückbleiben. Den Vorgang mit dem rechten Nasenloch wiederholen. Ideal ist, diese Reinigung unter Anleitung eines ausgebildeten Yogalehrers zu erlernen.

Reinigung der Zunge (Jihva Dhauti) und Reinigung der Zähne

Um den Tag gut zu beginnen, gibt es nicht Besseres, als dem Körper zu helfen, Unreinheiten zu entfernen, indem man mit der Reinigung der Zunge beginnt. Ein Zungenschaber (am besten aus Silber oder aus Kupfer) hilft, den weißen Belag (Ama), der sich während der Nacht auf der Zunge gebildet hat, zu entfernen. Dies sind Überreste der Verdauung, von denen sich der Körper befreien will. Anschließend können Sie sich ganz normal die Zähne putzen.

Ölziehen zur Mundreinigung

Die Mundreinigung geht weiter mit dem sogenannten Ölziehen – für Menschen des Westens eher exotisch, aber sehr einfach nachzumachen. Es bewirkt ein sehr angenehmes Gefühl der Sauberkeit, ist ausgezeichnet für die Zahngesundheit, für das Verdauungs- und für das Immunsystem und erhöht zudem die Empfindsamkeit für verschiedene Geschmacksnuancen. Dieses Ölbad besteht darin, einen Esslöffel Kokos- oder Sesamöl in den Mund zu nehmen und das Öl 10 bis 15 Minuten im Mund zu bewegen und zwischen den Zähnen hindurch zu ziehen. Das Öl nimmt die Bakterien auf und wird dann ausgespuckt (am besten in die Toilette oder in den Mülleiner). Um Zeit zu gewinnen, können Sie das Ölziehen auch unter der Dusche vornehmen.

Dusche und schnelle Körpermassage

Im Ayurveda werden zwei Arten von Massagen empfohlen: die Garshan-Massage und die Abhyanga-Massage.

Die Garshan-Massage dauert nur 3 oder 4 Minuten und unterstützt die Blutzirkulation sowie den Stoffwechsel. Sie wird mit einem Massagehandschuh aus Rohseide oder mit einem Naturschwamm durchgeführt. Den Körper kräftig massieren, Druck entlang der Knochen ausüben und die Gelenke kreisförmig massieren. Vom Kopf zu den Füßen massieren, Kopf, Hals, Schultern und Oberkörper massieren, dabei den Bereich von Herz und Brust auslassen. Dann den Bauch in kreisförmigen Bewegungen im Uhrzeigersinn massieren. Zuletzt die Oberschenkel, das Gesäß und die Arme.

Die Abhyanga-Massage wird in derselben Reihenfolge durchgeführt und dauert ebenfalls nur 3 bis 4 Minuten. Sie wird mit kalt gepresstem Sesamöl aus biologischer Herstellung gemacht, das leicht lauwarm ist.

Ein Glas warmes Wasser mit dem Saft einer halben Zitrone

Es gibt nichts Besseres, um das Verdauungssystem aufzuwecken und gleichzeitig die Ausscheidung der über Nacht angesammelten Giftstoffe zu fördern, als in kleinen Schlucken Zitronensaft zu trinken. Obwohl er einen sauren Geschmack hat, ist Zitronensaft alkalisch. Er unterstützt die Regulierung des pH-Wertes, indem er hilft, Säure aus dem Körper auszuscheiden. Dieser Morgentrunk erleichtert auch die Verdauung, da er harntreibend und abführend wirkt. Das Vitamin C des Zitronensaftes stimuliert zudem das Immunsystem, wirkt antibakteriell und antiviral. Man kann auch einen Teelöffel geriebenen Ingwer hinzufügen, vor allen in der kalten Jahreszeit, um Pitta zu erhöhen.

Wie alle Praktiken, sollten Sie auch diese auf sich wirken lassen und sie in Ihre tägliche Routine übernehmen, wenn sie Ihnen guttut.

BEREIT FÜR EINE YOGA-STUNDE MIT SICH SELBST

Was sind Asanas?

Asanas sind die Körperhaltungen im Yoga. Während Gymnastikübungen nur für die Muskeln und Gelenke gedacht sind, beziehen die Asanas, indem sie Bewegung, Bewusstsein und Atmung in Einklang bringen, sowohl die Gesamtheit der physischen Dimensionen (Muskeln, Gelenke, Verdauungssystem, Atmungssystem und Hormonsystem) als auch die psychischen

Dimensionen mit ein. Alle Facetten eines Individuums werden stimuliert, gestärkt und dadurch in die Lage versetzt, ein Leben in Ruhe und Ausgeglichenheit zu führen, egal ob es in stürmischen oder ruhigen Gewässern verläuft.

Die regelmäßige Ausübung von Asanas hat eine Verbesserung in allen Bereichen zur Folge und entwickelt das verborgene Potenzial des Menschen. Die heutige Zeit bietet uns so viel Freiheit und Bequemlichkeit wie niemals zuvor, aber paradoxerweise weiß der Mensch nicht, wie er sich um sein eigenes Wohlbefinden kümmern soll. Noch nie wurde weltweit so viel Yoga praktiziert wie heute, und das geschieht, weil es eine Antwort auf die Anforderungen der körperlichen, psychischen und spirituellen Gesundheit gibt. Einige Asanas, die schon in den ältesten Schriften der Menschheit, den *Veden,* beschrieben sind, wurden seither ohne Unterbrechung über die Kulturen und Jahrhunderte hinweg überliefert, weil sie eine universelle Dimension eines jeden menschlichen Wesens ansprechen, den Wunsch, sich zu erheben.

Wie viel Zeit benötigen die Übungen?

Zeitmangel steht heute auf der Tagesordnung. Es gibt viele Menschen, die keine ganze Stunde für das tägliche Üben aufbringen können. Es ist möglich, kleine Übungseinheiten mit genau definierten Zielen zu absolvieren; ich nenne sie »Yogakapseln«. Die passen sehr leicht in jeden Terminkalender. Ein Minimum an Zeit für ein Maximum an Wirkung: 12 Minuten morgens, 3 Minuten mittags und 10 Minuten abends. Dies wird im Folgenden vorgeschlagen.

Die Übungen am Morgen werden in Form von *Sadhanas* gemacht, die den Körper aufwecken und Prana, die Lebensenergie, nähren.

Sadhana, die tägliche persönliche Übung

Sich jeden Tag zu einer bestimmten Uhrzeit etwas Zeit für sich selbst zu nehmen, tut dem Körper und der Seele gut. Schon wenige Minuten jeden Tag genügen. Dazu wird im Yoga *Sadhana* empfohlen. Dieser Begriff aus dem Sanskrit bedeutet »Disziplin«; diese besteht aus dem Praktizieren einer Reihe von Übungen, die über einen festgelegten Zeitraum von einem, zwei oder drei Monaten jeden Tag zur selben Stunde durchgeführt werden. Die Übungen haben einen genau definierten Fortschritt zum Ziel und werden je nach den physischen, geistigen und/oder spirituellen Bedürfnissen aus dem reichhaltigen Repertoires des Yogas ausgewählt. Ob es nun

darum geht, die Beweglichkeit des Rückens zu erhalten, die Ruhe des Geistes zu fördern oder einen Zugang zur Meditation zu finden, ein erfahrener Yogalehrer weiß immer Rat; er kann die *Sadhanas* genau anpassen und die richtige Durchführung überprüfen. Achten Sie darauf, das einmal erstellte Programm genau einzuhalten. Die Regelmäßigkeit der Ausübung ist entscheidend. Eine wenn auch kurze, aber ausdauernde und regelmäßige Praxis wirkt in die Tiefe, besser als eine gelegentliche Ausübung, die jedes Mal nach Lust und Tagesform geändert wird. Die Wiederholung hinterlässt ihre Spuren in unserem Wesen, das gilt für schlechte wie für gute Angewohnheiten. Sobald das Ziel des *Sadhana* erreicht ist, oder wenn die Ereignisse des Lebens eine Anpassung erforderlich machen, ist der Moment gekommen, ein neues *Sadhana* zu definieren. Ein zielgerichtetes *Sadhana* hat eine bemerkenswerte Wirksamkeit.

Surya Namaskar, das Sonnengebet

Surya Namaskar, Sonnengebet oder Sonnengruß genannt, ist eine Übung, die aus 12 Haltungen besteht, die dem Biorhythmus des Körpers und den Zyklen des Universums entsprechen. Diese Reihe von Asanas dehnt den Körper tiefer als jede andere Abfolge von Haltungen. Sie schmiert die Gelenke, macht die Wirbelsäule beweglich, massiert den Bauch, stärkt die Muskeln, fördert das Gleichgewicht, die Stabilität, die Geschmeidigkeit und die Beweglichkeit.

Über die einfachen körperlichen Übungen hinaus ist *Surya Namaskar* auch eine spirituelle Übung. Sie weckt innere Kräfte, die uns mit unserer tiefen Natur und der Welt, die uns umgibt, verbinden und uns so in die Lage versetzen, die Fülle des Lebens besser zu schätzen.

Auch hier soll noch einmal betont sein, dass diese Übung wie andere Yoga-Praktiken unbedingt mit einem ausgebildeten Yogalehrer zu erlernen ist. Dies als Vorsichtsmaßnahme, um zu verhindern, dass man sich schlechte oder ungenaue Haltungen angewöhnt.

Surya Namaskar, das Sonnengebet

1. Pranamasana, Gebetshaltung
Aufrecht stehen, Beine geschlossen, der Körper ist entspannt, die Hände vor der Brust zusammenführen mit dem Bewusstsein der Sonne, Quelle des Lebens. Natürlich atmen. Auf den Bereich des Herzens konzentrieren.

2. Hasta Uttanasana, Arme hochgestreckt
Beide Arme gestreckt über den Kopf heben, die Handflächen nach oben, Arme schulterbreit geöffnet. Den Kopf langsam nach hinten neigen, Arme und Oberkörper folgen. Beim Heben der Arme einatmen. Die Konzentration auf den Brustraum fokussieren.

3. Padahastasana, Stehende Vorwärtsbeuge
Beim Ausatmen aus der Hüfte nach vorne beugen und dabei die Hände (Handflächen oder Finger) neben den Füßen ablegen, ohne zu forcieren (falls notwendig, Knie beugen). Die Stirn an die Knie annähern. Die Beine bleiben möglichst gestreckt. Am Ende der Ausatmung, den Bauch zusammenziehen, um möglichst viel Luft auszustoßen. Die Konzentration auf den unteren Teil der Wirbelsäule lenken.

4. Ashwa Sanchalanasana, Reiterhaltung
Die Hände auf beiden Seiten der Füße belassen. Einatmen und das rechte Bein möglichst weit nach hinten strecken, dabei die Brust öffnen und nach oben bewegen. Die Fußspitze des rechten Fußes ist gebeugt, das rechte Knie berührt Boden, das Becken wird nach vorne geschoben, der Rücken ist im Hohlkreuz, der Kopf wird nach hinten geneigt (nicht forcieren). Die Konzentration ist auf den Raum zwischen den Augenbrauen gerichtet.

5. Adho Mukha Svanasana, Herabschauender Hund
Beim Ausatmen den linken Fuß neben den rechten stellen und das Gesäß nach oben führen, den Kopf zwischen die Arme senken, so dass Rücken und Beine ein Dreieck bilden. Arme und Beine sind gestreckt, die Augen sind auf die Knie gerichtet, die Fersen berühren wenn möglich den Boden. Die Konzentration ist auf den Brustraum fokussiert.

6. Ashtanga Namaskara, der achtgliedrige Weg
Knie, Brust und Kinn auf den Boden bringen. Acht Punkte berühren den Boden: beide Füße, beide Knie, beide Hände, Brust und Kinn. Gesäß, Taille und Bauch sind erhoben, der Rücken ist im Hohlkreuz. Den Atem bei leeren Lungen anhalten. Die Konzentration ist auf den Bauchnabel fokussiert.

7. Bhujangasana, Kobra
Auf den Bauch liegen, die Arme strecken, einatmen, dabei ins Hohlkreuz gehen und die Brust nach vorne schieben. Oberschenkel und Hüfte bleiben am Boden, die Arme unterstützen den Oberkörper. Die Konzentration richtet sich auf den unteren Teil der Wirbelsäule.

8. Adho Mukha Svanasana, Herabschauender Hund
Ausatmen und dabei das Gesäß anheben. Hände und Füße dürfen von der Position 7 aus nicht bewegt werden. Die Konzentration richtet sich auf den Brustraum.

9. Ashwa Sanchalanasana, Reiterhaltung
Einatmen und dabei den linken Fuß zwischen die Hände stellen. Das rechte Knie berührt den Boden, das Becken richtet sich nach vorne, der Rücken ist im Hohlkreuz, der Kopf ist nach hinten gerichtet (ohne zu forcieren). Die Konzentration ist auf den geraden Rücken und die Dehnung der Hüftgelenke gerichtet.

10. Padahastasana, Stehende Vorwärtsbeuge
Ausatmen, den rechten Fuß neben den linken bringen, die Beine möglichst gestreckt. Die Stirn möglichst nahe an die Knie bringen (ohne zu forcieren und ohne die Beine zu beugen). Die Konzentration richtet sich auf den unteren Teil der Wirbelsäule.

11. Hasta Uttanasana, Arme hochgestreckt
Beim Einatmen den Brustkorb heben, die Arme, schulterbreit auseinander, über den Kopf strecken. Kopf, Arme und Oberkörper nach hinten dehnen. Die Konzentration richtet sich auf den Brustraum.

12. Pranamasana, Gebetshaltung
Dies ist die Schlussposition, sie ist identisch mit der Position 1. Ausatmen und dabei die Arme senken, die Handflächen vor der Brust zusammenführen. Die Konzentration ist auf das Herz gerichtet.

Für einen kompletten Durchgang die 12 Haltungen wiederholen und bei Position 4 das andere Bein (das linke) nach hinten strecken und bei Position 9 das rechte Bein zwischen die Hände führen. Konzentrieren Sie sich am Ende jeder Zyklushälfte auf die Atmung, bis sie wieder im normalen Rhythmus ist. Je nach verfügbarer Zeit 3, 6 oder 12 Zyklen durchführen, zum Beispiel 3 oder 6 Zyklen langsam und 3 Zyklen in schnellem Rhythmus. Jede Art von Ermüdung ist aber zu vermeiden.

Nach dem Sonnengebet nehmen Sie die Entspannungsposition ein.

Shavasana, die Totenstellung

Sich in bequemer Haltung auf den Rücken legen, den Kopf in der Verlängerung der Wirbelsäule. Die Arme liegen locker neben dem Körper, die Handflächen zeigen nach oben. Die Beine sind etwa 30 Zentimeter auseinander. Den Körper in vollständig unbewegter Haltung entspannen, die Kontaktpunkte mit dem Boden bewusst wahrnehmen. Die natürliche Atmung beobachten, ohne zu versuchen, sie zu verändern. Die Konzentration ist auf den Punkt zwischen den Augenbrauen gerichtet. *Shavasana* wird geübt, bis das Herz und der Atem wieder ihren normalen Rhythmus gefunden haben.

Den Tag visualisieren

Jedes morgendliche Yoga-Üben endet mit einer Sitzhaltung, zum Beispiel mit *Vajrasana* (Diamant-, Fersensitz) oder *Sukhasana* (Schneidersitz), mit geschlossenen Augen für eine kurze Visualisierung des kommenden Tages oder der zu bewältigenden Aufgaben. Diese Visualisierung in Frieden und Freude geschehen lassen. Spüren Sie Ihre Fähigkeit, Unvorhersehbares in einem Zustand der Stabilität aufzunehmen. Lassen Sie dieses Gefühl sich im ganzen Körper ausbreiten und spüren Sie dieser Wirkung nach. Die Sitzung ist beendet, der Tag kann gut beginnen.

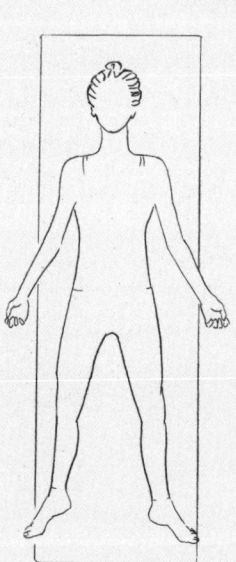

ANDERE MORGENDLICHE PRAKTIKEN: PAWANMUKTASANAS

Es gibt Praktiken, die ideal sind für den Morgen, beim Erwachen des Körpers, der während des Schlafes stundenlang in unbewegter Stellung war. Besonders hervorzuheben sind die *Pawanmuktasanas*, die aus einer Reihe einfacher und wirkungsvoller Übungen bestehen. Sie können in jedem Alter durchgeführt werden, sowohl von Anfängern als auch von Fortgeschrittenen.

Die ayurvedische Medizin empfiehlt das tägliche Üben als wesentliches Mittel, um den Organismus von Giftstoffen und schädlichen Abfällen zu befreien. Die erste Serie der *Pawanmuktasanas* aktiviert denn auch den Ausscheidungsprozess von Abfallprodukten und Giftstoffen, die sich in den Gelenken befinden und die freie Zirkulation des Pranas verhindern. Um in Form zu bleiben, muss das Prana frei fließen können.

Die zweite Serie der *Pawanmuktasanas* aktiviert die Verdauungsorgane (Leber, Darm usw.) und beseitigt die dabei möglicherweise vorhandenen Probleme. Diese Übungen werden vorwiegend auf dem Rücken liegend durchgeführt und bewirken über die Beine und den Druck der Beine auf den Bauchraum eine Tiefenmassage der Verdauungsorgane.

Die dritte Serie der *Pawanmuktasanas* setzt sich aus energiespendenden Übungen zusammen, die auf verschiedene Stellen des Körpers einwirken. Durch die bewusste Bewegung fließt das Prana, und die Giftstoffe werden ausgeschieden. Bedenken wir, dass es im Yoga nicht um Perfektion oder Leistung geht, sondern um Bewusstsein.

Behalten Sie dieselbe Geisteshaltung wie während der Übung auch nach jeder Übung bei und spüren Sie der Wirkung nach. Das ist unerlässlich und macht die Hälfte der Übung aus.

Und bevor Sie mit den Übungen beginnen, nehmen Sie sich kurz Zeit, um den Körper wahrzunehmen, wie er ist. Dasselbe gilt für das Ende der Übungen. Zwischen den beiden Wahrnehmungen liegt Yoga. Bewegungen, so einfach sie sein mögen, bewusst ausgeführt, wirken tief und stark. Mit unserem inneren Fühlen in Kontakt zu treten, gibt uns die Möglichkeit, letztlich auch unsere Entscheidungen im Einklang mit unserer innersten Natur zu treffen. Im Folgenden finden Sie vier Vorschläge für einen guten Start in den Tag. Es sind nur vier Vorschläge aus Tausenden von Möglichkeiten. Bei allen Praktiken ist es vor allem wichtig, eine Wahl zu treffen, einschließlich der, sich an die Praktik zu halten. Vor jeglicher Art von Yogaausübung sollten Sie mit einem ausgebildeten Yogalehrer besprechen, ob das Ausführen dieser Haltungen für Sie empfehlenswert ist.

Morgenübung 1: 12 Minuten, um den Körper sanft zu wecken

Eine Auswahl von Übungen zur Ausscheidung von Giftstoffen, die sich in den Gelenken angesammelt haben, gefolgt von einer Atemübung. Fokussieren Sie Ihre Achtsamkeit auf Ihre Bewegungen und Ihren Atem sowie auf das Zählen der Bewegungen. Bleiben Sie während der ganzen Übung achtsam und aufmerksam! Nehmen Sie sich nach jeder Übung ein paar Augenblicke Zeit, um die Wirkung zu spüren.

1. Parambhik Sthiti, Grundhaltung
Die Übungen dieser Serie werden am Boden sitzend durchgeführt. Beine strecken, die Handflächen auf beiden Seiten hinter dem Becken platzieren. Mit gestreckten Armen auf die Hände stützen, den Oberkörper leicht nach hinten neigen, den Kopf in der Verlängerung der Wirbelsäule halten.

2. Padanguli Naman, Zehen beugen
In der Grundhaltung sitzen. Die Zehen langsam zum Körper hin ziehen und wieder wegdrücken, ohne dabei die Füße zu bewegen. Beim Strecken der Zehen nach vorne einatmen, beim Heranziehen der Zehen ausatmen. 5-mal wiederholen.

3. Gulf Naman, Fußgelenke beugen
In der Grundhaltung sitzen. Beine leicht gespreizt. Die Füße vom Fußgelenk ausgehend nach vorne und nach hinten bewegen. Beim Strecken der Füße einatmen, beim Heranziehen ausatmen. 5-mal wiederholen.

4. Gulf Chakra, Fußgelenke kreisen
In der Grundhaltung sitzen. Beine gestreckt und leicht gespreizt, Fersen am Boden. Den rechten Fuß 5-mal im Uhrzeigersinn kreisen lassen, dann 5-mal im Gegenuhrzeigersinn. Einatmen, wenn die Füße nach oben kommen, ausatmen, wenn sie absinken. Die Wirkung beobachten. Dann dasselbe mit dem linken Fuß.

5. Janu Naman, Knie beugen
In der Grundhaltung das rechte Knie anheben und beugen, die Finger unter dem rechten Oberschenkel verschränken. Einatmen, dabei das rechte Bein strecken, die Füße nach vorne strecken, ohne die Fersen aufzusetzen. Ausatmen, dabei das Knie so stark wie möglich beugen, den Oberschenkel zur Brust ziehen, die Ferse ans Gesäß. 5-mal wiederholen. Dasselbe 5-mal mit dem linken Bein.

6. Titali Asana, Schmetterling
In der Grundhaltung die Füße anziehen und mit beiden Händen umfassen, die Finger unter den Füßen verschränken. Die Fußsohlen sollen sich berühren, die Fersen möglichst nah am Schambein sein. Die Oberschenkel sind entspannt. Mit den Beinen eine vorsichtige Bewegung, wie Schmetterlingsflügel, machen: Beide Knie langsam heben und senken, ohne zu forcieren. 20-mal wiederholen. Die Atmung ist ruhig und natürlich. Die Bewegung langsam beenden.

7. Mushtika Bandhana, Fäuste ballen
In der Grundposition die Arme in Schulterhöhe nach vorne strecken. Die Finger der beiden Hände abwechselnd beim Einatmen kräftig strecken und beim Ausatmen zur Faust formen. 10-mal wiederholen.

8. Skandha Chakra, Schultern kreisen
In der Grundposition die Arme in Schulterhöhe zur Seite strecken. Die Hände auf die Schultern legen. Mit beiden Ellbogen eine kreisförmige Bewegung ausführen, dabei sollen die Ellbogen die Brust berühren. Beim Heben der Arme einatmen, beim Senken ausatmen. 5-mal in eine Richtung, 5-mal in die andere Richtung durchführen.

9. Nadi Shodhana, Wechselatmung
Die Wechselatmung wird als die Königin der *Pranayamas* betrachtet, sie gleicht den Luftstrom in beiden Nasenlöchern aus und stellt so das Gleichgewicht zwischen beiden Hirnhälften her. Sie bringt Ruhe, Klarheit der Gedanken und Konzentration.
In bequemer Sitzposition (*Vajrasana oder Sukhasana*, Fersen- oder Schneidersitz) die rechte Hand vor das Gesicht nehmen, Zeige- und Mittelfinger zwischen die Augenbrauen legen. Dann den Daumen auf den rechten Nasenflügel und den Zeigefinger auf den linken Nasenflügel legen. Diese beiden Finger verschließen nun abwechselnd, dem Atemrhythmus folgend, das rechte und linke Nasenloch. Das rechte Nasenloch mit dem Daumen verschließen, auf vier zählen und durch das linke Nasenloch einatmen. Das rechte Nasenloch wieder öffnen, das linke mit dem Zeigefinger schließen und genau so lang ausatmen wie auf der anderen Seite. Nun wieder durch das rechte Nasenloch einatmen, das rechte Nasenloch schließen, das linke öffnen und genau so lange durch das linke Nasenloch ausatmen. Dies entspricht einem Zyklus. 4 Zyklen wiederholen.

10. Den Tag visualisieren
Siehe Seite 86.

Morgenübung 2: 12 Minuten, um Verdauungsstörungen, Blähungen und Verstopfung vorzubeugen und zu beseitigen

1. Shavasana, Totenstellung
Sich in bequemer Haltung auf den Rücken legen, den Kopf in der Verlängerung der Wirbelsäule. Die Arme liegen locker neben dem Körper, die Handflächen zeigen nach oben. Die Füße liegen etwa 30 Zentimeter auseinander. Den Körper in vollständig unbewegter Haltung entspannen, die Kontaktpunkte mit dem Boden bewusst wahrnehmen. Die natürliche Atmung beobachten, ohne zu versuchen, sie zu verändern. Die Konzentration ist auf den Punkt zwischen den Augenbrauen gerichtet.

2. Chakra Padasana, Beinkreisen
Auf dem Rücken liegend, die Arme neben dem Körper, die Beine ausgestreckt. Das rechte Bein mit gestrecktem Knie anheben und 5-mal im Uhrzeigersinn, dann 5-mal im Gegenuhrzeigersinn kreisen. Das Bein auf dem Boden ablegen. Beim Anheben des Beins einatmen, beim Absenken ausatmen. Der Wirkung nachspüren, die Unterschiede zwischen beiden Beinen fühlen. Die Übung mit dem linken Bein ausführen.

3. Pada Sanchalanasana, Radfahren
Auf dem Rücken liegend, das rechte Bein anheben und 5-mal vorwärts Rad fahren, dann 5-mal rückwärts. Der ganze restliche Körper liegt dabei flach auf dem Boden. Das Bein ablegen und der Wirkung nachspüren. Die Übung mit dem linken Bein ausführen.

4. Supta Pawanmuktasana, Gefaltetes Blatt
Eine hervorragende Bauchmassage und windlösende Stellung
Auf dem Rücken liegend, das rechte Knie anwinkeln, die Finger über dem Knie verschränken und tief ausatmen. Den rechten Oberschenkel an die Brust ziehen. Die Lungen entleeren und die Stirn an das Knie annähern. Dann sanft einatmen, Oberkörper und Bein absenken, den Kopf sanft ablegen. 5-mal wiederholen, die Wirkung beobachten. Dann die Übung mit dem linken Bein ausführen. Anschließend beide Knie zur Brust ziehen, die Arme um die Knie legen und die Übung mit beiden Beinen gleichzeitig durchführen, 5-mal wiederholen. Dann entspannt am Boden liegen und der Wirkung nachspüren.

5. Jhulana Lurhakanasana, Schaukeln und Rollen
Dies ist eine sehr gute Rückenmassage. Bei Problemen mit den Rückenwirbeln sollte sie allerdings nicht ausgeführt werden.
Auf dem vorderen Teil der Yogamatte sitzend, die Finger um die Knie verschränken. Den Körper nach hinten schaukeln, dabei die Wirbelsäule abrollen, dann wieder nach vorne schaukeln. Bei der Rückwärtsbewegung einatmen, bei der Vorwärtsbewegung ausatmen. 10-mal wiederholen.

6. Naukasana, Boot
Diese Haltung verschafft sofortige Entspannung, regt die Darmperistaltik an, fördert den Gleichgewichtssinn und die Konzentration.
Auf dem Rücken liegend, die Arme am Körper, die Handflächen zum Boden zeigend. In einer sanften Ausatmung das Becken so kippen, dass die Lendenwirbel den Boden berühren und dagegen drücken. Nun Oberkörper, Kopf, Arme und Beine gleichzeitig etwa 30 Zentimeter anheben. Das Gewicht des Körpers auf das Gesäß verlagern, um das Gleichgewicht zu halten. Die Bauchmuskeln anspannen, um die Lendenwirbel zu schützen (die Kraft kommt mehr aus den Bauchmuskeln als aus den Rückenmuskeln). Diese Position halten, dabei möglichst lange ohne zu atmen, bis die Bauchmuskeln zu zittern beginnen. Beim Ausatmen Oberkörper, Arme, Beine und zuletzt den Kopf auf dem Boden ablegen. 3-mal wiederholen.

7. Nadi Shodhana, Wechselatmung
Diese Übung bringt Ruhe, Klarheit der Gedanken und Konzentration.
In bequemer Sitzposition (*Vajrasana* oder *Sukhasana*, Fersen- oder Schneidersitz), die rechte Hand vor das Gesicht nehmen, Zeige- und Mittelfinger zwischen die Augenbrauen legen. Dann den Daumen auf den rechten Nasenflügel und den Zeigefinger auf den linken Nasenflügel legen (Linkshänder den Daumen auf den linken Nasenflügel und den Ringfinger auf den rechten). Diese beiden Finger verschließen nun abwechselnd, dem Atemrhythmus folgend, das linke und das rechte Nasenloch. Auf vier zählen und dabei durch das linke Nasenloch einatmen. Das rechte Nasenloch wieder öffnen, das linke mit dem Zeigefinger schließen, ausatmen und dabei auf vier zählen. Wieder auf vier zählend durch das rechte Nasenloch einatmen, das rechte Nasenloch schließen, das linke öffnen und vier Zählzeiten lang ausatmen. Dies entspricht einem Zyklus, 4 Zyklen wiederholen.

8. Den Tag visualisieren
Siehe Seite 86.

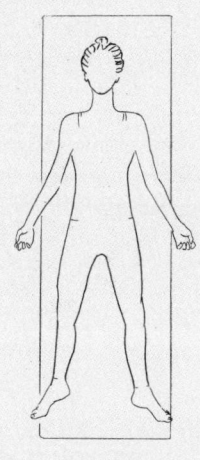
Position 1

Position 2

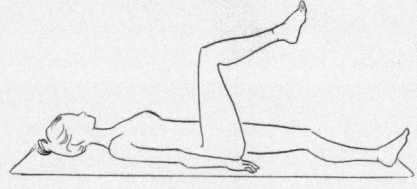
Position 3

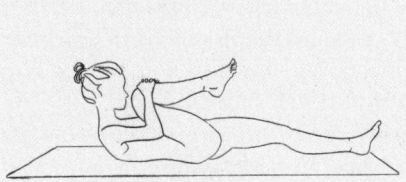
Position 4

Position 5

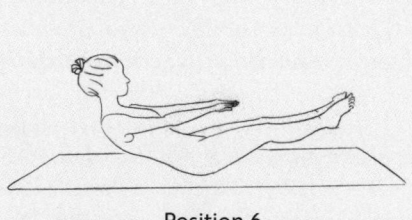
Position 6

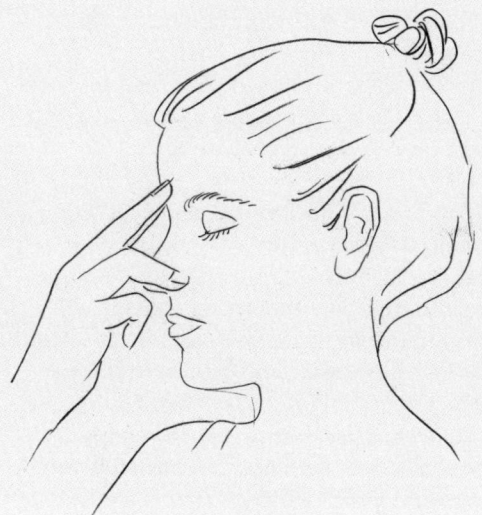
Position 7

Morgenübung 3: 12 Minuten, um die Wirbelsäule zu strecken und eine starke und heitere Energie aufsteigen zu lassen

1. Tadasana, Palme
Diese Haltung dehnt den ganzen Körper, fördert die Blutzirkulation, besonders den venösen Blutfluss, und erhöht die Wachsamkeit.
Stehend, die Füße 10 bis 15 Zentimeter auseinander, die Arme seitlich am Körper. Einige Momente in dieser Position verharren, den Kontakt der Füße mit dem Boden wahrnehmen und fühlen, wie der Fußballen in Kontakt mit dem Boden ist. Erspüren Sie, ob es einen Unterschied zwischen dem rechten und dem linken Fuß gibt. Bringen Sie beide ins Gleichgewicht. Die Finger mit den Handflächen nach oben vor dem Schambein verschränken und beim Einatmen die verschränkten Hände bis über den Kopf nach oben führen. Gleichzeitig die Fersen anheben und den ganzen Körper von Kopf bis Fuß dehnen. Ausatmen, die Hände mit den Handflächen nach oben auf den Kopf sinken lassen, die Fersen auf den Boden setzen. 5-mal wiederholen.

2. Tiryaka Tadasana, Sich wiegende Palme
Aufrecht stehen, die Füße etwa 50 Zentimeter auseinander. Den Blick auf einen Punkt in Augenhöhe richten oder auf einen Punkt etwa 1,5 Meter entfernt auf dem Boden. Die Finger verschränken, die Handflächen nach oben, und beim Einatmen die Arme über den Kopf heben. Beim Ausatmen den Oberkörper aus der Taille heraus nach links beugen, dabei darauf achten, dass der Oberkörper sich weder nach vorne noch nach hinten neigt. Einige Momente mit leeren Lungen in dieser Position bleiben. Beim Einatmen wieder langsam in die Mitte kommen. Dieselbe Bewegung nach rechts ausführen. Dies ist ein Zyklus. 5-mal ausführen.

3. Kati Chakrasana, Wirbelsäulendrehung im Stehen
Diese Haltung bewirkt ein Gefühl von Leichtigkeit und Heiterkeit.
Aufrecht stehen, die Füße im Abstand von etwa 60 Zentimetern, die Arme liegen am Körper an. Die Arme seitlich bis in Schulterhöhe anheben, den Oberkörper nach rechts drehen, dabei die linke Hand an die rechte Schulter führen und den rechten Arm hinter dem Rücken auf die linke Seite der Taille. Der Blick folgt der Bewegung und geht so weit wie möglich über die Schulter hinaus. Die Atmung ist natürlich. Wieder in die Mitte zurückkommen und dieselbe Bewegung auf die andere Seite machen. Dies ist ein Zyklus. 10-mal fließend und sanft ausführen. Darauf achten, dass das Becken stabil bleibt; die Wirbelsäule bildet die Achse, um die der Oberkörper dreht. Bei den letzten beiden Zyklen die Bewegung verlangsamen. Dann einige Augenblicke in der Unbeweglichkeit verharren, die Atmung spüren und den normalen Rhythmus wieder finden.

4. Surya Namaskar
3 Zyklen der 12 Haltungen des Sonnengebets (siehe Seite 84).

5. Shavasana, Totenstellung
Sich in bequemer Haltung auf den Rücken legen, den Kopf in der Verlängerung der Wirbelsäule. Die Arme locker neben dem Körper, die Handflächen zeigen nach oben. Die Füße liegen etwa 30 Zentimeter auseinander. Den Körper in vollständig unbewegter Haltung entspannen, die Kontaktpunkte mit dem Boden bewusst wahrnehmen. Die natürliche Atmung beobachten, ohne zu versuchen, sie zu verändern. Die Konzentration ist auf den Punkt zwischen den Augenbrauen gerichtet. So lange verharren, bis Herzschlag und Atmung ihren gewohnten Rhythmus gefunden haben.

6. Nadi Shodhana, Wechselatmung
Diese Übung bringt Ruhe, Klarheit der Gedanken und Konzentration.
In bequemer Sitzposition (*Vajrasana* oder *Sukhasana*, Fersen- oder Schneidersitz), die rechte Hand vor das Gesicht nehmen, Zeige- und Mittelfinger zwischen die Augenbrauen legen. Dann den Daumen auf den rechten Nasenflügel und den Zeigefinger auf den linken Nasenflügel legen (Linkshänder den Daumen auf den linken Nasenflügel und den Ringfinger auf den rechten). Diese beiden Finger verschließen nun abwechselnd, dem Atemrhythmus folgend, das linke und das rechte Nasenloch. Auf vier zählen und dabei durch das linke Nasenloch einatmen. Das rechte Nasenloch wieder öffnen, das linke mit dem Zeigefinger schließen, ausatmen und dabei auf vier zählen. Wieder auf vier zählend durch das rechte Nasenloch einatmen, das rechte Nasenloch schließen, das linke öffnen und vier Zählzeiten lang ausatmen. Dies entspricht einem Zyklus, 4 Zyklen wiederholen.

7. Visualisierung
Nehmen Sie eine komfortable Sitzposition ein und formulieren Sie eine positive Aussage für das Gelingen Ihres Tages. Fühlen Sie diese Absicht bei jedem sanften Einatmen etwas mehr. Lassen Sie diese positive Aussage sich im ganzen Körper verteilen, bei jeder Ausatmung etwas mehr. Entscheiden Sie im Geist in aller Sanftheit, dass der Tag gut beginnt. Die Sitzung ist beendet.

Position 1

Position 2

Position 3

Position 4

Position 5

Position 6

Morgenübung 4: 12 Minuten, um sich auf einen Tag vorzubereiten, der viel Konzentration erfordert (Prüfung, Einstellungsgespräch, intellektuelle Arbeit)

1. Shavasana, Totenstellung
Sich in bequemer Haltung auf den Rücken legen, den Kopf in der Verlängerung der Wirbelsäule. Die Arme locker neben dem Körper, die Handflächen zeigen nach oben. Die Füße liegen etwa 30 Zentimeter auseinander. Den Körper in vollständig unbewegter Haltung entspannen, die Kontaktpunkte mit dem Boden bewusst wahrnehmen. Die natürliche Atmung beobachten, ohne zu versuchen, sie zu verändern. Die Atmung ist bewusst. Bei jeder Ausatmung die Ausleitung von Spannungen visualisieren: Bei jeder Ausatmung verlässt etwas mehr Spannung den Körper, wie Staub, der durch die Nasenlöcher entweicht. Tief einatmen und die Spannungen ausatmen.

2. Naukasana, Boot
Diese Haltung verschafft sofortige Entspannung, regt die Darmperistaltik an, fördert den Gleichgewichtssinn und die Konzentration.
Auf dem Rücken liegend, die Arme am Körper, die Handflächen zum Boden zeigend. In einer sanften Ausatmung das Becken so kippen, dass die Lendenwirbel den Boden berühren und dagegen drücken. Nun Oberkörper, Kopf, Arme und Beine gleichzeitig etwa 30 Zentimeter anheben. Das Gewicht des Körpers auf das Gesäß verlagern, um das Gleichgewicht zu halten. Die Bauchmuskeln anspannen, um die Lendenwirbel zu schützen (die Kraft kommt mehr aus den Bauchmuskeln als aus den Rückenmuskeln). Diese Position halten, dabei möglichst lange, ohne zu atmen, bis die Bauchmuskeln zu zittern beginnen. Beim Ausatmen Oberkörper, Arme, Beine und zuletzt den Kopf auf dem Boden ablegen. 3-mal wiederholen.

3. Ananda Balasana, Glückliches Baby
Auf dem Rücken liegend, sich strecken. Beine und Arme hochheben und mit kräftigen Bewegungen mit Füßen, Beinen und Armen einen Moment lang strampeln. Langsamer werden, Beine und Arme auf dem Boden ablegen und die Atmung beobachten, ohne sie zu verändern.
In dieser Stellung bleiben, bis die Atmung wieder ihren normalen Rhythmus hat. Langsam auf die rechte Seite drehen, auf die rechte Hand stützen und in Sitzposition kommen.

4. Pranayama Bhramari, Bienenatmung
Dies ist die beruhigende Atmung par excellence. Sie senkt das Stressniveau, vermindert Angst, Wut und jede starke Emotion.
Eine bequeme Sitzposition einnehmen, der Rücken gerade, der Kopf in der Verlängerung der Wirbelsäule, die Augen geschlossen. Der Mund ist geschlossen, Lippen, Kiefer und Zunge sind entspannt, die Zähne berühren sich nicht. Die Arme mit angewinkelten Ellbogen anheben und die Ohren mit den Fingern zuhalten, dabei auf den Tragus, den dickeren Knorpelteil am Eingang des Gehörkanals, drücken. Einatmen und in einer langsamen, regelmäßigen Ausatmung, den Buchstaben M formend, einen gleichmäßigen Ton, wie das Summen einer Biene, erzeugen. Dieser Ton vibriert angenehm im Kopf und lenkt die ganze Aufmerksamkeit auf sich. Die Konzentration ist auf die Kopfmitte gerichtet. Nach dem Ausatmen wieder einatmen und insgesamt 5 Zyklen ausführen.

5. Trataka, Fixierung des Blicks
Neben anderen wohltuenden Effekten entspannt diese Übung, führt zu großer nervlicher Stabilität und fördert die Konzentrationsfähigkeit.
In einer bequemen Sitzposition den Blick auf einen bestimmten Punkt (z. B. eine Kerze oder einen Farbpunkt) richten, der sich in 50 Zentimeter Entfernung in der Höhe des Punktes zwischen den Augenbrauen befindet. Mit geradem Rücken und unbeweglich sitzen. Wenn vollständige Unbeweglichkeit erreicht ist, den Blick auf den Konzentrationspunkt richten, ohne zu blinzeln. Die Augen schließen, wenn sie ermüden oder tränen, in Bewegungslosigkeit verharren und nachspüren. Dann erscheint hinter den Augenlidern das Bild des Objekts, das fixiert wurde. Wenn dieses Bild verblasst, die Augen wieder öffnen und die Übung 1- oder 2-mal wiederholen. Die Fähigkeit, die Augen offen zu halten, ohne zu blinzeln, entwickelt sich mit zunehmender Praxis. Eine Dauer von 10 Minuten ist ideal für diese Übung.

6. Den Tag visualisieren
Siehe Seite 86.

7. Ein leichtes Frühstück
In Situationen, die stressiger sind als normalerweise, sollten Sie ein leichtes Frühstück einnehmen, das leicht verdaulich ist.

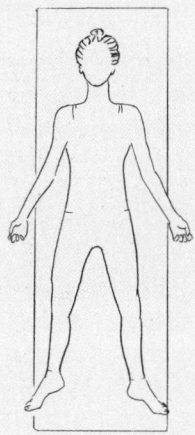

Position 1

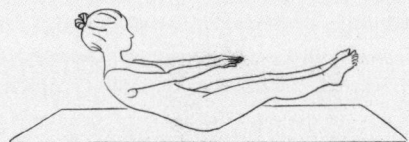

Position 2

Position 3

Position 4

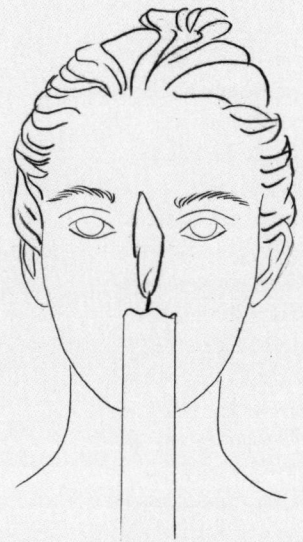

Position 5

Mit Yoga die Verdauung verbessern

Das Yoga bietet alle Arten von Übungen, die die Verdauung unterstützen, Verdauungsstörungen beseitigen und dafür sorgen, das Verdauungsfeuer im Gleichgewicht zu halten. Yoga-Übungen haben dabei oft eine doppelte Wirkung: Sie wirken auf das parasympathische Nervensystem durch Entspannungsübungen, welche die Peristaltik, die Produktion der Verdauungssekrete, Leber und Bauchspeicheldrüse stimulieren und so die Darmtätigkeit anregen. Die Darmperistaltik kann auch durch direkte oder indirekte mechanische Bauchmassagen *(Uddiyana Bandha, Agnisar Kriya, Nauli Kriya)* und durch bestimmte Haltungen *(Asanas)* aktiviert werden, die Druck auf den Bauch ausüben *(Balasana, Matsyendrasana, Paschimottanasana, Tiryaka Bhujangasana, Udarakarshanasana* usw.), Umkehrübungen *(Sarvangasana, Vipareeta Karani* usw.), einige Atemübungen (Bauchatmung, yogische Atmung, *Kapalbhati* usw.) sowie Entspannungs- und Meditationsübungen.

Im Yoga wird auch eine Darmreinigung empfohlen, die Verstopfung, Gasbildung und Übersäuerung beseitigt. Eigentlich wird dadurch der ganze Organismus revitalisiert, er gewinnt neue Energie, Leichtigkeit und Schwung. Zur Reinigung gibt es *Laghu Sankha Prakshalana* und *Shankha Prakshalana*. Ersteres ist eine leichtere Form von *Shankha Prakshalana*, der vollständigen Reinigung des Darms, die so viel bedeutet wie »ganz gründlich waschen« und nur unter Anleitung eines erfahrenen Lehrers durchgeführt werden darf. Dadurch werden Rückstände beseitigt, die sich im Laufe der Zeit an den Darmwänden angesammelt haben und die die Darmsekretion und die Aufnahme von Nährstoffen behindern. Dies ist gleichzeitig eine gute Gelegenheit für das Verdauungssystem, einmal eine Pause zu machen und auszuruhen.

Hier finden Sie ein paar sehr wirkungsvolle Übungen, die für jeden machbar und die völlig gefahrlos auszuführen sind. Wenn ab und an Verdauungsprobleme auftreten, können Sie diese Übungen in Ihren Übungsplan einbauen, oder Sie können sie einfach gelegentlich morgens in nüchternem Zustand durchführen. Bei schwerwiegenderen Problemen sollten die Übungen täglich und über einen langen Zeitraum ausgeführt werden. In diesem Fall ist es empfehlenswert, sich von einem ausgebildeten Yoga-Lehrer beraten zu lassen, um die passenden Übungen zu finden.

1. Agnisar Kriya, Reinigung durch das Feuer
Traditionell werden die Reinigungsübungen vor dem Hatha-Yoga durchgeführt. Sie können liegend, sitzend oder stehend durchgeführt werden, aber immer nüchtern.
Für die sitzende Version den Fersensitz *(Vajrasana)* einnehmen. Die Füße berühren sich, die Knie gehen auseinander. Das Gesäß liegt in der Kuhle, die die inneren Fußränder bilden, die Fersen zeigen nach außen. Die Hände auf die Knie stützen, die Arme sind gestreckt, der Oberkörper ist leicht nach vorne gebeugt, der Rücken bleibt im Hohlkreuz.

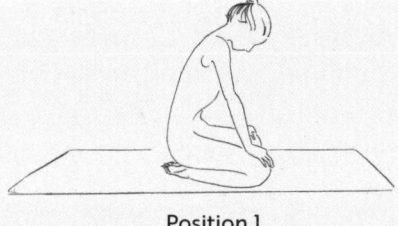

Position 1

Die Hände auf die Knie legen, die Arme sind gestreckt, tief ausatmen. Mit leeren Lungen den Kopf nach vorne beugen und das Kinn in Richtung Brustbein schieben. Ohne einzuatmen, den Bauch abwechselnd einziehen und ausdehnen, das heißt die Bauchmuskeln abwechselnd anspannen und entspannen, so lange, bis man wieder Luft holen muss. Die Schultern locker lassen, die Ellbogen entspannt angewinkelt, die Anspannung des Bauchs loslassen und den Kopf heben. Und erst jetzt langsam und tief einatmen. Wenn die Atmung wieder ihren natürlichen Rhythmus gefunden hat, die Übung noch 2-mal wiederholen.

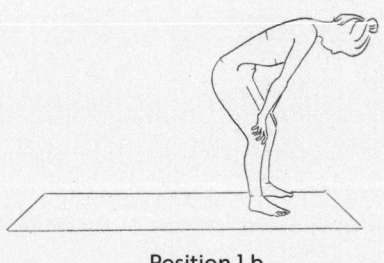

Position 1 b

Zur Ausführung im Stehen (Position 1b) werden mit gebeugten Knien die Hände fest auf die Oberschenkel gestützt und der Oberkörper leicht vorgebeugt. Ansonsten wird die Übung genauso ausgeführt wie oben beschrieben.

2. Naukasana, Boot

Dies ist eine hervorragende Übung, um den ganzen Körper zu entspannen. Sie regt die Darmperistaltik an und stimuliert alle Bauchorgane, besonders die Leber, stärkt die Bauchmuskeln und den Rücken und fördert gleichzeitig den Gleichgewichtssinn und die Konzentration. Auf dem Rücken liegend, die Arme am Körper, die Handflächen zum Boden zeigend. In einer sanften Ausatmung das Becken so kippen, dass die Lendenwirbel den Boden berühren und dagegen drücken. Nun Oberkörper, Kopf, Arme und Beine gleichzeitig etwa 30 Zentimeter anheben. Das Gewicht des Körpers auf das Gesäß verlagern, um das Gleichgewicht zu halten. Die Bauchmuskeln anspannen, um die Lendenwirbel zu schützen (die Kraft kommt mehr aus den Bauchmuskeln als aus den Rückenmuskeln). Diese Position halten, dabei möglichst lange ohne zu atmen, bis die Bauchmuskeln zu zittern beginnen. Beim Ausatmen Oberkörper, Arme, Beine und zuletzt den Kopf auf dem Boden ablegen. 3-mal wiederholen. Bei empfindlichen oder schmerzhaften Lendenwirbeln diese Übung nicht durchführen.

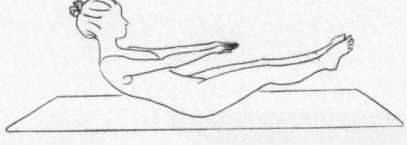

Position 2

3. Mudra für den Dickdarm

Mudras sind energielenkende symbolische Gesten. Sie sind sehr subtil, haben aber eine tatsächliche Wirkung und werden benutzt, um auf natürliche physiologische Prozesse, die meist unbewusst ablaufen, einzuwirken. Die Mudra des Dickdarms ist bei einem Ungleichgewicht der Darmbewegungen angezeigt.

Bequem im Schneidersitz, im Fersensitz oder auf einem Stuhl sitzen und die Mudra-Haltung einnehmen: Die Fingerkuppe des rechten Daumens auf die Fingerkuppe des linken kleinen Fingers legen, den rechten Zeigefinger auf den linken Daumen, den rechten Mittelfinger auf den linken Ringfinger. Sobald die Finger in der richtigen Position sind, die Augen schließen und ruhig atmen, dabei die Atmung langsam auf den Bauch konzentrieren. Der Wirkung nachspüren.

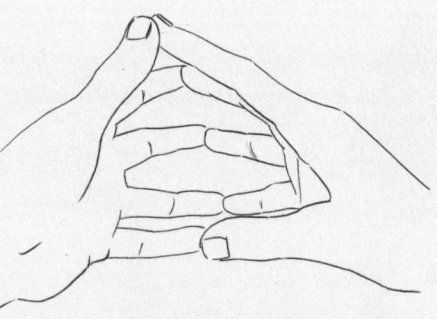

Position 3

REZEPTE FÜR DAS FRÜHSTÜCK

Im Westen ist die Ansicht weit verbreitet, dass das Frühstück die wichtigste Mahlzeit des Tages ist. Im Ayurveda ist diese Ansicht etwas nuancierter. Da vor zehn Uhr morgens das Verdauungsfeuer sehr schwach ist, ist es kein geeigneter Zeitpunkt für eine schwere Mahlzeit. Um den Hunger beim Frühstück zu stillen, ist es daher sinnvoller, einfach zu verdauende Nahrungsmittel zu wählen. Je nach Temperament, je nach Dosha, haben manche Menschen morgens keinen Hunger, dann ist es angebracht, auf den »richtigen« Hunger zu warten und nicht einfach der Lust oder Gewohnheit nachzugeben. Menschen mit dominierendem Pitta haben morgens schon Hunger und schätzen ein üppiges Frühstück. Bei Menschen mit dominierendem Vata zeigt sich gegen Mitte des Vormittags leichter Appetit; sie bevorzugen einen Imbiss gegen zehn Uhr. Menschen mit dominierendem Kapha haben im Allgemeinen morgens überhaupt keinen Hunger und brauchen kein Frühstück.

Je nach Jahreszeit und individueller Konstitution wird im Ayurveda empfohlen, den Tag mit einer leichten, gut bekömmlichen, wohlschmeckenden und nährstoffreichen Speise zu beginnen und alles schwer Verdauliche zu vermeiden.

— *Geklärte Butter* (Ghee) ist morgens hervorragend für eine gute Verdauung.
— *Glutenfreie Getreidearten oder alte Getreidesorten* wie Dinkel, für Brot, Brioche, Pfannkuchen und Müslis.
— *Frische Früchte, ohne andere Zutaten* (Milchprodukte, Getreideprodukte usw.) oder diese nur in ganz kleinen Mengen. Wenn die Früchte im Ganzen mit ihren Ballaststoffen verzehrt werden, wird der Zucker langsamer aufgenommen als in Fruchtsäften, die einen höheren glykämischen Index haben.
— *Gemüsesäfte*, wer sie mag.
— *Nüsse* (Mandeln, Haselnüsse, Cashewkerne), natur oder als Püree, als Aufstrich liefern Proteine und gute Fette.
— *Tierische Milchprodukte ohne andere Zutaten*, zur besseren Verdaulichkeit mit Gewürzen vermischt (Kardamom, Muskatnuss, Ingwer usw.).
— *Joghurt und Milch auf pflanzlicher Basis mit Müslis* und anderen Getreideprodukten.
— *Honig nicht als Brotaufstrich verwenden!* Er wird außerhalb der Mahlzeiten für sich allein eingenommen oder mit einem lauwarmen (nicht heißen!) Getränk vermischt.
— Biologische *Kräutertees* aus getrockneten oder frischen Pflanzen.

FRÜHSTÜCK
ALLE JAHRESZEITEN
10 MINUTEN + 30 MINUTEN

GRANOLA MIT HAFER, ROTER BETE UND INGWER

Die meisten Granola-Rezepte, egal ob fertig gekauft oder selbst gemacht, enthalten Honig. Nach ayurvedischer Auffassung eignet sich Honig jedoch nicht zum Erhitzen, da er dabei seine wertvollen Eigenschaften verliert und die Verdauung der Nahrungsmittel, die er umhüllt, erschwert.

Dieses Knuspermüsli ist sehr mild, nahrhaft und hat dank des Hafers einen blutzuckersenkenden Effekt. Da es kühlend wirkt, ist es bei Kapha-Ungleichgewicht oder bei Anfälligkeit für Erkältungskrankheiten in der kalten Jahreszeit nicht zu empfehlen. Rote Bete ist nährstoffreich und wirkt remineralisierend. Vanille bringt Süße, der Ingwer Schärfe, was insgesamt ein harmonisches Ganzes ergibt. Die Kerne und Samen können Sie nach Ihren persönlichen Vorlieben wählen; damit auch die kleinen Kerne und Samen (Leinsamen, Sesam) gut aufgenommen werden, sollten Sie sie mahlen; sonst müssten sie sehr lange gekaut werden, um gut verdaulich zu sein.

Die Rote Bete stimuliert Apana, die im Unterbauch und Becken wirkende Energie. Samen, Kerne und Kokosöl unterstützen Udana, jene Energie, die mit Hals, Kopf, dem gesamten Nervensystem und den Sinnesrezeptoren verbunden ist. Ingwer schließlich regt die für die Aufnahme der Nährstoffe zuständige Samana-Energie an. Damit ist dieses Granola ideal für das Yoga: Die Zutaten vom Typ Udana nähren den Geist, jene vom Typ Samana erhalten das Gleichgewicht.

Das Granola kann gut im Voraus hergestellt werden und ist dann zum Frühstück schon bereit.

FÜR 1 VORRATSGLAS
Vorbereiten: 10 Minuten
Backen: 30 Minuten
Abkühlen: 10 Minuten

3 EL Kokosöl
4 EL Ahornsirup
2 TL Goldleinsamen
2 TL Sesamsamen
200 g Haferflocken
4 EL Kürbiskerne
2 EL Sonnenblumenkerne
4 EL Mandeln
1 TL Vanillepulver
1 EL Ingwer, fein gerieben
½ Rote Bete, gerieben

Den Backofen auf 180 Grad vorheizen. Kokosöl und Ahornsirup in einem Topf auf kleiner Hitze schmelzen lassen. Leinsamen und Sesamsamen mahlen.
Haferflocken, alle Samen und Kerne, Mandeln, Vanillepulver, Ingwer und geriebene Rote Bete in eine Schüssel geben. Die Kokosöl-Ahornsirup-Mischung darübergießen. Gut vermischen, bis alle Zutaten gut damit umhüllt sind.
Die Mischung auf ein mit Backpapier belegtes Blech legen. Im Ofen 30 Minuten backen. Das Granola kann nach dem Backen sofort noch lauwarm verzehrt werden. Mit einer pflanzlichen Milch nach Geschmack, warm oder lauwarm, übergießen.
In einem fest verschlossenen Glasgefäß hält es sich sehr gut und ist so ein praktischer Vorrat.

FRÜHSTÜCK
ALLE JAHRESZEITEN
5 BZW. 20 MINUTEN

MANDELMILCH ODER ANDERE PFLANZLICHE MILCH SELBST GEMACHT

Mandeln sind wie alle Schalenfrüchte Nahrungsmittel vom Typ Udana, jener Energie, die oberhalb des Kehlkopfs sitzt und mit Hals, Kopf, dem gesamten Nervensystem und allen Sinnesrezeptoren verbunden ist, die uns mit der Außenwelt verbinden. Früchte, die hoch oben auf Bäumen wachsen enthalten mehr vom Ätherelement, sie nähren den Geist und den subtilen Körper. Udana-Nahrungsmittel werden am besten einzeln zu sich genommen, sie sind vollwertig, leicht und ausgleichend. Mandelmilch enthält natürlicherweise keine Laktose, ist sehr reich an Antioxidantien und lebenswichtigen Mineralien, wie Kalium und Kalzium. Sie enthält nur wenig Cholesterin und ist mit ihrem köstlichen Geschmack ein idealer Ersatz für Kuhmilch. Sie ist süß, kalt und leicht, reduziert Pitta und Kapha, aber erhöht Vata. Außerdem enthält Mandelmilch viel Vitamin B1 und B2, außerdem Vitamin E und ist damit ein hervorragendes natürliches Antioxidans, das Alterungsprozesse verzögern hilft. Sie enthält ebenfalls Vitamin D und A, Proteine und wertvolle Omega-6-Fettsäuren.

Dieses Rezept lässt sich nach Belieben mit Haselnüssen, Cashewkernen, Paranüssen, Macadamianüssen, aber auch mit Reis, Esskastanien und Hafer zubereiten.

FÜR 1 LITER
Zubereiten: 5 Minuten
(bereits geschälte Mandeln)
oder 20 Minuten
(ungeschälte Mandeln)

150 g Mandeln, geschält
oder ungeschält
1 l Wasser, gefiltert
oder Quellwasser
1 Prise Meersalz, naturbelassen
½ TL Vanillepulver,
nach Belieben

Die Mandeln (egal ob geschält oder ungeschält) in eine große Schüssel geben, mit kaltem Wasser bedecken und über Nacht darin einweichen.
Die Mandeln am nächsten Morgen abspülen und von ungeschälten die Haut entfernen.
Mit dem gefilterten Wasser oder Quellwasser, 1 Prise Salz und Vanillepulver knapp 1 Minute im Mixer pürieren. Durch ein Spitzsieb oder durch ein Seihtuch passieren. Fertig!
Diese selbst gemachte pflanzliche Milch hält sich im Kühlschrank 3 bis 4 Tage.

FRÜHSTÜCK
ALLE JAHRESZEITEN
10 MINUTEN

PORRIDGE MIT BUCHWEIZEN, KOKOSNUSS, CASHEWKERNEN, GEWÜRZEN

Für diese Köstlichkeit hat mir Sylvie Potier freundlicherweise das Rezept zur Verfügung gestellt. Sie ist Leiterin des Boutique-Restaurants Cantine im Design- und Conceptstore Merci in Paris, für das sie eine gesunde und schmackhafte Küche entwickelt hat, die bei aller Schlichtheit schlicht perfekt ist. Zu diesem Porridge, der wohltuend und tröstlich wirkt, wurde sie auf einer Indienreise inspiriert. Seine Grundzutat ist Buchweizen, der glutenfrei ist. Buchweizen hat die Eigenschaften leicht und warm, allerdings auch trocken und adstringierend. Er remineralisiert den Körper und liefert viel Energie. Die Kokosmilch ist frisch und fett, sie regelt die Darmfunktion. Diese beiden Zutaten wirken zusammen ausgleichend auf die Doshas: Während Kokosmilch die Tendenz hat, Vata und Pitta zu reduzieren, werden diese durch den Buchweizen eher erhöht. Ghee ist gesund und schmackhaft und ernährt das Gewebe nachhaltig; anders als Butter enthält es weder Laktose noch Kasein. Nicht zu vergessen die Gewürze: Kardamom stimuliert das Verdauungsfeuer (Agni), beruhigt gleichzeitig den Geist und stimuliert das Herz. Kreuzkümmel beruhigt ein zu starkes Feuer und regt die Verdauung an.

Das Granola kann gut im Voraus hergestellt werden und ist dann zum Frühstück schon bereit.

FÜR 1 PORTION
Zubereiten: 10 Minuten

1 TL Ghee oder Kokosöl
3 oder 4 Cashewkerne (oder Walnüsse, Haselnüsse)
½ TL Kreuzkümmelsamen
1 Tasse Buchweizenflocken
3 Tassen Wasser, gefiltert oder Quellwasser
Ahornsirup oder Kokoszucker, nach Belieben
½ Tasse Kokosmilch
½ TL Kardamomsamen, zerstoßen

Ghee oder Kokosöl in einer Pfanne schmelzen lassen, die Cashewkerne und Kreuzkümmelsamen hinzufügen und leicht erhitzen, bis die Cashewkerne goldbraun sind.
Die Buchweizenflocken dazugeben und alles gut vermischen.
Das Wasser hinzufügen und einige Minuten köcheln lassen.
Wenn die Flocken gar sind, Ahornsirup oder Kokoszucker nach Geschmack hinzufügen. Gut umrühren. Kokosmilch und Kardamom beigeben und gut vermischen.
Sie können den Porridge kalt oder warm genießen.

FRÜHSTÜCK
ALLE JAHRESZEITEN
30 MINUTEN + 10 MINUTEN

MAGIC BUDWIG

Emma Sawko, Gründerin von »Wild & the Moon« mit mehreren Restaurants in Dubai und in Paris, ist überzeugt davon, dass es wichtig ist, sich gesund zu ernähren und dabei den Körper und die Erde zu respektieren. In ihren Restaurants werden ausschließlich natürliche vegetarische Zutaten verwendet, die aus lokalem biologischem Anbau stammen, der Jahreszeit entsprechen und fair gehandelt sind. Sie überlässt uns hier ihr Rezept für »Magic Budwig«, inspiriert von der Schweizer Ärztin Catherine Kousmine auf der Basis des Leinöl-Müslis der deutschen Apothekerin und Chemikerin Johanna Budwig. Sie ist selbst mit diesem wunderbaren Rezept aufgewachsen, ihre Mutter hat ihr dieses Frühstück jeden Morgen zubereitet. Mittlerweile wurde es als vegane Version zum Bestseller von »Wild & the Moon«.

Dieses Frühstück eignet sich gut für die ganze Familie, ist gut bekömmlich, voller Lebenskraft und ideal, um den ganzen Vormittag durchzuhalten. Die Mandeln und die Banane sind sehr nährstoffreich und gleichzeitig äußerst gut bekömmlich. Banane hat die Tendenz, ein Kapha-Ungleichgewicht zu erhöhen, sollte also bei größerer Kälte und Neigung zu Erkältungskrankheiten vermieden werden. Im Winter fügt man als Gegenmittel zur Erwärmung Gewürze wie Ingwer und Kardamom hinzu. Das sanfte und erwärmende Leinöl eignet sich hervorragend für eine gute Aufnahme der Vitamine. Es ist reich an Omega-3-Fettsäuren, reguliert das Hormonsystem, schmiert die Gelenke und wacht über unser Nervensystem. Für das Yoga ist es ein perfektes sattvisches Frühstück, denn es werden Früchte bevorzugt, die die Ausdehnung der Elemente Luft und Äther begünstigen, die unseren Geist und unsere Empfindsamkeit schärfen. Die Mandel, die wichtigste Zutat in diesem Rezept, steht für die Wahrheit, die sich unter Äußerlichkeiten versteckt – ein zutiefst yogisches Symbol.

FÜR 1 PORTION
Einweichen: 30 Minuten
Zubereiten: 10 Minuten

80 g Mandeln
1 Banane
60 ml Mandelmilch
4 Tropfen Zitronensaft
4 Tropfen Leinöl
½ roter Apfel, klein gewürfelt
⅓ TL Spirulinapulver

Die Mandeln 30 Minuten in Wasser einweichen. Dann abgießen.
Die Banane schälen, in Stücke schneiden und mit den eingeweichten Mandeln, der Mandelmilch, dem Zitronensaft und dem Leinöl mixen.
In eine Schale füllen, die Apfelwürfel hinzufügen und alles mit dem Spirulinapulver bestreuen.

FRÜHSTÜCK
ALLE JAHRESZEITEN
15 MINUTEN + 5 MINUTEN

FRÜCHTESCHALE MIT GEWÜRZEN UND FRISCHEN KRÄUTERN

Ideal als Frühstück oder als Imbiss, um den Körper zu regenerieren und sich mit Energie zu versorgen. Früchte erfreuen nicht nur unsere Geschmackpapillen, sie können uns auch sättigen. Sie entsprechen Udana, jener Kraft, die den Energiefluss oberhalb des Kehlkopfs kontrolliert und zuständig ist für Hals, Kopf, das gesamte Nervensystem und alle Sinnesrezeptoren, die uns mit der Außenwelt verbinden. Udana strebt aufwärts, enthält mehr Ätherelemente und nährt so den Geist und die subtilen Dimensionen des Seins. Nahrungsmittel vom Typ Udana sind vollwertig, leicht und ausgleichend. Dieses Frühstück liefert natürliche Vitamine, eine Menge Antioxidantien, Vitamin C durch die Zitrone und mit dem Öl, den Chiasamen und den verschiedenen Nüssen gutes Fett, um die Zellmembranen zu nähren. Es ist leicht verdaulich und wird durch die Gewürze und Kräuter noch bekömmlicher. Gewürze und Kräuter sind besonders in der kalten und feuchten Jahreszeit wichtig, denn dieses Gericht kann für manche Temperamente kühlend wirken. Gewürze und Kräuter sorgen dafür, dass das Gleichgewicht erhalten bleibt.

Dieses Frühstück kann Sie das ganze Jahr über begleiten, ohne dass Sie seiner überdrüssig werden, wenn Sie das Rezept mit den Früchten der Saison variieren.

FÜR 1 PORTION
Einweichen: 15 Minuten
Zubereiten: 5 Minuten

1 EL gemischte Nüsse und Mandeln
(Mandeln, Haselnüsse, Cashewkerne,
Paranüsse)
1 Banane
2 EL Öl (Mischung aus 5 Ölen:
Oliven-, Lein-, Hanf-, Nachtkerzen-
und Sesamöl)
2 Kardamomkapseln, Samen ausgelöst
und zerstoßen
½ TL Vanillepulver oder
½ Vanilleschote, ausgekratztes Mark
4–5 verschiedene Sorten frische
Früchte, je nach Jahreszeit
Saft von ½ Zitrone
1 TL Ahornsirup, nach Belieben
2–3 Zweige frische Kräuter (nur eine
Sorte oder gemischt: Minze, Basilikum,
Thymian, Eisenkraut)
1 TL Chiasamen

Die Nüsse und Mandeln 15 Minuten in Wasser einweichen. Dann abgießen.
Die Banane schälen, in Stücke schneiden und in eine kleine Schale legen. Mit der Ölmischung übergießen, Kardamom und Vanille hinzufügen und mit der Gabel zerdrücken. Dann mit einem Schneebesen oder mit der Gabel gut aufschlagen. Das Öl muss vollständig mit der Banane vermischt sein.
Die frischen Früchte waschen und in Stücke schneiden. Die Nüsse und Mandeln grob zerkleinern. Beides zum Bananenpüree geben. Den Zitronensaft mit Ahornsirup vermischen und unterrühren. Mit fein geschnittenen frischen Kräutern und Chiasamen bestreuen.

FRÜHSTÜCK
ALLE JAHRESZEITEN
3 MINUTEN

AVOCADOBROT MIT GEKEIMTEN SPROSSEN UND ZITRONE

Hier ist ein Rezept für alle, die es morgens eher würzig mögen. Es ist aber nicht irgendein Brot. Wagen Sie sich für dieses Rezept ans Brotbacken (siehe Einkornbrot Seite 200), oder kaufen Sie ein Brot bei einem guten Bäcker, der Brot auf der Basis von alten Getreidesorten und Sauerteig herstellt, das bekömmlicher ist. Falls Sie keine Bioware erhalten, ist Weißbrot zu bevorzugen, da sich Pestizide zu einem großen Teil in der Schale ansammeln. Bei Biomehl achten Sie darauf, dass es Vollkornmehl ist oder Mehl der Type 1050 oder 1200.

Die Avocado ist süß und wirkt ausgleichend auf die Nerven; sie ist ideal bei Müdigkeit oder Nervosität, aber auch während der Schwangerschaft. Sie hat die Tendenz, Kapha zu erhöhen; daher sollte man sie bei Schnupfen oder einem Überschuss an Schleim im Allgemeinen vermeiden. Zitrone und Pfeffer sind das Gegenmittel zu ihrer kühlenden Wirkung.

Dieses Avocadobrot entspricht perfekt der yogischen Ernährung, indem es mit Avocado und Zitrone die Udana-Energie (Kopf, Nervensystem, Sinnesrezeptoren) und mit dem Einkorn die Samana-Energie (Verdauungssystem, Atemwege, Herz) stimuliert.

FÜR 1 BROTSCHEIBE
Zubereitung: 3 Minuten

1 oder 2 dicke Brotscheiben von guter Qualität (normales Brot oder Einkornbrot)
1 reife Avocado
1 EL Alfalfasprossen (gekeimte Alfalfasamen) und 2–3 Stängel frischer Koriander
1 Prise Pfeffer, frisch zerstoßen
1 TL Sesamsamen
Schale von ½ Limette, fein gerieben

Die Avocado halbieren, den Kern entfernen, die Schale abziehen. Die Avocado in Scheiben schneiden und auf die Brotscheibe(n) legen.

Alfalfasprossen und/oder Korianderblätter darauf verteilen. Mit Pfeffer, Sesamsamen und Limettenschale bestreuen.

FRÜHSTÜCK
ALLE JAHRESZEITEN
5 MINUTEN

PORRIDGE MIT FLOHSAMEN, HAFER, INGWER UND VANILLE

Dieser Porridge ergibt ein leckeres Frühstück; es ist gleichzeitig süß und frisch, dank der Haferflocken, der pflanzlichen Milch, der Vanille und dem scharfen Ingwer. Hafer ist mit Samana verbunden, der Kraft, die den Verdauungsapparat stimuliert und kontrolliert und für die Umwandlung der Nährstoffe zuständig ist. Ingwer ist mit der Apana-Energie verbunden, die sich im Unterbauch und Becken befindet. Er wirkt antiseptisch und anregend und ist besonders wirksam bei schwieriger Verdauung und bei Bauchkrämpfen; bei großem Pitta-Überschuss ist er allerdings zu vermeiden.

Dank der Flohsamenschalen hilft dieser Porridge bei Verstopfung, Durchfall und Reizdarm. Flohsamen (Psyllium) gehören zur Gattung der Wegeriche (Plantago) und kommen ursprünglich aus Indien, wo sie seit langem im Ayurveda zur Anwendung kommen. Ihre Wirkung verdanken sie dem hohen Gehalt an Schleimstoffen in der Hülle der Samen. Flohsamen sind ebenfalls mit der im Unterbauch und Becken wirkenden Apana-Energie verbunden. Sie sind ein natürliches »Abführmittel«, das vom Organismus nicht aufgenommen wird, ein hervorragender Schmierstoff für den Darm, ohne dass die Schleimhäute gereizt werden. Flohsamen verbessern die Ausscheidung, reinigen die absteigenden Kanäle und begünstigen die Aufnahme von Prana durch den Dickdarm.

FÜR 1 PORTION
Zubereiten: 5 Minuten

3 EL Haferflocken
1 EL helle Flohsamenschalen
½ Vanilleschote, ausgekratzes Mark
½ TL frischer Ingwer, gerieben
300 ml Reis- oder Kokosmilch oder eine andere pflanzliche Milch

Haferflocken und Flohsamenschalen in eine kleine Schüssel geben. Vanille und geriebenen Ingwer hinzufügen.
Mit pflanzlicher Milch erhitzen. Über die Haferflockenmischung gießen. Einige Minuten ziehen lassen und dann verzehren.

FRÜHSTÜCK
ALLE JAHRESZEITEN
5 MINUTEN

PRANA-PORRIDGE MIT HAFER, CHIA, LEINSAMEN, HANFSAMEN UND INGWER

Ein wohlschmeckender Porridge, reich an Proteinen, Mineralsalzen und Lipiden und mit einem niedrigen glykämischen Index. Er ist leicht verdaulich und glutenfrei, enthält viele Ballaststoffe und erleichtert die Verdauung. Dieser Porridge ist besonders angezeigt bei Müdigkeit; er ist süß und nahrhaft und stimuliert die Schilddrüsenfunktion. Hafer ist süß, frisch und leicht und verstärkt das Kapha, während er Vata und Pitta verringert. Lein-, Chia- und Hanfsamen wirken belebend und abführend, sie sind mild und nahrhaft. Sie erhöhen das Verdauungsfeuer leicht, während Kokos- und Reismilch, die kühlend wirken, das Gleichgewicht wieder herstellen. Lein- und Chiasamen müssen unbedingt gemahlen und/oder eingeweicht werden, damit sie aufgenommen werden können.

Mit diesem Porridge werden drei Energien genährt: die Samana-Energie im Bauchraum durch Hafer und Reismilch, Udana, die mit Hals, Kopf und dem Nervensystem verbunden ist, durch Samen und Kokosmilch und Apana im Unterbauch und Becken durch den Ingwer.

FÜR 1 PORTION
Zubereiten: 5 Minuten

5 EL Haferflocken
1 TL Goldleinsamen
1 TL Chiasamen
1 TL Hanfsamen
1 TL frischer Ingwer, gerieben
300 ml Reis- oder Kokosmilch oder eine andere Pflanzenmilch

Die Haferflocken in eine kleine Schüssel geben.
Leinsamen und Chiasamen mahlen. Zusammen mit den Hanfsamen und dem Ingwer zu den Haferflocken geben.
Die Reismilch erhitzen und in die Schüssel gießen. Einige Minuten ziehen lassen, bis die Haferflocken weich sind, dann verzehren.

FRÜHSTÜCK
ALLE JAHRESZEITEN
5 MINUTEN + 20 MINUTEN

PORRIDGE MIT CHIASAMEN, REISMILCH UND GEWÜRZEN

Dieses Frühstück ist der beste Verbündete für ein hektisches, pulsierendes Leben: Die Verbindung einer einfachen gewürzten Pflanzenmilch mit Chiasamen ist von höchster Effizienz. Die Idee dazu entstand eines Morgens, als es wieder mal schnell gehen musste und das Mittagessen in weiter Ferne lag. Also habe ich schnell etwas Reismilch gewärmt, einige Gewürze für den tollen Geschmack sowie Chiasamen hinzugefügt, alles in die Thermosflasche gefüllt und in die Tasche gepackt.

Reismilch ist sehr gut bekömmlich. Sie nährt die Samana-Energie, die ihren Sitz im Bauchraum hat, den Verdauungsapparat (Magen, Leber, Bauchspeicheldrüse, Darm) stimuliert und kontrolliert und für die Aufnahme der Nährstoffe zuständig ist. Sie beeinflusst auch das Herz und das Atmungssystem. Chiasamen (in der Zusammensetzung ganz ähnlich wie Leinsamen) sind außerordentlich reich an Antioxidantien und eine hervorragende Quelle für Proteine, Omega-3-Fettsäuren, Kalzium und Phosphor. Reismilch und Chiasamen sind daher eine ausgezeichnete Kombination für ein energiespendendes Frühstück. Zimt und Ingwer stimulieren die Elemente Luft und Äther, welche die im Yoga angestrebte Intuition und Einsicht begünstigen.

Dieser Porridge ist im Handumdrehen fertig, er ist einfach und schmackhaft. Er bringt die Doshas in ein perfektes Gleichgewicht und weckt das Verdauungsfeuer, um gesund und mit viel Energie in den Tag zu starten.

FÜR 1 PORTION
Zubereiten: 5 Minuten
Aufquellen: 15–20 Minuten

300 ml Reismilch
3 Scheiben frischer Ingwer
2 Kardamomkapseln, zerstoßen
½ Zimtstange
1 Gewürznelke
4 schwarze Pfefferkörner
2 gestrichene EL Chiasamen

Die Reismilch in einem Topf erhitzen, ohne dass sie zum Kochen kommt.

Die Herdplatte ausschalten. Den Ingwer und die Gewürze in ein Teesieb oder in ein Teeei geben und 5 Minuten in der Reismilch ziehen lassen. Dann das Teesieb herausnehmen.

Die Chiasamen hinzufügen und 20 Minuten ziehen lassen, bis sie aufgequollen sind und eine dicke Konsistenz erreicht ist. Falls ein dünnflüssigeres Getränk gewünscht ist, nur 1 Esslöffel Chiasamen verwenden. Soll der Porridge allerdings dicker sein und mit dem Löffel gegessen werden, werden 3 Esslöffel Chiasamen benötigt.

Die Chiasamen können über Nacht eingeweicht werden. Beim Hinzufügen von Chiasamen in die Einweichflüssigkeit empfiehlt es sich, gut umzurühren, damit die Samen beim Aufquellen nicht zusammenkleben.

FRÜHSTÜCK
ALLE JAHRESZEITEN
10 MINUTEN

WÜRZIGER PORRIDGE MIT REISFLOCKEN UND GOMASIO

Für alle, die Zucker vermeiden wollen, hier ein Rezept, das von der japanischen Küche inspiriert wurde. Reisflocken wirken morgens sehr süß, zusammenziehend und geben viel Energie. Reis ist ein Nahrungsmittel vom Typ Samana, jener Energie, die ihren Sitz im Bauchraum hat, den gesamten Verdauungsapparat stimuliert und kontrolliert und für die Aufnahme der Nährstoffe zuständig ist. Er hat eine besonders ausgleichende Wirkung. Aus diesem Grund ist Reis ein hervorragendes Grundnahrungsmittel.

Gomasio ist dank des Sesams, den er enthält, eine gute Quelle für leicht aufzunehmendes Kalzium. Es stärkt die Verdauung und lindert Ermüdungszustände. Seine tägliche Verwendung eignet sich hervorragend, um die Widerstandskraft des Organismus zu stärken. Gomasio kann als Würzmittel für Getreide, aber auch für rohes und gekochtes Gemüse verwendet werden. Mit seiner aromatisch parfümierten Note ist es eine interessantere Würze als Salz allein.

FÜR 1 PORTION
Zubereiten: 10 Minuten

300 ml Wasser, gefiltert
oder Quellwasser
7 EL Reisflocken
1 TL Gomasio
⅓ TL Miso, nach Belieben

FÜR DAS GOMASIO:
10 TL Sesamsamen
1 TL nicht raffiniertes Meersalz

Das Wasser aufkochen, die Reisflocken hinzufügen, die Temperatur zurückschalten und auf kleiner Hitze 5 Minuten köcheln lassen. 2 Minuten ruhen lassen, dann in eine kleine Schüssel füllen und mit Gomasio würzen. Für einen kräftigeren Geschmack nach Belieben noch etwas Miso hinzufügen.

GOMASIO
Die Sesamsamen ohne Zugabe von Fett in einer Pfanne auf mittlerer Hitze rösten, bis sie aufplatzen und goldfarben werden. In einen Mörser (am besten Suribashi aus Keramik mit Rillen) füllen, das Salz hinzufügen und mit dem Stößel zerdrücken und vermischen. Die Sesamsamen sollen zu etwa achtzig Prozent zermahlen sein. Gomasio lässt sich in einem luftdicht verschlossenen Glasgefäß gut aufbewahren.

Natürlich gibt es Gomasio auch fertig zu kaufen, aber es ist besser, es regelmäßig frisch herzustellen, um von seinen Eigenschaften und seinen Aromen am besten zu profitieren.

FRÜHSTÜCK
ALLE JAHRESZEITEN
10–15 MINUTEN

QUINOA-PORRIDGE MIT MANDELMILCH UND ZITRONE

Ein sehr einfaches und schnelles Rezept als Abwechslung zum fast unschlagbaren Hafer-Porridge. Dieser Porridge schmeckt auch mit Hirse hergestellt sehr gut, aber Quinoa kocht schneller als Hirse (10 Minuten gegenüber 20 Minuten), was für ein Frühstücksrezept ein gutes Argument ist. Für ein Express-Rezept kann man auch Reisflocken oder andere schnell kochende Getreidesorten verwenden.

Quinoa ist von Natur aus glutenfrei und gehört zur Samana-Energie, die sich im Bauchraum befindet und das Verdauungssystem kontrolliert. Quinoa wirkt ausgleichend, nährend, ist eine gute Proteinquelle und doch leicht verdaulich; es ist für morgens ganz hervorragend geeignet. Mild und frisch beruhigt es Vata, Pitta und Kapha. Mandelmilch entspricht der Udana-Energie, die den Geist nährt und das Nervensystem kontrolliert. Sie ist sehr nahrhaft und enthält viele Vitamine und Mineralien, ist gluten- und laktosefrei und frei von Cholesterin. Zimt hellt den Geist auf und stimuliert das Verdauungsfeuer. Die Zitronenschale, deren heilende Kräfte wir viel zu wenig nutzen, enthält fünf- bis zehnmal mehr Vitamine als der Saft. Sie hilft, die Leber zu reinigen und vermindert Verdauungsgase. Wichtig ist, unbehandelte Biozitronen zu verwenden. Diese gut waschen und die Schale mit einer scharfen Reibe abreiben (siehe Seite 64).

FÜR 1 PORTION
Zubereiten: 10–15 Minuten

450 ml Mandelmilch
75 g Quinoa
2 EL Ahornsirup
abgeriebene Schale von 1 Zitrone
1 Prise Zimt, nach Belieben

Die Mandelmilch in einen Topf gießen, Quinoa, Ahornsirup und die abgeriebene Zitronenschale hinzufügen. Die Zitronenschale dazu mit einem Zestenreißer, einer feinen Reibe oder einer Microplane-Reibe abreiben.
Alles 10 Minuten auf mittlerer Hitze kochen lassen. Am Ende der Kochzeit einige Minuten ruhen lassen und nach Geschmack mit 1 Prise Zimt würzen.
Dieser Porridge kann schon am Vorabend zubereitet werden. Am nächsten Morgen ist er vom Zitronenaroma durchzogen und schmeckt noch besser. Zum Aufwärmen noch etwas Mandelmilch unterrühren, bis die gewünschte Konsistenz erreicht ist.

FRÜHSTÜCK
ALLE JAHRESZEITEN
15 MINUTEN

CHIA-PORRIDGE MIT ROHKAKAO, WALNUSS, SAMEN, MANDELN UND KARDAMOM

Dies ist ein Rezept, das Groß und Klein und sogar den ganz Kleinen schmeckt. Es ist mild und nahrhaft, reich an Ballaststoffen und guten Fettsäuren (Omega-3 und 6). Nachdem die Chiasamen einige Minuten in der Reismilch (oder in einer anderen Pflanzenmilch oder einer hochwertigen Milch tierischen Ursprungs) eingeweicht wurden, bilden sie einen dicken Schleim, der fast die Konsistenz von Joghurt hat. Chiasamen enthalten 23 Prozent Proteine und viel Vitamin B9, Kalzium und Antioxidantien. Auch die anderen Samen sind sehr nährstoffreich und wirken antioxidativ. Eine besondere Erwähnung verdient die Macadamianuss, sie enthält von allen Nüssen am meisten Selen, ein unentbehrliches Spurenelement, um die Jugendlichkeit der Zellen zu bewahren. Der rohe Kakao wird ganz zuletzt hinzugefügt, damit er seine antioxidativen Eigenschaften und seine Vitamine nicht durch Erhitzen verliert. Er wirkt gegen Ermüdung und Stress und verleiht für den ganzen Tag gute Laune.

Die Samen und Nüsse wachsen in der Höhe und sind mit Udana verbunden, der Energie, die Luft und Äther verbindet und den Geist stimuliert. Sie sind vollwertig, leicht, ausgleichend und daher ausgezeichnete Zutaten für die erste Mahlzeit des Tages, zumal in Verbindung mit Reismilch, welche die für die Aufnahme der Nährstoffe zuständige Samana-Energie beisteuert.

FÜR 1 PORTION
Zubereiten: 15 Minuten

300 ml Reismilch
2 EL Chiasamen
1 TL Goldleinsamen
½ TL Sesamsamen
1 TL Kürbiskerne
1 EL Mandeln
1 TL Haselnüsse
1 Macadamianuss
1 Prise Kardamom aus frisch zerstoßenen Samen
2 TL rohes Kakaopulver
1 EL Ahornsirup

Die Milch erhitzen, die Chiasamen hinzufügen und 15 Minuten quellen lassen.
In der Zwischenzeit Leinsamen, Sesam und Kürbiskerne mahlen. Dann Mandeln, Haselnüsse und Macadamia zusammen mahlen. Alles zur Milch-Chia-Mischung geben, Kardamom, Rohkakao und Ahornsirup hinzufügen.
Gut umrühren.

FRÜHSTÜCK
ALLE JAHRESZEITEN
5 MINUTEN + 10 MINUTEN

WOHLFÜHL-PANCAKES

Hier ist ein Rezept für das Wochenend-Frühstück oder für Tage, an denen sich das Bedürfnis nach etwas Süßem bemerkbar macht. Süßes verleiht Geschmeidigkeit, und Geschmeidigkeit ist eine Eigenschaft, nach der im Yoga gestrebt wird. Sie erlaubt, die strengen Anforderungen auf Dauer durchzuhalten.

Diese köstlichen Pancakes werden mit Einkornmehl oder mit Weizenmehl der Type 1050 oder 1200 gebacken. Mit Weizenmehl werden sie weicher, mit Einkornmehl etwas herzhafter, haben aber auch einen gewissen Charme. Zusätzlich zu ihrem milden und frischen Geschmack sind diese auch vom Nährwert her betrachtet interessanter, da sie reich an Mineralien, wie zum Beispiel Magnesium, Kalium, Zink und Vitamin B1 sind.

Dieses Frühstück ist bei Kapha-Ungleichgewicht zu meiden (Überschuss an Schleim, Erkältung, Beschwerden in Verbindung mit Brustbereich, Kehle und Kopf).

FÜR 8–10 PANCAKES
Vorbereiten: 5 Minuten
Backen: 10 Minuten

200 g Einkornmehl oder Weizenmehl Type 1050 oder 1200
1 TL Natron
½ TL nicht raffiniertes Meersalz
1 EL Vollrohrzucker
250 ml Mandelmilch
2 Eier
5 EL Ghee, geschmolzen
1 Spritzer Zitronensaft
Ghee zum Ausbacken

Mehl, Natron, Salz und Zucker in einer Schüssel vermischen. In einer zweiten Schüssel die Mandelmilch mit den Eiern, Ghee und Zitronensaft verrühren.
Diese flüssige Mischung erst vorsichtig, dann mit einem Schneebesen kräftig unter die Mehlmischung rühren. Es sollte ein dicker Teig entstehen.
Etwas Ghee in einer heißen Pfanne schmelzen. Kleine Teighäufchen in die Pfanne setzen (einen kleinen Schöpflöffel voll oder 2–3 Esslöffel). Backen, bis sich an der Oberfläche kleine Blasen bilden. Wenden und auf der anderen Seite noch 1 Minute backen. So weiter backen, bis der Teig aufgebraucht ist. Jedes Mal, wenn weitere Portionen Teig in die Pfanne gegeben werden, etwas Ghee hinzufügen.
Die Pancakes schmecken warm besonders köstlich, sie können ohne weitere Zugaben oder zusammen mit etwas Ahornsirup genossen werden.

FRÜHSTÜCK
ALLE JAHRESZEITEN
5 MINUTEN

HASELNUSS-BROTAUFSTRICH MIT ROHKAKAO

Die bekannte Schoko-Haselnuss-Creme gehört für viele Menschen in der westlichen Welt zum Frühstück oder zum beliebten süßen Nachmittagssnack für Kinder. Viel besser noch als die stark zuckerhaltige Handelsware ist eine selbst gemachte Haselnusscreme, und sie ist sehr einfach herzustellen. Von den Großen wird sie geliebt als ein nostalgischer Genuss und von den Kleinen mit Wonne auf Brotscheiben geschmiert und verschlungen. Das Gute daran: Sie ist äußerst nahrhaft, die Haselnüsse sind sehr bekömmlich und energiespendend; außerdem wirken sie gegen Wurminfektionen. Sie verringern Vata und verstärken Pitta und Kapha.

Haselnüsse sind, ebenso wie Kakao und Vanille, Nahrungsmittel vom Typ Udana, die in der Höhe wachsen. Sie stimulieren und fördern die Elemente Luft und Äther, die unsere Empfindsamkeit vertiefen und unterstützen.

FÜR 1 KLEINES GLAS
Zubereiten: 5 Minuten

150 g Haselnusspüree
80 g Ahornsirup
20 g rohes Kakaopulver
80 ml Reismilch
1 Vanilleschote, ausgekratztes Mark, oder ½ TL Vanillepulver

Haselnusspüree, Ahornsirup, Kakaopulver und Vanillemark oder Vanillepulver in eine kleine Schüssel geben. Mit einem Holzlöffel gut vermischen. Dann die Haselnussmilch langsam unterrühren, bis ein cremiger Brotaufstrich entstanden ist. Die Creme in einem gut verschließbaren Glasgefäß bei Raumtemperatur aufbewahren.

Den Körper am Mittag nähren

Zur Mittagszeit sind Pitta und das Verdauungsfeuer am stärksten. Idealerweise ist das Mittagessen die Hauptmahlzeit, die man möglichst jeden Tag um dieselbe Zeit einnehmen sollte, zwischen 12 und 13 Uhr. Auch wenn es die nahrhafteste und reichhaltigste Mahlzeit sein soll, ist es dennoch angebracht, in vernünftigem Maße zu essen, so wie es der jeweiligen Konstitution entspricht.

YOGAÜBUNGEN FÜR EIN ENTSPANNTES MITTAGESSEN

Nehmen Sie sich im Laufe des Vormittags 3 Minuten Zeit für ein bewusstes Atmen.

Vor der Mahlzeit

Setzen Sie sich auf einen Stuhl, schließen Sie die Augen, und beobachten Sie Ihre Gedanken, Ihren inneren Zustand. Wo stehe ich heute Mittag? Beobachten Sie die Gedanken, lassen Sie sie kommen, lassen Sie sie gehen. Nehmen Sie die Haltung eines reinen Beobachters ein; beobachten Sie, ohne zu urteilen, und lassen Sie die Gedanken vorübergleiten. Schieben Sie dann jedes Bild, jeden Gedanken zur Seite, und achten Sie auf Ihre natürliche Atmung, ohne sie zu verändern. Schon allein die Beobachtung des Atmens hat zur Folge, dass sich der Atemrhythmus verlangsamt, dies verlangsamt anschließend den Herzrhythmus und wirkt beruhigend.

Dann atmen Sie 5-mal tief bis in den Bauch ein: Der Bauch füllt sich langsam beim Einatmen und leert sich beim Ausatmen. Legen Sie eine Hand auf den Bauchnabel, atmen Sie tief ein und spüren Sie, wie sich die Hand hebt. Atmen Sie tief aus, bis sich der Bauch nach innen zieht und Sie spüren, wie sich die Hand senkt.

Machen Sie anschließend 5 vollständige oder volle yogische Atemzüge: Atmen Sie ein, indem Sie erst den Bauch füllen, dann die Brust in einer langsamen und regelmäßigen Bewegung, wie eine sanfte Welle, die leicht ansteigt. Atmen Sie aus, erst aus der Brust, dann aus dem Bauch, bis dieser sich anspannt – wie eine sanfte Welle, die verebbt.

Diese Atmung, die sehr beruhigend wirkt, klärt die Gedanken, mindert Müdigkeit, erhöht die Vitalität und stärkt die Widerstandskraft gegenüber Erkältungen.

Die idealen Bedingungen für die Mahlzeit

- *Nähren Sie Ihre fünf Sinne bereits während der Zubereitung der Mahlzeit:* Betrachten, berühren und riechen Sie die Zutaten, nehmen Sie sich die Zeit, ihre Farben wahrzunehmen, die Gerüche und den Geschmack aufzunehmen.
- *Essen Sie im Sitzen, in Ruhe, an einem angenehmen Ort.* Setzen Sie sich bequem an einen Tisch. Und machen Sie nebenbei nichts anderes.
- *Kauen Sie langsam.* Legen Sie die Gabel regelmäßig nieder, damit Sie sich an einen langsameren Rhythmus gewöhnen.

- *Trinken Sie nicht zu den Mahlzeiten*, um ein Verdünnen der Verdauungssäfte und ihrer Enzyme zu vermeiden. Sollten Sie während des Essens Durst empfinden, trinken Sie warmes Wasser in kleinen Schlucken.
- *Beim gemeinsamen Essen in einer Gruppe wählen Sie angenehme und leichte Gesprächsthemen.* Tiefergehende Gespräche sollten Sie zu einem anderen Zeitpunkt führen.
- *Hören Sie auf zu essen*, bevor der Magen voll ist.
- *Nehmen Sie sich kurz Zeit, in der Ihr Körper sich nur der Verdauung widmet.* Ohne zu arbeiten, ohne zu lesen.
- *Nach dem Essen ist ein kleiner Spaziergang ideal*, dies fördert die Verdauung.

Nach der Mahlzeit

Hier zwei kleine Yoga-Übungen für nach dem Essen. Sie bieten Ihnen einige Minuten Ruhe und helfen Ihnen, besser zu verdauen und die Arbeit in besserer Form wieder aufzunehmen.

Shavasana, Totenstellung

Sich in bequemer Haltung auf den Rücken legen, den Kopf in der Verlängerung der Wirbelsäule. Die Arme locker neben dem Körper, die Handflächen zeigen nach oben. Die Beine liegen etwa 30 cm auseinander. Den Körper in unbewegter Haltung entspannen, die Kontaktpunkte mit dem Boden bewusst wahrnehmen. Die natürliche Atmung beobachten, ohne zu versuchen, sie zu verändern. Konzentrieren Sie sich auf den Punkt zwischen den Augenbrauen.

Vajrasana, Diamantsitz

Dann in den Fersensitz gehen, die Knie berühren sich. Die Hände auf die Oberschenkel legen. Diese Haltung verbessert die Blutzirkulation, stimuliert das Nervensystem des Bauchraums und ist daher nach einer Mahlzeit sehr nützlich, um die Verdauung zu fördern.

Stellen Sie sich mit geschlossenen Augen den Ablauf des Nachmittags vor, stellen Sie sich vor, wie sich Ihre Ziele und Absichten erfolgreich und mühelos verwirklichen. Atmen Sie tief ein und öffnen Sie die Augen.

Wenn Sie nicht die Möglichkeit haben, sich hinzulegen, können Sie die Totenstellung auch nur in Gedanken einnehmen. Und auch den Fersensitz können Sie, mit geschlossenen Augen auf einem Stuhl sitzend, visualisieren.

REZEPTE FÜR DAS MITTAGESSEN

Planen Sie Rohkost am Anfang der Mahlzeit ein; die Enzyme des rohen Gemüses unterstützen die Verdauung. Dies natürlich nur, sofern Sie Rohkost gut vertragen. Achten Sie darauf, wenn Sie gewisse Nahrungsmittel schlecht vertragen, und wählen Sie lieber einen Gemüsesaft als Vorspeise, wenn Ihnen Rohkost Blähungen verursacht.

Stellen Sie sich anschließend einen Teller mit leckeren Zutaten zusammen: gedünstetes Gemüse, eine Portion Proteine und/oder eine Portion Kohlehydrate. Vermeiden Sie es, Kohlehydrate und Proteine in gleichem Umfang in derselben Mahlzeit zu mischen; bevorzugen Sie für eine leichte Verdauung einen größeren Anteil von einem der beiden und nur wenig vom anderen. Nehmen Sie keinen Nachtisch zu sich, verschieben Sie die süße Leckerei auf einen kleinen Nachmittagssnack. Beim Abbau des Zuckers kann es zu Gärprozessen kommen, die die Verdauung der restlichen Mahlzeit stören können. Vermeiden Sie komplizierte Nahrungsmittelkombinationen (Proteine + Kohlehydrate + Zucker zum Nachtisch), die sie den ganzen Nachmittag über ermüden.

Sie haben es eilig? Dann machen Sie es sich ganz einfach: Nehmen Sie ein paar Früchte oder einen Teller Gemüse; sie sind auch besonders schnell zu verdauen.

MITTAGESSEN
FRÜHLING
20 MINUTEN + 20 MINUTEN

FRÜHLINGSGEMÜSECURRY UND VOLLKORNREIS

Die Menge an Chili, die für dieses Gemüsecurry verwendet wird, ergibt eine mittlere Schärfe; natürlich können Sie die Schärfe nach Ihrem persönlichen Geschmack anpassen. Für ein milderes Gericht sind bereits Ingwer und Senfkörner ausreichend. Zuckerschoten gehören zu den Hülsenfrüchten, sie sind belebend und liefern viel Energie. Zu ihrer guten Verdauung sind das Ghee und die Gewürze wichtig. Sie sollten sie gut kauen, damit Sie keine Blähungen bekommen.

Dieser Curry eignet sich für alle Doshas, Menschen mit Pitta-Überschuss sollten zu viele Gewürze vermeiden, um das Verdauungsfeuer nicht zu sehr zu verstärken. Dieses Gericht ist sattvisch, bekommt durch die scharfen und salzigen Gewürze aber eine leicht rajasische Tendenz.

FÜR 4 PORTIONEN
Vorbereiten: 20 Minuten
Kochen: 20 Minuten

FÜR DIE GEWÜRZMISCHUNG:
Samen von 5 Kardamomkapseln
1 TL Bockshornkleesamen
1 TL Korianderkörner
1 TL Kreuzkümmelkörner
1 Gewürznelke
½ Zimtstange
1 Stängel Zitronengras
½ rote Chilischote (für mittlere Schärfe)
oder nach Belieben
mehr oder weniger
1 gehäufter TL frischer Ingwer, gerieben
1 TL frisch geriebene Kurkuma
1 TL braune Senfkörner

2 EL Ghee
200 ml Wasser, gefiltert oder Quellwasser
1 Gemüsebrühwürfel (siehe Seite 62)
600 ml Kokosmilch

1 Brokkoli
200 g Zuckerschoten
150 g Erbsen, enthülst
1 Spritzer Limettensaft
abgeriebene Schale von 1 Limette
½ Bund Koriander

Alle Gewürze (außer den Senfkörnern) nacheinander im Mörser zerstoßen. Die äußeren Blätter des Zitronengrases entfernen und nur das zarte Innere zurückbehalten. Die Chilischote fein schneiden, Ingwer und Kurkuma reiben.

Das Ghee in einem Topf erhitzen, die zerstoßenen Gewürze und die Senfkörner hinzufügen und einige Sekunden ihr Aroma entfalten lassen. Dann Ingwer, Kurkuma, Zitronengras und Chili hinzufügen.

Das Wasser und den Brühwürfel hinzufügen und 10 Minuten köcheln lassen. Dann die Kokosmilch dazugießen und weitere 5 Minuten kochen.

In der Zwischenzeit das Gemüse waschen, den Brokkoli in Röschen zerteilen. Zuckerschoten, Erbsen und Brokkoli einige Minuten im Dampf vorgaren, nur so lange, bis sie etwas weicher werden, aber knackig bleiben. Das Gemüse in tiefe Teller verteilen, mit der Sauce übergießen. Mit etwas Limettensaft beträufeln, mit fein geschnittenem Koriander und Limettenschale bestreuen.

MITTAGESSEN
FRÜHLING/SOMMER
20 MINUTEN + 30 MINUTEN

KRÄUTERREIS

Dieser Kräuterreis ist eine vereinfachte Version eines iranischen Rezepts, das sich dadurch auszeichnet, dass beim Kochen eine unwiderstehlich knusprige Kruste entsteht. Reis, der im Ayurveda der Geschmacksrichtung süß zugeordnet wird, hat energiespendende und zusammenziehende Eigenschaften. Um die Energie aller seiner Zutaten aufzunehmen, wird er mit dem zuletzt fast ganz aufgesogenen Kochsud verzehrt, in dem bei milder Hitze die frischen Kräuter und das Ghee mitgaren.

Reis ist ein Nahrungsmittel vom Typ Sanama, der Energie, die sich zwischen Herz und Nabel befindet und um die Körpermitte fließt. Sie ist für die Aufnahme der Nahrungsmittel zuständig, stimuliert und kontrolliert den Verdauungsapparat (Magen, Leber, Bauchspeicheldrüse und Darm) und beeinflusst auch Herz und Atmungssystem. Reis wirkt wie alle Vollwertgetreide ausgleichend und gilt bei entsprechender Stoffwechselverträglichkeit als Basis für eine vegetarische Ernährung. Petersilie, Koriander, Dill und Schnittlauch strotzen vor Chlorophyll und wirken gleichzeitig auf mehreren Ebenen: Sie lösen die Giftstoffe im Körper, fördern deren Ausscheidung, erleichtern die Verdauung und liefern dem Organismus viele wertvolle Antioxidantien. Frische Kräuter begünstigen Prana, jene Energie, die in der Brust sitzt und für die Atmung zuständig ist.

Für ein gehaltvolleres Mittagessen kann man gebratene Tofuscheiben hinzufügen: den Tofu zuvor einige Minuten in Olivenöl und Sojasauce marinieren.

FÜR 4 PORTIONEN
Vorbereiten: 20 Minuten
Kochen: 30 Minuten

200 g Basmatireis
(falls verträglich Vollkornreis)
nicht raffiniertes Meersalz
2 EL Schnittlauch, fein geschnitten
4 EL glatte Petersilie, fein geschnitten
4 EL Korianderblätter, fein geschnitten
4 EL Dill, gehackt
2 EL Olivenöl
2 EL Ghee

Den Reis in einem Sieb abspülen, in eine Schüssel geben, 2 Esslöffel grobes Meersalz und 1 Liter kochendes Wasser hinzufügen. 10 Minuten ziehen lassen, dann abgießen.
In der Zwischenzeit die Kräuter fein schneiden, in eine Schüssel geben, 2 bis 3 Prisen Salz hinzufügen und gut vermischen.
In einem Topf (mit Deckel; ca. 20 cm Durchmesser) 2 Esslöffel Olivenöl und 2 Esslöffel Wasser erhitzen. Die Hälfte des Reises hinzufügen. Dann die Kräuter in einer Lage auf den Reis geben. Die Kräuter mit dem restlichen Reis bedecken. Das Ghee schmelzen und den Reis damit beträufeln. 200 ml Wasser hinzufügen. Den Deckel auflegen und den Reis 30 Minuten auf kleiner Hitze garen.

MITTAGESSEN
FRÜHLING
10 MINUTEN + 25 MINUTEN

CREMESUPPE AUS RADIESCHENBLÄTTERN ODER BRUNNENKRESSE

Sie wollen heute Mittag ein paar Radieschen knabbern? Dann sollten Sie auf keinen Fall die Blätter wegwerfen; daraus lässt sich nämlich eine leckere Suppe kochen. Die Blätter enthalten nur wenig Kalorien, aber eine Menge Mikronährstoffe. Ihre kräftige Farbe weist auf einen hohen Gehalt an zellschützenden Carotinoiden, wertvolle sekundäre Pflanzenstoffe, und eine große Antioxidationskraft hin. Zusammen mit Kartoffeln (süß) und einer kräftigen Prise Pfeffer (als Gegenmittel zu der durch die Kartoffel hervorgerufenen Gasbildung) schmecken sie köstlich. Kartoffeln sind ein Nahrungsmittel vom Typ Apana, der Energie des Unterbauchs und des Beckens. Sie stärken die Ausdauer. Die Blätter von Radieschen oder Brunnenkresse sind vom Typ Prana, der Energie, die zwischen Bauchnabel und Kehle liegt. Sie sind reich an Chlorophyll, wirken anregend und reinigend.

Brunnenkresse verleiht einen pikanten Geschmack und steuert blutreinigende, appetitanregende und remineralisierende Eigenschaften bei. Sie verringert Vata und Kapha, aber sie erhöht Pitta.

FÜR 4 PORTIONEN
Vorbereiten: 10 Minuten
Kochen: 25 Minuten

3 große Kartoffeln
1 EL Ghee
1 TL Pfefferkörner, frisch zerstoßen
1 TL Senfkörner
1–2 Prisen nicht raffiniertes Meersalz
1 TL frische Kurkuma, gerieben
1 l Wasser
1 Gemüsebrühwürfel (siehe Seite 62)
1 Bund Radieschenblätter oder 1 Bund Brunnenkresse

Die Kartoffeln schälen, waschen und in Stücke schneiden.
Das Ghee in einem Gusseisentopf oder einem Topf mit dickem Boden erhitzen. Gewürze und Kurkuma einige Sekunden darin erhitzen. Die Kartoffeln hinzufügen. Das Wasser und die Gemüsebrühe hinzufügen. Zugedeckt etwa 20 Minuten köcheln lassen.
Die Radieschenblätter oder die Brunnenkresse waschen und hinzufügen. Weitere 5 Minuten köcheln lassen.
Mit dem Stabmixer pürieren, damit die Suppe cremig wird. Falls nötig die Suppe mit etwas Wasser verdünnen. Heiß servieren.

MITTAGESSEN
ALLE JAHRESZEITEN
5 MINUTEN + 20 MINUTEN

KANTONESISCHER REIS AUF MEINE ART

Dieses Rezept ist ideal für Groß und Klein und für die Tage, an denen schnell etwas Gutes auf dem Tisch stehen soll. Es ist supereinfach, reich an Aromen, gut bekömmlich und auch für den großen Appetit geeignet. Und außerdem ist es sehr preisgünstig.

Menschen mit einem empfindlichen Darm werden geschälten, weißen Reis bevorzugen, die anderen können einen Parboiled- oder Vollkornreis wählen, der nahrhafter ist, durch die Fasern der Schalenschicht aber den Darm reizen kann. Reis ist ein Nahrungsmittel vom Typ Samana, der Energie, die sich im Bauchraum befindet und um die Körpermitte fließt. Er ist gleichzeitig nahrhaft, besänftigend, zusammenziehend und wirkt gegen Durchfall; er kann das Kapha (Wasser) und Fette im Körper erhöhen, was wiederum durch die Beigabe von Pfefferkörnern ausgeglichen werden kann. Algen sind ein hervorragender Lieferant für leicht aufzunehmendes Kalzium. Eier sind süß und zusammenziehend. Das Eigelb sollte nicht stark gegart werden, damit es leichter verdaulich bleibt. Die frischen Kräuter sind reich an Chlorophyll, wirken anregend, erfrischend und reinigend, was vor allem im Frühling für das Prana wichtig ist.

Dieses Rezept lässt sich unendlich variieren: Verwenden Sie ein anderes Getreide, andere Gemüsesorten und die Kräuter, die Sie gerade frisch auf dem Markt oder im Garten finden.

FÜR 4 PORTIONEN
Vorbereiten: 5 Minuten
Kochen: 20 Minuten

200 g Basmati-Vollkornreis (je nach Verträglichkeit, sonst andere Sorten)
8 rote Radieschen oder 1 Karotte
½ Bund Schnittlauch
½ Bund Petersilie
1 Blatt Nori-Alge
2 Eier
1 TL Ghee
kalt gepresstes Olivenöl
Sojasauce
½ TL Pfefferkörner, frisch zerstoßen

Den Reis mit der 1½-fachen Menge seines Volumens an Wasser (gefiltertes Wasser oder Quellwasser) in einen Topf geben. Zugedeckt aufkochen und auf kleiner Hitze garen, bis das Wasser vollständig aufgesaugt ist. Das dauert etwa 20 Minuten. Den Reis lauwarm abkühlen lassen.

In der Zwischenzeit die Radieschen oder die Karotte waschen und fein hobeln oder reiben. Schnittlauch und Petersilie fein schneiden. Die Nori-Alge in 2 cm lange und einige Millimeter breite Streifen schneiden.

Das Ghee erhitzen. Die Eier hineingeben und mit einem Holzlöffel Eiweiß und Eigelb verrühren. Wenn die Eimasse gerade gestockt ist, die Pfanne von der Platte nehmen, um den Kochvorgang zu stoppen.

Den gekochten Reis mit den Radieschen oder der Karotte, dem zerzupften Ei, den Kräutern und den Algenstreifen vermischen. Den Reis auf Teller verteilen. Jeweils mit einem kräftigen Schuss Olivenöl und Sojasauce beträufeln und mit Pfeffer bestreuen.

MITTAGESSEN
FRÜHLING
20 MINUTEN + 4 MINUTEN

FRÜHLINGSROLLEN

Diese Frühlingsrollen schmecken köstlich, und es ist auch ein Vergnügen, sie gemeinsam herzustellen. Reis ist in jeder Form ein hervorragendes Nahrungsmittel; er wirkt besänftigend und ist gut bekömmlich. Aufgrund seines süßen Geschmacks ist er ein wahrhaft sattvisches Nahrungsmittel. Er ist vom Typ Samana, der Energie, die sich im Bauchraum befindet und auf das gesamte Verdauungssystem, Herz und Atmung einwirkt.

Reisblätter und Reisnudeln harmonieren mit fast allen Aromen, die man in Frühlingsrollen packen kann: die Schärfe der Radieschen, die Milde der Avocado, die Süße der Karotte, die gleichzeitig bitter und zusammenziehend wirkt. Gewürze und frische Kräuter vervollständigen die Aromen, Ahornsirup rundet das Ganze ab. Für ein reichhaltigeres Mittagessen passt dazu die Koriandercremesuppe von Seite 278 oder die Rote Herbstsuppe von Seite 273.

FÜR 4–8 FRÜHLINGSROLLEN
Vorbereiten: 20 Minuten
Kochen: 4 Minuten

40 g Reisnudeln
2 Karotten, in Stifte geschnitten
8 rote Radieschen
1 Avocado, geschält, in Scheiben geschnitten
8 EL gekeimte Alfalfasprossen
4 Zweige Koriander, Blätter abgezupft
2 Zweige Minze, Blätter abgezupft
einige essbare Blüten
8 Reisblätter

FÜR DIE SAUCE:
1 EL Zitronensaft
3 EL Sesamöl
1 EL Sojasauce
½ TL Ingwer, gerieben
1 TL Ahornsirup

Kochendes Wasser in eine große Schüssel gießen, die Reisnudeln hinzufügen und 4 Minuten aufquellen lassen. Dann in ein Sieb schütten und unter kaltem Wasser abspülen. Die Nudeln abtropfen lassen, auf ein trockenes Tuch legen und in 8 bis 10 cm lange Stücke schneiden.
Auf der Arbeitsfläche folgende Zutaten bereitstellen: die Nudeln, die verschiedenen Gemüsesorten, die Alfalfasprossen und die abgezupften Kräuterblätter und Blüten.
Eine Schüssel mit heißem Wasser bereitstellen und ein sauberes Küchentuch glatt auslegen. Nacheinander jeweils 1 Reisblatt 20 bis 30 Sekunden in das heiße Wasser tauchen, nur gerade so lange, bis es weich wird.
Das Reisblatt auf das Küchentuch legen. Koriander und Minzeblättchen in die Mitte legen, eventuell eine Blüte hinzufügen. Dann Alfalfasprossen, Karotte, Avocado und Radieschen etwa 2 cm hoch und 2 cm breit auf das Reisblatt häufen. Den unteren Teil des Reisblatts über das Gemüse schlagen, dann die Seiten einschlagen und eng aufrollen. Alle Reisblätter auf diese Weise füllen.
Für die Sauce alle Zutaten miteinander vermischen. Die Frühlingsrollen können pur gegessen oder zuvor in die Sauce getunkt werden.

MITTAGESSEN
FRÜHLING
20 MINUTEN + 30 MINUTEN

SALAT AUS GRÜNEN BOHNEN, MUNGOBOHNEN, SPINAT UND AVOCADO

Die Mungobohne ist in der ayurvedischen Küche so etwas wie der Star unten den Hülsenfrüchten. Sie ist ein hervorragender Eiweißlieferant und ist gut verträglich, wenn sie gründlich gekocht und zuvor eingeweicht wurde. Sie schmeckt mild und frisch, ist remineralisierend, cholesterinsenkend, nahrhaft und liefert viel Energie. Aufgrund ihres süßen Geschmacks gilt die Mungobohne als sehr sattvisch, sie wirkt ausgleichend und wohltuend auf Körper und Geist, hilft bei Müdigkeit und Nervosität. Bei manchen Menschen kann sie die Bildung von Verdauungsgase bewirken, daher sind die Gewürze in diesem Rezept sehr wichtig; Cayennepfeffer ist ein hervorragendes Gegenmittel. Grüne Bohnen sind zusammenziehend, kalt und scharf; sie beruhigen die drei Doshas und wirkend dabei reinigend entgiftend.

FÜR 4 PORTIONEN
Vorbereiten: 20 Minuten
Kochen: 30 Minuten

100 g Mungobohnen
200 g grüne Bohnen
150 g junge Spinatblätter
1 reife Avocado, in kleine Würfel geschnitten
1 EL Sesamsamen
⅓ Bund Petersilie, fein geschnitten
⅓ Bund Kerbel, fein geschnitten

FÜR DIE SAUCE:
2 gestrichene EL Tahinpaste (Sesampaste)
¼ TL Cayennepfeffer
4 EL Olivenöl
2 EL Zitronensaft
1 EL Ahornsirup
1 EL Wasser
abgeriebene Schale von 1 Zitrone

Die Mungobohnen 30 Minuten einweichen, dann abspülen. In einen Topf mit reichlich kochendem Wasser geben, die Temperatur zurückschalten und 20 bis 25 Minuten köcheln lassen, bis die Bohnen gar, aber noch leicht bissfest sind.
Die grünen Bohnen putzen, waschen und im Dampf garen, bis sie zart, aber dennoch leicht bissfest sind.
Für die Sauce alle Zutaten miteinander vermischen.
Die Sesamsamen in einer Pfanne ohne Fett rösten, bis sie goldbraun sind und gut duften.
Mungobohnen, grüne Bohnen, Spinatblätter und Avocadowürfel in eine Schüssel geben. Mit der Sauce übergießen, die fein geschnittenen Kräuter und die Sesamsamen hinzufügen. Alles vorsichtig vermischen, auf Teller verteilen und servieren.

MITTAGESSEN
ALLE JAHRESZEITEN
15 MINUTEN + 30 MINUTEN

KARTOFFELKUCHEN »OM«

Diesem herzhaften Kuchen habe ich den Namen des Mantras »Om« gegeben, weil es seine Textur erlaubt, vor dem Backen ein »Om« in die Masse zu ritzen. Dieses Rezept hat mir Pierrette Pallanca anvertraut, eine große Zauberin der yogischen Küche. Es passt hervorragend zu Salaten, besonders zu leicht bitteren – eine perfekte Kombination für eine komplette und schmackhafte Mahlzeit.

Die Kartoffel wirkt besänftigend, heilend, bitter und zusammenziehend; damit sie keine Blähungen verursacht, ist Pfeffer ein Gegenmittel. Nahrungsmittel, die unter der Erde wachsen, gehören zu Apana, der Energie, die im Unterbauch und Beckenbereich wirkt. Sie erhöhen Kraft und Ausdauer, können aber auch etwas schwer sein. Das Ghee, das hohe Kochtemperaturen sehr gut erträgt, nährt alle Nervengewebe und die Knochen. Frei von Kasein und Laktose belastet Ghee, im Gegensatz zur Butter, die Verdauung nicht. Im Gegenteil, es enthält viele Vitamine und viele Mineralsalze (Kalzium, Phosphor, Magnesium und Eisen), stimuliert die Sekretion der Verdauungssäfte und schützt die Schleimhäute des Magens. Gleichzeitig begünstigt es die Darmperistaltik und ermöglicht eine bessere Aufnahme der Nährstoffe.

FÜR 1 KUCHEN
Vorbereiten: 15 Minuten
Backen: 30 Minuten

600 g Kartoffeln
80 g Ghee
3 Prisen nicht raffiniertes Meersalz
4 Pfefferkörner, zerstoßen
170 g Weizenmehl Type 1050 oder 1200
Ghee für die Form

Den Backofen auf 180 Grad vorheizen.
Die Kartoffeln schälen, waschen und in große Stücke schneiden. Im Dampfgarer garen, bis sie weich sind.
Die gekochten Kartoffeln in eine Schüssel geben. Ghee, Salz und Pfeffer hinzufügen und alles mit einem Kartoffelstampfer zerdrücken. Dann mit einem Holzlöffel nach und nach das Mehl unterrühren, bis eine gleichmäßige Masse entstanden ist. Eine Backform (ca. 20 cm Durchmesser) mit Ghee einfetten, den Kartoffelteig einfüllen, glatt streichen und nach Wunsch mit dem Finger ein »Om« auf die Oberfläche zeichnen. Im vorgeheizten Ofen 30 Minuten backen.

MITTAGESSEN
ALLE JAHRESZEITEN
20 MINUTEN

ORECHIETTE MIT PESTO AUS KRÄUTERN DER SAISON

Es gibt nichts Einfacheres als dieses Pastarezept. Weizen ist ein Nahrungsmittel vom Typ Samana, jener Energie, die sich im Bauchraum befindet, den Verdauungsapparat stimuliert, für die Aufnahme der Nährstoffe zuständig ist, aber auch Herz und Lungen überwacht. Nahrungsmittel dieses Typs wirken ausgleichend und nährend.

Das Pesto – eine wunderbare Alternative zur üblichen Tomatensauce, die oft übersäuernd wirkt – kann aus Pistazien, Cashewkernen, Walnüssen oder Pinienkernen hergestellt werden. Nüsse und Kerne sind Nahrungsmittel vom Typ Udana, die das den Geist nährende Ätherelement enthalten. Dieses Gericht enthält alle sechs Geschmacksrichtungen, es ist gut verträglich und proteinreich; man kann den Parmesan auch weglassen und nimmt in diesem Fall einfach die doppelte Menge an Nüssen und Kernen, dann wird das Gericht noch bekömmlicher. Da das Ganze fast roh ist, bleiben Enzyme und Vitamine erhalten.

Für eine leichtere Variante kann man statt der Orecchiette mit einem Spiralschneider oder mit einem einfachen Sparschäler dünne Zucchininudeln schneiden und diese kurz im Wasser oder über Dampf bissfest blanchieren.

FÜR 4 PERSONEN
Vorbereiten/Kochen: 20 Minuten

400 g Orecchiette

FÜR DAS PESTO:
Einige Handvoll Grünkohl-, Brennnessel-, Spinat- oder Basilikumblätter
abgeriebene Zitronenschale und -saft
Olivenöl
Pistazien, Walnüsse, Cashew- oder Pinienkerne
Parmesan, gerieben
½ TL Kreuzkümmelsamen, frisch zerstoßen
Pfeffer
Cayennepfeffer

Je nach Geschmack und je nach Jahreszeit kann dieses Pesto aus verschiedenen Blättern hergestellt werden. Bei Grünkohl den Blattstrunk und den groben Stiel entfernen. Die Blätter waschen. Grünkohl-, Brennnessel- oder Spinatblätter über Dampf kurz blanchieren; Basilikum wird ohne Blanchieren roh verwendet.

Die Blätter mit etwas Zitronensaft und -schale, Olivenöl, Nüssen oder Kernen nach Wahl und Parmesan mixen. Mit Kreuzkümmel, 1 Prise Pfeffer und Cayennepfeffer würzen und nochmals gründlich vermischen.

Die Orechiette in kochendem Salzwasser bissfest garen, abgießen, gut mit dem grünen Pesto vermischen und sofort genießen.

MITTAGESSEN
ALLE JAHRESZEITEN
20 MINUTEN

BURGER MIT MARINIERTEM TOFU, KURKUMA UND INGWER

Dieser vegane Burger überzeugt auf der ganzen Linie. Er ist sehr schmackhaft und einfach zu machen. Wählen Sie ein gutes Biobrot, möglichst aus Sauerteig, damit es leichter verdaulich ist. Tofu liefert leichte Proteine, seine Verdauung wird durch die Gewürze noch begünstigt. Bei geschwächtem Darm wählen Sie stattdessen einen Gemüsepuffer. Der Ziegenkäse gibt dem Burger noch das gewisse Etwas; er kann aber auch, um je nach Konstitution leichter verdaulich zu sein, weggelassen werden.

Chlorophyllhaltiges Gemüse, die gekeimten Sprossen, die Würzkräuter und der Ingwer steuern Prana-Energie bei. Sie wirkt im Brustraum und ist die Kraft, die für die Aufnahme der Luft in den Körper sorgt und den Herzschlag reguliert. Vollwertgetreide ist vom Typ Samana, jener Energie, die sich im Bauchraum befindet, den Verdauungsapparat überwacht und stimuliert und für die Aufnahme der Nährstoffe sorgt. Nahrungsmittel dieses Typs wirken ausgleichend auf den Organismus.

FÜR 4 BURGER
Zubereiten: 20 Minuten

400 g Tofu
4 Handvoll Salatblätter, gemischt nach Belieben
1 Mini-Gurke oder ½ Salatgurke
4 Bio-Vollkorn-Burgerbrötchen
4 Scheiben Ziegen-Gouda, nach Belieben
1 Handvoll gekeimte Sprossen (z. B. Alfalfa)
4 EL Kräuter (Koriander und Schnittlauch), fein geschnitten

FÜR DIE MARINADE:
100 ml Olivenöl
2 EL Sojasauce
1 EL frischer Ingwer, gerieben
1 EL frische Kurkuma, gerieben
1 TL Kreuzkümmelsamen, zerstoßen

FÜR DIE SAUCE:
1 TL Sesampüree
Saft von ½ Zitrone
4 EL Olivenöl
2 Prisen schwarzer Pfeffer, frisch gemahlen

Den Backofen auf 180 Grad vorheizen.
Den Tofu in 4 dicke Scheiben schneiden und in einen großen tiefen Teller legen. Die Zutaten für die Marinade in einer kleinen Schüssel vermischen und über die Tofuscheiben gießen. Den Salat waschen und in einem sauberen Küchentuch trocken tupfen. Die Gurke waschen und schräg in Scheiben schneiden.
Für die Sauce alle Zutaten in eine Schüssel geben und mit einem Schneebesen zu einer cremigen Sauce aufschlagen.
Die Burgerbrötchen 6 bis 7 Minuten im Backofen aufbacken, nur so lange, bis sie heiß, aber noch nicht ausgetrocknet sind.
Die Tofuscheiben mit der Marinade in eine heiße Pfanne geben und auf jeder Seite 2 Minuten stark anbraten.
Die 4 unteren Brötchenhälften mit der Sauce bestreichen. Dann mit Salat, 2 bis 3 Gurkenscheiben, 1 Scheibe gebratenem Tofu, 1 Scheibe Käse, Alfalfasprossen, nochmals mit einigen Salatblättern und fein geschnittenen Kräutern belegen. Die Brötchendeckel auflegen und sofort, am besten noch warm, genießen.

MITTAGESSEN
FRÜHLING
8 MINUTEN + 15 MINUTEN

LÖWENZAHNSALAT

Nutzen Sie Ihre ersten Frühlingsspaziergänge zum Pflücken von Löwenzahnblättern (später im Jahr werden sie zu säuerlich und zu bitter). Man findet Löwenzahn aber auch immer öfter auf dem Markt. Löwenzahn ist nicht nur eine wahre Chlorophyllbombe, sondern liefert auch Inulin (Fruktan), eine prebiotische Nahrungsfaser. Prebiotika sind unverdauliche Ballaststoffe, die den erwünschten Bakterien im Darm, den Probiotika, als Nahrung dienen. Sie fördern damit eine gesunde Darmflora, die wiederum das Verdauungssystem und das Immunsystem unterstützt. Löwenzahn gehört zu den Nahrungsmitteln vom Typ Prana, jener Energie, die im Brustraum, vom Bauchnabel bis zur Kehle, wirkt. Im Frühjahr, wenn es viel Prana-Energie gibt, wächst er sehr schnell. Er besitzt zahlreiche wertvolle Eigenschaften: anregend, reinigend, harntreibend, vorbeugend gegen Gallen- und Nierensteine und wohltuend für die Haut.

Für dieses Rezept sollten Sie unbedingt Bioeier verwenden. Eier liefern nicht nur Protein, sondern auch Vitamin A, D, E, K sowie der B-Gruppe, außerdem Magnesium, Phosphor und Kalium. Wer keine Eier isst, lässt sie einfach weg. Das Olivenöl wirkt hier besonders besänftigend, nährend und heilend. Im Ayurveda betrachtet man Olivenöl als muskel-, haut- und nervenstärkend. Es eignet sich hervorragend für ältere Menschen und Personen, die besonders anfällig sind.

Dieser Salat passt gut als Beilage zum Kartoffelkuchen von Seite 139.

FÜR 4 PORTIONEN
Kochen: 8 Minuten
Zubereiten: 15 Minuten

200 g Löwenzahnblätter
5 Eier
3 EL Olivenöl
nicht raffiniertes Meersalz
oder Fleur de Sel

Die Eier in einem Topf mit kaltem Wasser bedecken und dieses salzen. Aufkochen und 8 Minuten kochen lassen.
Die Löwenzahnblätter sorgfältig waschen und trocknen. Mundgerecht schneiden oder zupfen und in eine Schüssel geben.
Die Eier schälen und mit einer Gabel zerdrücken. Zum Salat geben.
Kurz vor dem Servieren mit Olivenöl und Salz vermischen.
Probieren und falls nötig nochmals nachwürzen.

MITTAGESSEN
FRÜHLING/SOMMER
10 MINUTEN + 10 MINUTEN

LAUWARMER KARTOFFELSALAT MIT KRÄUTERN UND ZITRONE

Dieser Salat ist durch die Kräuter und die Zitrone erfrischend und frühlingshaft-sommerlich, dank der Kartoffeln aber auch gehaltvoll. Kartoffeln sind Wurzelpflanzen, die mit der im Unterbauch und Becken wirkenden Apana-Energie verbunden sind. Sie erhöhen Kraft und Ausdauerfähigkeit. Trotz ihrer schwermachenden Eigenschaft wirken sie besänftigend, heilend und harntreibend. Da sie Verdauungsgase hervorrufen können, empfiehlt sich die gleichzeitige Verwendung von Pfeffer als Gegenmittel, um diese unerwünschte Nebenwirkung zu vermeiden. Die chlorophyllreichen Kräuter stimulieren Prana, jene Energie, die zwischen Bauchnabel und Kehle wirkt. Es ist die Kraft, die für die Aufnahme der Luft in den Körper sorgt und den Herzschlag reguliert. Bevorzugen Sie bei grünem Salat Sorten mit dunkelgrünen Blättern, wie zum Beispiel Rucola, sie enthalten mehr Chlorophyll, mehr Ballaststoffe, mehr Kalzium, Eisen sowie Vitamin A und C. Und selbstverständlich sollten Sie fertigen Salat in Plastiktüten vermeiden (diese Salate können mit Pestiziden und mit Keimen belastet sein).

Wer Eier isst, kann zum Salat ein weich gekochtes Ei hinzufügen.

FÜR 4 PORTIONEN
Kochen: 10 Minuten
Zubereiten: 10 Minuten

12 Salatkartoffeln (z. B. Amandine, La Ratte, Nicola, Kipfler)
4 Handvoll Rucola
1 EL Kapern, nach Belieben

FÜR DIE SAUCE:
80 g glatte Petersilie
70 g Minze
30 g Dill
120 ml Olivenöl
2 EL Senf
Saft von ½ Zitrone
4 Prisen schwarzer Pfeffer, zerstoßen

Die Kartoffeln waschen. Wenn die Schale dünn ist, müssen sie nicht geschält werden. Der Länge nach halbieren. 10 Minuten im Dampf garen. Mit einer Messerspitze den Garzustand überprüfen.
Alle Zutaten für die Sauce im Cutter oder Mixer grob pürieren.
Die Kartoffeln mit Sauce, Rucola und Kapern mischen und auf Teller verteilen.

MITTAGESSEN
ALLE JAHRESZEITEN
20 MINUTEN + 15 MINUTEN

CHAPATIS MIT RUCOLA, RADIESCHEN, AVOCADO, KICHERERBSEN UND ZIMT

Chapatis sind kleine Fladenbrote aus Nordindien. Sie können im Voraus gemacht und dann im letzten Moment belegt werden. Dank der rohen Gemüse sind sie reich an Vitaminen und Antioxidantien, die Hülsenfrüchte enthalten viel Protein, was sie zu einer sättigenden Mahlzeit macht. Die Avocado wirkt nervenberuhigend und ausgleichend; bei Erkältungen oder einem Kapha-Ungleichgewicht sollte sie allerdings nicht gegessen werden. Salate, frische Kräuter und Sprossen sind reich an Chlorophyll, das den Zellstoffwechsel aktiviert, die natürlichen Widerstandskräfte stärkt und die Zellen regeneriert. Gewürzt wird mit Zimt, einem sattvischen Gewürz, das von den Yogis geschätzt wird.

FÜR 8–12 CHAPATIS
Vorbereiten: 20 Minuten
Kochen: 15 Minuten

FÜR DIE CHAPATIS:
220 g Mehl Type 1050 oder 1200
1 EL Ghee, geschmolzen
1 EL nicht raffiniertes Meersalz

FÜR DEN BELAG:
1 EL Ghee
200 g Kichererbsen, gekocht, abgetropft
1 TL Zimtpulver
2 Wassermelonenrettiche oder
1 schwarzer Rettich
2 reife Avocados
2 Handvoll gemischter grüner Salat nach Jahreszeit
2 Handvoll gekeimte Sprossen (Alfalfa usw.)

FÜR DIE SAUCE:
1 TL Sesampüree
Saft von ½ Zitrone oder Limette
4 EL Olivenöl
1 Prisen schwarzer Pfeffer, frisch gemahlen
½ Rote Bete, gerieben

Für die Chapatis Mehl, Ghee und Salz in einer Schüssel vermischen. So viel Wasser hinzufügen und kneten, bis der Teig eine weiche und homogene Textur hat und sich von den Fingern löst. Zu Kugeln von 5 cm Durchmesser formen und diese auf der mit Mehl bestäubten Arbeitsfläche zu dünnen Fladen ausrollen. Die Teigfladen in einer Pfanne ohne Zugabe von Fett bei starker Hitze auf jeder Seite ungefähr 2 Minuten backen.

Für den Belag das Ghee in einer Pfanne schmelzen, die Kichererbsen und den Zimt hinzufügen und einige Minuten auf starker Hitze goldbraun braten.
Die Rettiche schälen und in dünne Scheiben schneiden. Die Avocados halbieren, schälen und in Scheiben schneiden. Auf jeden Fladen 1 bis 2 Esslöffel Kichererbsen, ein paar Rettichscheiben, eine Avocadoscheibe, etwas Salat und gekeimte Sprossen geben.
Für die Sauce alle Zutaten miteinander vermischen. Auf jeden Fladen einen Teelöffel Sauce geben.

MITTAGESSEN
FRÜHLING/SOMMER
20 MINUTEN + 3 MINUTEN

ZERDRÜCKTE ERBSEN MIT MINZE UND BURRATA

Eine wahre Geschmacksexplosion im Mund! Der krautige und süße Geschmack der Erbsen kommt hier voll zur Geltung, indem die bissfest gegarten Erbsen anschließend zerdrückt werden, um ihre ganze Geschmacksfülle in Verbindung mit dem Olivenöl und dem Käse zu entfalten. Die Erbsen haben die Eigenschaften kalt und süß und vermindern die drei Doshas.

Der süße Geschmack der Erbsen, die nahrhaft und ausgleichend wirken, macht sie zu einem sattvischen Nahrungsmittel. Dieses Gericht ist energiespendend und belebend und fördert die Verdauung. Es kann als Mittagessen oder als leichtes Abendessen serviert werden oder zum Beispiel auch zusammen mit Reis- oder anderen Nudeln als reichhaltiges Mittagessen.

FÜR 4 PORTIONEN
Kochen: 3 Minuten
Zubereiten: 20 Minuten

500 g frische Erbsen
8 EL Olivenöl
3 EL Zitronensaft
1 EL Parmesan, frisch gerieben
½ TL schwarzer Pfeffer, frisch zerstoßen
1 Prise nicht raffiniertes Meersalz
6 Zweige frische Minze, fein geschnitten
2 Kugeln Burrata
Olivenöl zum Beträufeln
1 Handvoll Erbsensprossen, nach Belieben
½ Rote Bete, gerieben

Die Erbsen enthülsen und kurz (ca. 3 Minuten) im Dampf garen. Sie sollten noch bissfest sein.
Die Erbsen in kleinen Portionen in den Mörser geben und mit dem Stößel grob zerdrücken. Olivenöl, Zitronensaft, Parmesan, Pfeffer, Salz und die fein geschnittene Minze hinzufügen.
Diese Mischung auf 4 Teller verteilen und jeweils ½ Kugel Burrata hinzufügen.
Großzügig mit Olivenöl beträufeln, nochmals mit einer Prise Pfeffer würzen und, wenn verfügbar, mit einigen Erbsensprossen bestreuen.

MITTAGESSEN
SOMMER
10 MINUTEN + 10 MINUTEN

FRISCHE GURKENSUPPE MIT MANDELN UND ESTRAGON

Diese Suppe ist mild, remineralisierend und reinigend – im Frühling und Sommer bestens geeignet für eine sanfte innerliche Reinigung des Organismus. Die Gurke mit ihren süßen und kalten Eigenschaften wirkt hervorragend besänftigend, reinigend und harntreibend. Sie mindert Vata und Pitta, aber erhöht Kapha. Daher ist sie in Zeiten von feuchter Kälte zu vermeiden. Die Gurke ist ein Nahrungsmittel vom Typ Vyana, der Energie, die alle anderen Pranas im Körper koordiniert, verteilt und reguliert. Das Mandelpüree rundet die Mischung ab, es steuert leicht verdauliche Proteine und gute Fette bei, ist nährstoffreich und wirkt nervenausgleichend. Es hat die Tendenz, Vata zu verringern und Kapha und Pitta zu erhöhen. Estragon bringt einen pikanten und bitteren Geschmack in den Salat, es wirkt gegen Blähungen, krampflösend und antiseptisch und ist ein allgemeines Stimulans.

Dieser Salat passt gut zum Kartoffelkuchen auf Seite 139.

FÜR 4 PORTIONEN
Vorbereiten: 10 Minuten
Kochen: 10 Minuten

2 Gurken
750 ml Wasser, gefiltertes Wasser oder Quellwasser
1 Gemüsebrühwürfel (siehe Seite 62)
2 EL Mandelpüree
4 EL Estragon, fein geschnitten
Pfeffer, frisch zerstoßen
nicht raffiniertes Meersalz
Olivenöl zum Beträufeln
1 Zweig Estragon

Die Gurken waschen, schälen und der Länge nach halbieren. Die Samen mit einem kleinen Löffel herauslösen. Dann die Gurken in Stücke schneiden.
Wasser, Brühwürfel und Gurkenstücke mit dem fein geschnittenen Estragon in einen Topf geben. Erhitzen und 10 Minuten köcheln lassen. Am Ende der Kochzeit das Mandelpüree hinzufügen. Im Mixer oder mit dem Stabmixer zu einer cremigen Suppe pürieren. Abkühlen lassen.
Zum Servieren die Suppe in Schalen verteilen. Nochmals mit Salz und Pfeffer bestreuen, falls erforderlich. Mit etwas Olivenöl beträufeln und mit Estragon bestreuen.

MITTAGESSEN
SOMMER/HERBST
25 MINUTEN

PANZANELLA

Ein Rezept, das sich als Vorspeise für ein unkompliziertes Menü mit Freunden oder zusammen mit einem üppigen grünen Salat als leichte Mahlzeit eignet. Wählen Sie dafür ein gutes Brot, oder besser noch, backen Sie es selbst. Gewöhnen Sie sich an, anstelle der klassischen Butter Ghee zu verwenden (siehe Rezept Seite 66). Frei von Kasein und Laktose ist Ghee besser bekömmlich, es nährt Körper und Geist und ist für alle Doshas passend.

Wählen Sie für dieses Gericht vollreifes, sonnengereiftes Gemüse. Die Tomaten bringen Frische und viele Mineralien, Paprika steuert Schärfe bei, die Gurke Süße und entwässert gleichzeitig den ganzen Organismus. Basilikum ist mit seinen scharfen und warmen Eigenschaften ein exzellentes Nervenstärkungsmittel, wirkt antiseptisch, krampflösend und wohltuend auf die Verdauung. Basilikum ist eine sattvische Gewürzpflanze, die die Zirkulation des Pranas begünstigt und Intuition und Einsicht fördert.

FÜR 4 PERSONEN
Zubereiten: 25 Minuten

5 reife mittelgroße Tomaten
1 Gurke
1 rote Paprika
5 Scheiben gutes Brot
(z. B. Dinkelbrot)
1 EL Ghee
1 Prise nicht raffiniertes Meersalz
1 Bund Basilikum
abgeriebene Zitronenschale zum Bestreuen

FÜR DIE SAUCE:
¼ TL Pfeffer, grob zerstoßen
½ TL Koriandersamen, grob zerstoßen
½ TL Kreuzkümmelsamen, grob zerstoßen
½ TL Zimt, gemahlen
1 Gewürznelke, grob zerstoßen
1 TL frischer Ingwer, gerieben
6 EL Olivenöl
3 EL Zitronensaft
1 EL Ahornsirup

Den Backofen auf 210 Grad vorheizen.
Tomaten, Gurke und Paprika waschen. Die Paprika im Backofen rösten, bis sie an einigen Stellen goldbraun, aber noch nicht schwarz wird. Herausnehmen und abkühlen lassen.
Die Tomaten mit heißem Wasser überbrühen, die Haut abziehen, die Kerne entfernen und die Tomate in kleine Würfel schneiden. Die Gurke längs halbieren, entkernen und in kleine Würfel schneiden. Die Paprika häuten und in kleine Würfel schneiden. Alles in eine Salatschüssel geben.
Das Brot in kleine Würfel schneiden. Das Ghee in einer Pfanne schmelzen, 1 Prise Salz hinzufügen und die Brotwürfel darin leicht goldbraun braten. Zu den Salatzutaten geben.
Für die Sauce alle Zutaten miteinander vermischen. Zum Salat geben, gut vermischen, mit fein geschnittenem Basilikum und der abgeriebenen Zitronenschale bestreuen.

MITTAGESSEN
ALLE JAHRESZEITEN
10 MINUTEN + 10 MINUTEN

KONFIERTE KAROTTEN MIT INGWER, KAROTTENGRÜN UND KORIANDER

Dies ist ein ganz einfaches Rezept, superschnell und lecker. Die Süße der Karotten wird durch den Ingwer und eine Kräutersauce, die aus dem Karottengrün und Koriander gemacht wird, unterstrichen.

Karotten sind süß, zusammenziehend und bitter, sie wirken regulierend auf die Darmtätigkeit, sind gleichzeitig heilend und blutreinigend. Sie regenerieren die Haut auf sehr wirkungsvolle Weise und remineralisieren sanft. Die Karotte ist ein Nahrungsmittel vom Typ Apana, der Energie, die den Bereich von Unterbauch und Becken stimuliert und Kraft und Ausdauer erhöht. Ingwer hingegen gehört zur Energie von Prana und Samana, er stimuliert die Kräfte, die für die Bewegung der Luft zuständig sind, den Herzschlag regeln und die Verdauung fördern. Ingwer wirkt schmerzlindernd und antiseptisch, er hat ein scharfes Aroma, erhöht das Verdauungsfeuer und vermindert das Ungleichgewicht bei Luft- und Wasserüberschuss.

Dieses Gericht eignet sich sehr gut zum Mittagessen und wird zum Beispiel zusammen mit einem schnell zubereiteten Couscous zu einer vollständigen Mahlzeit. Als leichtere und sehr frische Variante passt eine Kugel Burrata hervorragend dazu.

FÜR 4 PORTIONEN
Vorbereiten: 10 Minuten
Kochen: 10 Minuten

2 Bund Karotten, 1 Bund normale und 1 Bund purpurfarbene, gelbe oder weiße
8–10 EL Ghee
30 g frischer Ingwer, in Scheiben geschnitten
1 TL Pfefferkörner, zerstoßen
nicht raffiniertes Meersalz

FÜR DIE SAUCE:
12 Zweige frischer Koriander
12 Zweige Karottengrün
100 ml Olivenöl
Saft und Schale von ½ Zitrone

Die Karotten waschen, schälen und der Länge nach in 6 bis 8 cm lange Stifte schneiden.
Das Ghee in einem Topf erhitzen, Karotten, Ingwerscheiben, Pfeffer und einige Prisen Salz hinzufügen. Bei recht großer Hitze 7 bis 10 Minuten anbraten, dabei ständig mit einem Holzlöffel umrühren. Die Karotten sollen zart, aber noch etwas fest sein.
Für die Sauce die abgezupften Korianderblätter und das Karottengrün (ohne Stängel) mit dem Olivenöl, Zitronensaft und 50 ml Wasser zu einer Sauce pürieren.
Die Karotten auf Teller verteilen, mit der Sauce überziehen. Die Zitronenschale mit einer feinen Reibe abreiben und über die Karotten streuen. Eventuell nochmals mit Salz und Pfeffer würzen.

MITTAGESSEN
SOMMER/HERBST
1 NACHT +15 MINUTEN + 1 STUNDE

KICHERERBSENSALAT, TOMATEN, GURKEN, KRÄUTER UND GEWÜRZE

Welch eine Gaumenfreude! Für ein sättigenderes Mittagessen kann man noch ein Getreide hinzufügen, beispielsweise Dinkel- oder Einkorngrieß. Am Abend ist der Salat zusammen mit einem Saft aus rohem Gemüse ausreichend. Die Kichererbsen müssen unbedingt eingeweicht werden, damit sie leichter verdaulich werden. Auch Pfeffer und Gewürze unterstützen die Verdaulichkeit der Kichererbsen. Sie liefern reichlich pflanzliches Eiweiß und damit viel Energie, sind ideal bei Müdigkeit, gleichzeitig harntreibend, entwurmend und ein natürliches Antiseptikum. Sie sind süß und zusammenziehend, wie die Tomaten, die den Appetit anregen und den Organismus remineralisieren.

Der Geschmack süß ist der sattvische Geschmack par excellence, denn er ist nahrhaft und ausgleichend. Während viele Gewürze rajasischer Natur sind, werden im Yoga sattvische Gewürze bevorzugt, wie hier Zimt und Kardamom.

FÜR 4 PORTIONEN
Einweichen: über Nacht
Kochen: 1 Stunde
Zubereiten: 15 Minuten

100 g getrocknete Kichererbsen und 1 TL Natron (oder 250 g gekochte Kichererbsen)
4 Tomaten
1 Gurke
1 EL Ghee
3 Kardamomkapseln, zerstoßen
2 Gewürznelken, zerstoßen
4 Handvoll gemischte Blattsalate
⅓ Bund Petersilie
½ Bund Koriander
1 gestrichener TL Zimt

FÜR DIE SAUCE:
abgeriebene Schale und Saft von ½ Limette
3 EL Olivenöl
1 EL Ahornsirup
2 Prisen nicht raffiniertes Meersalz
2 Prisen schwarzer Pfeffer, frisch zerstoßen

Die getrockneten Kichererbsen über Nacht in Wasser mit Natron einweichen. Am nächsten Tag abspülen und in der doppelten Menge Wasser 1 Stunde kochen. Abgießen und abtropfen lassen.

Die Tomaten und die Gurke waschen und in Würfel schneiden. Das Ghee in einer Pfanne erhitzen, die Gewürze darin kurz dünsten, bis sie ihre Aromen entfalten. Die abgetropften Kichererbsen hinzufügen und einige Minuten braten, dabei ständig mit zwei Holzlöffeln wenden, bis die Kichererbsen gut mit Ghee und Gewürzen umhüllt sind.

Alle Zutaten für die Sauce in einer kleinen Schüssel vermischen. Salat, Tomaten- und Gurkenwürfel und die gewürzten Kichererbsen in eine Schüssel geben. Petersilie und Koriander fein schneiden und hinzufügen, mit der Sauce übergießen und gut vermischen. Auf Teller verteilen und servieren.

MITTAGESSEN
ALLE JAHRESZEITEN
15 MINUTEN + 30 MINUTEN

YOGA BOWL ZUM MITTAGESSEN

Eine Freude für die Seele! Eine vollständige, ideale Mahlzeit und ganz einfach zuzubereiten. Das mit Gewürzen köstlich aromatisierte Quinoa ist ein wunderbarer pflanzlicher Eiweißlieferant, leicht aufzunehmen und für alle drei Doshas geeignet. Quinoa wirkt nährend und ausgleichend, stimuliert Samana, jene Energie, die im Bauchraum liegt und für den gesamten Verdauungsapparat zuständig ist.

Das Gemüse richtet sich nach dem Angebot auf dem Markt und nach der Jahreszeit. Zucchini, Fenchel, Tomaten und Auberginen stimulieren Vyana, die Kraft, die die verschiedenen Energieströme im Körper verteilt und reguliert. Karotten, die unter der Erde wachsen, entsprechen der Apana-Energie, die im Unterbauch und Beckenbereich wirkt, und die Kraft erhöht. Zitrone, die in der Höhe wächst, stimuliert die Energie in Kopf, Hals, Armen und Beinen sowie das Denken und die Sinne, die uns mit der Außenwelt verbinden. Die chlorophyllreiche Petersilie wiederum stimuliert Prana, jene Energie, die im Brustbereich sitzt, die Luft in unseren Körper einfließen lässt und den Herzschlag reguliert. Unter den Gewürzen dominieren Ingwer, Kardamom und Fenchelsamen, drei sattvische Gewürze, die Yogis bevorzugen.

FÜR 4 PORTIONEN
Vorbereiten: 15 Minuten
Kochen: 30 Minuten

2 Karotten
1 Fenchelknolle
2 Zucchini
2 Tomaten
1 Aubergine
2 EL Ghee

200 g Quinoa
1 TL frische Kurkuma, gerieben
½ TL frischer Ingwer, gerieben
½ TL Kardamomsamen, zerstoßen
½ TL Koriandersamen, zerstoßen
4–5 schwarze Pfefferkörner, zerstoßen
½ TL Kreuzkümmel, zerstoßen
½ TL Fenchelsamen, zerstoßen
200 g rote Linsen

ZUM SERVIEREN:
4 EL Gomasio
abgeriebene Schale und Saft von 1 Zitrone
4 EL Petersilie, fein geschnitten
1 EL Kapern

Die Karotten waschen und in 2 cm große Stücke schneiden. Den Fenchel in Scheiben schneiden. Die Zucchini waschen und in nicht zu dünne Scheiben schneiden. Die Tomaten waschen und achteln. Die Auberginen in etwa 3 cm große Würfel schneiden.

Das Ghee in einer Gusseisenpfanne bei starker Hitze schmelzen. Karotten und Fenchel 3 bis 4 Minuten darin anbraten. Auberginen, Zucchini und Tomaten hinzufügen und noch 3 Minuten braten. 100 ml Wasser hinzufügen (gefiltertes Wasser oder Quellwasser) und zugedeckt auf niedriger Temperatur 30 Minuten köcheln lassen.

Quinoa zusammen mit allen Gewürzen und Würzzutaten in einen Topf geben, das Doppelte seines Volumens an Wasser hinzufügen und zugedeckt auf mittlerer Hitze 15 Minuten garen.

In einem zweiten Topf die Linsen in 250 ml Wasser auf kleiner Hitze 15 Minuten kochen.

Wenn alle Zutaten gar sind, Gemüse, Quinoa und Linsen zusammen anrichten. Auf jede Portion 1 Esslöffel Gomasio und einen Spritzer Zitronensaft geben. Mit Petersilie, Zitronenschale und den Kapern bestreuen und warm genießen.

MITTAGESSEN
SOMMER/HERBST
10 MINUTEN + 10 MINUTEN

TABOULÉ MIT VIELEN KRÄUTERN UND GEWÜRZEN

In diesem Rezept, das dank Petersilie, Koriander, Kerbel, Minze und Basilikum voller Chlorophyll und Antioxidantien ist, nehmen Kräuter und Gewürze viel Platz ein. Sie erleichtern das Verdauen des Bulgurs und ermöglichen die gute Aufnahme seiner Mineralien. Vollkorn-Bulgur (aus Dinkel oder Einkorn) ist süß und frisch, remineralisierend und anregend. Er vermindert Vata und Pitta, erhöht dagegen Kapha.

Da Taboulé Getreide, verschiedene Gewürzkräuter und Gewürze enthält, ist es ein besonders sattvisches Gericht. Die rohen und chlorophyllhaltigen Zutaten begünstigen, insbesondere zusammen mit Ingwer, Minze und Koriander, die Ausbreitung der Prana-Energie, die im Brustraum sitzt und, vom Bauchnabel bis zur Kehle aufsteigend, für die Aufrnahme der Luft in den Körper und einen regelmäßigen Herzschlag sorgt.

FÜR 4 PORTIONEN
Kochen: 10 Minuten
Zubereiten: 10 Minuten

120 g Dinkel-Bulgur
2 feste reife Tomaten
½ Salatgurke
1 kleine oder ½ große rote Paprika
1 Schalotte
½ Bund Petersilie
½ Bund Minze
½ Bund Koriander
½ Bund Kerbel
½ Bund Basilikum

FÜR DIE SAUCE:
¼ TL Pfeffer, grob zerstoßen
½ TL Koriandersamen, grob zerstoßen
½ TL Kreuzkümmelsamen, grob zerstoßen
1 Gewürznelke, grob zerstoßen
½ TL Zimtpulver
1 TL frischer Ingwer, gerieben
6 EL Olivenöl
3 EL Zitronensaft
1 EL Ahornsirup
1 Prise nicht raffiniertes Meersalz

Den Bulgur in der doppelten Menge seines Volumens an Wasser 10 Minuten kochen. Abgießen und abkühlen lassen.

Gemüse und Kräuter waschen. Tomaten, Gurke und Paprika (mit der Schale) in kleine Würfel schneiden. Die Schalotte und alle Kräuter fein schneiden.

Für die Sauce die zerstoßenen Gewürze in eine kleine Schüssel geben, Zimt, Ingwer, Olivenöl, Zitronensaft und Ahornsirup hinzufügen und vermischen.

Den Bulgur mit den Gemüsewürfeln, der Schalotte, den Kräutern und der Sauce in eine große Salatschüssel geben. Vorsichtig vermischen. Fertig!

MITTAGESSEN
SOMMER/HERBST
10 MINUTEN + 30 MINUTEN

GESCHMORTES SOMMERGEMÜSE

Zu jeder Jahreszeit gibt es das passende geschmorte Gemüse. Als Abendessen ist es sehr gut ohne weitere Beilage, als Mittagessen wird es durch ein Getreide (Couscous, Quinoa, Dinkel, Einkorn) oder einen Frischkäse wie Burrata oder Feta hervorragend ergänzt. Tomaten gelten in der ayurvedischen Medizin als süß und zusammenziehend, aber auch als scharf, ebenso wie Paprika und Basilikum in diesem Rezept. Menschen mit einem Überschuss an Verdauungsfeuer (Pitta) sollten nicht zu viel davon essen und vor allem den Kreuzkümmel nicht vergessen, der als Gegenmittel wirkt und das Feuer beruhigt. Zucchini sind ebenfalls erfrischend, außerdem nährstoffreich. Tomate, Paprika, Aubergine und Zucchini stimulieren die Vyana-Energie, jene Kraft, die dafür zuständig ist, die anderen Pranas im ganzen Körper zu verteilen, zu koordinieren und zu regulieren.

Basilikum ist eine sattvische Pflanze. Sie ist stark krampflösend und antiseptisch, gleichzeitig ein Nerventonikum und ein natürliches Stimulans für den müden Organismus.

FÜR 4 PORTIONEN
Vorbereiten: 10 Minuten
Backen: 30 Minuten

4 Tomaten, vorzugsweise alte Sorten
1 rote Paprika
1 Aubergine
2 kleine Zucchini
4–6 EL Ghee, geschmolzen
1 TL Kreuzkümmel, zerstoßen
1 TL Koriandersamen, zerstoßen
1 EL Vollrohrzucker
2 Zweige Thymian
2 Zweige Rosmarin
nicht raffiniertes Meersalz
zerstoßener Pfeffer
1 Bund Basilikum, fein geschnitten

Den Backofen auf 180 Grad vorheizen.
Das Gemüse waschen. Die Tomaten halbieren. Die Paprikaschote halbieren, entkernen und in Streifen schneiden. Aubergine und Zucchini in Scheiben schneiden. Das Gemüse auf ein oder eventuell zwei mit Backpapier belegte Bleche verteilen. Das Ghee mit Kreuzkümmel und Koriander vermischen und über das Gemüse verteilen. Mit Zucker bestreuen. Mit gezupftem Thymian und Rosmarin bestreuen.
Im Backofen 30 Minuten schmoren. Herausnehmen, eventuell mit Salz und zerstoßenem Pfeffer würzen und mit dem fein geschnittenen Basilikum bestreuen.

MITTAGESSEN
SOMMER/HERBST
15 MINUTEN

LAUWARMER BROKKOLISALAT MIT FETA UND PETERSILIE

Brokkoli ist zusammenziehend und leicht scharf und passt hervorragend zur Milde des Fetas und der Mandeln – zusammen eine wunderbar abgerundete und schmackhafte Kombination. Brokkoli enthält viel Vitamin C und seine bioaktiven Bestandteile sollen eine vor Krebs schützende Wirkung haben. Um bestmöglich von seinen wohltuenden Eigenschaften zu profitieren, sollte er nur leicht gekocht, aber noch knackig sein (oder kann auch roh genossen werden). Er enthält viel Chlorophyll und stimuliert Prana, jene Energie, die im Brustraum sitzt und, vom Bauchnabel bis zur Kehle aufsteigend, für die Aufnahme der Luft in den Körper und einen regelmäßigen Herzschlag sorgt. Bei den Gewürzen sollten Sie die ganzen Samen verwenden und vor der Verwendung selbst zerstoßen. Dabei entfalten sie ihr ganzes Aroma. Mit einem Getreide Ihrer Wahl (Quinoa, Reis, Dinkelgrieß) wird dieser Salat zu einer vollständigen Mahlzeit.

FÜR 4 PORTIONEN
Zubereiten: 15 Minuten

1 Brokkoli oder 200 g Brokkolini
1 Handvoll ungeschälte Mandeln
150 g Feta
4 TL Petersilie, fein geschnitten

FÜR DIE SAUCE:
4 EL Olivenöl
abgeriebene Schale und Saft
von ½ Zitrone
1 TL Kurkuma, gerieben
½ TL Koriandersamen, zerstoßen
½ TL Kreuzkümmelsamen, zerstoßen
½ TL Zimtpulver
1 TL Ahornsirup

Die Brokkoliröschen oder Brokkolini mit den Mandeln im Dampf garen. Nicht übergaren, der Brokkoli soll zart, aber noch knackig sein. Die Haut der Mandeln nach dem Dämpfen ablösen, das geht recht einfach.
Alle Zutaten für die Sauce miteinander vermischen.
Die Brokkoliröschen mit den Mandeln und dem zerbröckelten Feta auf Tellern anrichten, mit der Sauce beträufeln und mit Petersilie bestreuen.

MITTAGESSEN
SOMMER/HERBST
20 MINUTEN + 40 MINUTEN

KARTOFFELAUFLAUF MIT GEMÜSE UND ZITRONE

Nur Gemüse, Kartoffeln, Zitrone und ein bisschen Käse – ein Auflauf, der ganz einfach zu machen ist, ideal für viele Esser. Am besten wird er zubereitet, wenn die Tomaten Saison haben, sonnengereift und sehr aromatisch sind. Sie remineralisieren den Organismus und entgiften ihn gleichzeitig. Tomaten sind ein Nahrungsmittel vom Typ Vyana, der Energie, welche die anderen Pranas im ganzen Körper verteilt, koordiniert und reguliert. Kartoffeln sind süß und harntreibend, sie entsprechen Apana, der Energie jener Nahrungsmittel, die unter der Erde wachsen. Sie erhöhen Kraft und Ausdauer, trotz ihrer schwermachenden Eigenschaft. Dieses Gericht sollte bei Erkältungskrankheiten mit übermäßiger Schleimbildung und bei allgemeinem Schweregefühl vermieden werden.

FÜR 6 PORTIONEN
Vorbereiten: 20 Minuten
Backen: 30–40 Minuten

1,4 kg Kartoffeln
Olivenöl
nicht raffiniertes Meersalz
1 Teelöffel zerstoßene Pfefferkörner
2 Karotten
2 Stangen Staudensellerie
1 kleine Fenchelknolle
5 große Tomaten
160 g reifer Hartkäse
1 Bund Petersilie
1 Bund Schnittlauch
abgeriebene Schale und Saft
von 1½ Zitronen

Den Backofen auf 180 Grad vorheizen. Die Kartoffeln schälen, waschen und in große Stücke schneiden. Im Dampfgarer etwa 10 bis 15 Minuten dämpfen. Mit einer Messerspitze überprüfen, ob sie weich sind. Die gekochten Kartoffeln mit der Gabel zerdrücken, 3 Esslöffel Olivenöl, Salz und zerstoßenen Pfeffer hinzufügen.
Die Karotten schälen und waschen, die Selleriestangen und die Fenchelknolle ebenfalls waschen. Die Karotten auf einer groben Reibe reiben, Fenchel und Selleriestangen in kleine Würfel schneiden. Die Tomaten waschen und in kleine Würfel schneiden.
Den Käse reiben, Petersilie und Schnittlauch fein schneiden. Alle vorbereiteten Zutaten vermischen und in eine Auflaufform füllen. Mit den zerdrückten Kartoffeln bedecken und glatt streichen.
Im Backofen mit Umluft 30 bis 40 Minuten backen, bis die Oberfläche des Auflaufs leicht gebräunt ist.
Den Auflauf für sich allein oder zusammen mit einem knackigen grünen Salat servieren.

MITTAGESSEN
SOMMER
20 MINUTEN

QUINOASALAT, ROHES GEMÜSE UND FRISCHE KRÄUTER

Ein Hauch von Asien auf dem Teller. Dieses Rezept habe ich von Matrika, einer Freundin, die Yoga unterrichtet. Quinoa ist süß und wird von allen drei Doshas (Kapha, Pitta und Vata) sehr gut aufgenommen. Es besitzt einen erstaunlich hohen Gehalt an essenziellen Fettsäuren und viele Mineralien, ist damit ein rundum gesundes und zudem glutenfreies Nahrungsmittel. Es enthält wenig Fett, viel Eisen, Omega-3-Fettsäuren, Vitamine und alle essenziellen Aminosäuren. Quinoa wirkt ausgleichend und nahrhaft, es gehört zur Samana-Energie, die im Bauchraum sitzt und dafür zuständig ist, die Verdauung zu stimulieren und zu steuern. Festes rohes Gemüse ist nur für Menschen zu empfehlen, die es sehr gut verdauen können, ansonsten sollte man das Gemüse kurz erhitzen, um die Fasern besser aufschließbar und verdaulich zu machen. Vitamine und Enzyme können durch frische Kräuter oder auch durch einen kleinen Gemüsesaft zum Aperitif ausgeglichen werden.

FÜR 4 PERSONEN
Zubereiten: 20 Minuten

250 g gekochtes Quinoa (ca. 70 g roh)
1 Gurke, in Würfel geschnitten
1 sonnengereifte Tomate, in Würfel geschnitten
2 Karotten, gerieben
4 Frühlingszwiebeln, fein geschnitten
1 Bund Koriander, fein geschnitten
1 Bund Basilikum, fein geschnitten

FÜR DIE SAUCE:
1 EL frischer Ingwer, gerieben
2 EL Sojasauce
5 EL Olivenöl
1 TL Balsamicoessig
abgeriebene Schale und Saft von 2 Limetten
1 TL Kreuzkümmel
1 TL Paprikapulver
nicht raffiniertes Meersalz
frisch gemahlener Pfeffer

Das gekochte Quinoa in eine Salatschüssel geben, Gurken- und Tomatenwürfel, Karotten, Frühlingszwiebeln, Koriander und Basilikum hinzufügen.
Alle Zutaten für die Sauce miteinander vermischen. Zu den Salatzutaten in die Schüssel gießen und gut vermischen. Fertig!

MITTAGESSEN
HERBST/FRÜHLING
20 MINUTEN

DETOX-SALAT

Wer intensiv Hatha-Yoga betreibt, sollte nicht fasten. Dennoch ist es eine gute Sache, beim Wechsel der Jahreszeiten auf Nahrungsmittel zu achten, die dem Organismus helfen, angesammelte Giftstoffe zu eliminieren. Dies ist ein Rezept für einen Detox-Salat, der im Herbst und auch im Frühling zubereitet werden kann. Rettich, vor allem schwarzer, ist ein hervorragendes Leber- und Verdauungsstimulans und eine ausgezeichnete Unterstützung zur Blutreinigung. Rettich vermindert Vata und Kapha, erhöht allerdings Pitta.

Grünkohl, Rotkohl und Rettich liefern eine Menge an Vitaminen und Antioxidantien. Dies sind Gemüsesorten mit harten Fasern, die lange gekaut werden müssen, damit sie durch den Speichel vorverdaut werden und keine Blähungen hervorrufen. Der zweite Vorteil des langen Kauens: Das Sättigungsgefühl tritt nach wenigen Minuten ein und zeigt Ihnen an, dass Sie satt sind.

FÜR 4 PORTIONEN
Zubereiten: 20 Minuten

1 schwarzer Rettich und/oder
2 Wassermelonenrettiche
12 Radieschen
4 Grünkohlblätter
150 g Rotkohl
1 Avocado

FÜR DIE SAUCE:
6 EL Olivenöl
abgeriebene Schale und Saft
von ½ Zitrone
½ TL Ingwer, gerieben
½ TL frische Kurkuma, gerieben
1 TL Ahornsirup
4 Pfefferkörner, zerstoßen
1 Prise nicht raffiniertes Meersalz

2 EL Petersilie, fein geschnitten
2 EL Koriander, fein geschnitten

Den Rettich und die Radieschen gründlich bürsten und waschen. Mit einem scharfen Messer oder einem Gemüsehobel in dünne Scheiben hobeln.
Die Grünkohlblätter waschen, trocknen und den Strunk in der Mitte herausschneiden. Auf einen Teller oder ein Brett legen und mit einem dünnen Strahl Olivenöl beträufeln. Das Öl mit den Händen gut in die Blätter einreiben, damit sie weicher werden. Dann in mundgerechte Stücke schneiden.
Den Rotkohl fein schneiden. Die Avocado halbieren, Kern und Schale entfernen und das Fruchtfleisch in Stücke schneiden. Alle Zutaten in eine Salatschüssel geben.
Für die Sauce alle Zutaten miteinander vermischen, in die Schüssel geben und alles gut vermischen. Petersilie und Koriander hinzufügen. Anrichten und einen Teller voller Vitalität genießen!

MITTAGESSEN
HERBST/WINTER/FRÜHLING
25 MINUTEN

KONFIERTE WEISSE RÜBEN MIT ZIMT

Dieses Rezept ist ebenso raffiniert wie einfach – das ist die beste Formel für die Küche.

Rüben enthalten die ayurvedischen Geschmacksrichtungen Süße und Schärfe, außerdem die Eigenschaft der Hitze; sie verstärken das Verdauungsfeuer. Da sie unter der Erde wachsen, gehören sie zur Apana-Energie, der Energie, die im Unterbauch und Becken sitzt. Sie sind, roh oder gekocht, besonders für Menschen mit Problemen der Bronchien und der Haut (Akne, Ekzeme usw.) zu empfehlen. Sie gehören zur Familie der Kreuzblütler, deren Verzehr zur Vorbeugung verschiedener Krebserkrankungen und zur Verminderung der Risikofaktoren für Herz-Kreislauf-Erkrankungen empfohlen wird.

Zimt fördert und stimuliert die Verdauung und ist gleichzeitig ein hervorragender natürlicher Appetitzügler. Im Yoga wird Zimt als eine der Pflanzen betrachtet, die den Geist klären und die Inspiration fördern; außerdem wirkt er heilend auf die Nasennebenhöhlen. Bei Blutungen und starkem Pitta- (Feuer)-Ungleichgewicht ist Zimt jedoch zu vermeiden.

Diese köstlichen Rüben passen mittags, mit etwas Grieß beispielsweise, der sehr gut dazu passt. Abends ergeben sie für sich allein eine leichte Mahlzeit.

FÜR 4 PORTIONEN
Zubereiten: 25 Minuten

16 junge, kleine weiße Rüben
oder 8 Rüben mittlerer Größe
4 Schalotten
100 g Ghee
2 Zimtstangen
4 Pfefferkörner, zerstoßen
2 Prisen Vollrohrzucker
500 ml Wasser
nicht raffiniertes Meersalz

Die Rüben unter fließendem Wasser waschen, das Grün entfernen und die Knollen in Viertel schneiden. Die Schalotten schälen und der Länge nach vierteln.
Das Ghee in einem Topf erhitzen, Zimtstangen, Pfefferkörner, Rüben, Schalotten, Zucker und das Wasser hinzufügen. Auf kleiner Hitze köcheln lassen und von Zeit zu Zeit umrühren. Der Kochvorgang ist beendet, sobald das Wasser verdampft ist und das Ghee die Rüben und Schalotten gut umhüllt. Salzen und heiß servieren.

MITTAGESSEN
HERBST/WINTER
15 MINUTEN

BUTTERNUSSKÜRBIS, CASHEWKERNE, ZITRONE, INGWER UND KORIANDER

Dieses Rezept ist ideal für Herbst und Winter und dank der Süße des Butternut-Kürbis ein wahrer Seelentröster, der viel aufbauende und nährende Energie für alle Körpergewebe liefert. Wie Hokkaidokürbis, Patisson oder Zucchini enthält dieser Kürbis viele Nährstoffe, wirkt aber auch harntreibend und beruhigend. Er ist für alle Doshas geeignet, vermindert Pitta und erhöht Kapha und Vata. Er ist ausgezeichnet bei Müdigkeit, Schlafstörungen und Verstopfung.

Kürbis ist ein Nahrungsmittel vom Typ Vyana, der Energie, die die anderen Pranas im ganzen Körper verteilt, koordiniert und reguliert. Er wirkt kräftigend und anregend.

Für eine vollständige Mittagsmahlzeit können Sie den Kürbis mit einer Schale Reis oder einer Scheibe Einkornbrot ergänzen. Abends eignet sich das Gericht für sich allein als leichte und gut bekömmliche Mahlzeit.

FÜR 4 PERSONEN
Zubereiten: 15 Minuten

½–1 Butternut-Kürbis, je nach Größe
6 EL Cashewkerne
3 EL Ahornsirup
6 EL Olivenöl
abgeriebene Schale und Saft von 1 Zitrone
1 TL frischer Ingwer, gerieben
2 TL Koriander, fein geschnitten
2 TL Petersilie, fein geschnitten
zerstoßener Pfeffer (für ein abwechslungsreiches, raffiniertes Aroma verschiedene Pfeffersorten gemischt)

Den Kürbis in Scheiben schneiden, nicht zu dick und nicht zu dünn. Etwa 10 Minuten im Dampfgarer garen. Mit einer Messerspitze überprüfen, ob das Fruchtfleisch weich ist.
In der Zwischenzeit die Cashewkerne grob hacken, mit dem Ahornsirup in einen kleinen Topf geben und knapp 2 Minuten auf mittlerer Hitze darin wenden.
Olivenöl, Zitronensaft und Ingwer für die Sauce in einer kleinen Schüssel vermischen.
Die heißen Kürbisscheiben auf Teller verteilen, mit den Cashewkernen bestreuen und mit der Sauce beträufeln. Mit Koriander und Petersilie, der fein abgeriebenen Zitronenschale und einer Prise Pfeffer würzen und sofort servieren.

MITTAGESSEN
HERBST/WINTER
15 MINUTEN

BLUMENKOHLSALAT MIT KICHERERBSEN, GRANATAPFEL, PETERSILIE UND HASELNÜSSEN

Blumenkohl steht nicht gerade in dem Ruf, dass sich alle um ihn reißen. Aber wer ihn mag (oder bereit ist, sein Urteil zu überdenken), wird von diesem Rezept begeistert sein. Blumenkohl enthält Senfölglykoside, die ein Bestandteil von Schwefel sind. Er vermag den Blutdruck und die Nierenfunktion positiv zu beeinflussen und ist außerdem reich an Antioxidantien, Vitaminen und Mineralien. Kichererbsen liefern eine sanfte Energie, sind aber gleichzeitig zusammenziehend. Sie senken Pitta und Kapha, während sie Vata erhöhen. Haselnüsse und Granatapfel machen diesen köstlichen Salat zu einem Leckerbissen und bringen Farbe auf den Teller. Die Kombination von Gemüse, Hülsenfrüchten, Gewürzen und einem fruchtigen Hauch ist per Definition sattvisch. Die hier im Vordergrund stehenden milden und süßen Geschmacksaromen sind nahrhaft und ausgleichend. Nicht zu vergessen die Gewürze, die für eine gute Verdauung sorgen.

Dieses Rezept eignet sich sowohl fürs Mittag- als auch fürs Abendessen. Mittags zu einer vollständigen Mahlzeit ergänzt durch eine kleine Schüssel Quinoa oder Dinkel- und auch Einkorn-Couscous.

FÜR 4 PORTIONEN
Zubereiten: 15 Minuten

1 Blumenkohl
1 Granatapfel
3–4 EL Haselnüsse, grob zerkleinert
200 g gekochte Kichererbsen
½ Bund Petersilie, fein geschnitten
1 TL Zimt

FÜR DIE SAUCE:
6 EL Olivenöl
Saft von 1 Zitrone
4 EL Tahinpaste (Sesampaste)
4 EL körniger Senf

Den Blumenkohl waschen und in Röschen zerteilen. 5 Minuten im Dampf garen, er soll noch bissfest sein.
Die Granatapfelkerne auslösen. Die Haselnüsse 15 Minuten in einer kleinen Schüssel in Wasser einweichen, dann abgießen und abtropfen lassen.
Für die Sauce Olivenöl, Zitronensaft, Tahinpaste und Senf verrühren.
Den Blumenkohl in eine Schüssel geben. Granatapfelkerne, Nüsse und Kichererbsen hinzufügen und die Sauce unterrühren. Fein geschnittene Petersilie und Zimt hinzufügen. Alles gut vermischen und servieren.

MITTAGESSEN
HERBST/WINTER
15 MINUTEN + 30 MINUTEN

GEBRATENER HOKKAIDOKÜRBIS, THYMIAN UND ROSMARIN

Hoch leben die Kürbisse! Sie sind süß, zusammenziehend, leicht und gleichzeitig nährstoffreich und beruhigend. Vor allem der Hokkaidokürbis hat eine hohe Sättigungskraft und eignet sich durch seine zahlreichen Ballaststoffe bestens zur Regulierung der Verdauung. Er enthält auch viel Vitamin A, B, C, D und E, Vitamine, die der Körper besonders den Winter über benötigt, außerdem zahlreiche Mineralien und Spurenelemente, beispielsweise Phosphor, Kalzium, Magnesium, Kalium, Eisen und Silizium. Rucola, Kräuter und Limette steuern weitere Geschmacksrichtungen bei und machen daraus eine rundum vollständige Mahlzeit.

Hokkaidokürbis nährt Vyana, die Energie, welche die anderen Pranas im ganzen Körper verteilt, koordiniert und reguliert. Kräuter und Rucola, die reich an Chlorophyll sind, stimulieren Prana, die Energie zwischen Bauchnabel und Kehle, die für die Aufnahme der Luft in den Körper und einen regelmäßigen Herzschlag sorgt. Parmesan und Ghee sind nahrhafte und ausgleichende Nahrungsmittel vom Typ Samana, jener Energie, die im Bauchraum wirkt und für die Verdauung zuständig ist. Und die Limette schließlich, die in der Höhe auf Bäumen wächst, gehört zum Ätherelement, das den Geist stimuliert (Klarheit, Einsicht, Intuition). Sie nährt Udana, die Energie von Kopf, Hals und Nervensystem.

FÜR 4 PORTIONEN
Vorbereiten: 15 Minuten
Backen: 30 Minuten

1 kg Hokkaidokürbis
2 Zweige Thymian
2 Zweige Rosmarin
nicht raffiniertes Meersalz
5 EL Ghee, geschmolzen
2 Handvoll Rucola
20 g Parmesan, gehobelt

FÜR DIE SAUCE:
4 EL Olivenöl
abgeriebene Schale von 1 Limette und 1 EL Saft
Pfefferkörner, zerstoßen

Den Backofen auf 200 Grad vorheizen.
Den Hokkaidokürbis entkernen und ungeschält in Scheiben schneiden. In eine Schüssel geben.
Thymian und Rosmarin fein hacken und zusammen mit 3 Prisen Salz zum geschmolzenen Ghee geben. Über die Kürbisscheiben gießen und von Hand gut miteinander vermischen.
Die Kürbisscheiben auf ein mit Backpapier belegtes Blech legen und im vorgeheizten Backofen 30 Minuten backen.
Aus Olivenöl, Limettensaft und Limettenschale eine Sauce herstellen. Salzen und pfeffern.
Den Rucola und die Kürbisscheiben auf Tellern verteilen und mit der Sauce übergießen. Mit dem gehobelten Parmesan bestreuen.

Den Körper den ganzen Tag über mit Feuchtigkeit versorgen

Wasser ist das einzige Getränk, das für den Körper unentbehrlich ist. Man sollte über den ganzen Tag verteilt trinken, vorzugsweise warmes, lauwarmes oder Wasser mit Raumtemperatur, jedoch nicht zu den Mahlzeiten, um die Verdauungssäfte im Magen nicht zu verdünnen. Das regelmäßige Trinken in kleinen Schlucken begünstigt die Aufnahme von Flüssigkeit und verbessert die Feuchtigkeitsversorgung des Gewebes.

Alle anderen Flüssigkeiten wie Milch, Säfte und Kräutertees sind in Maßen zu genießen. Sie benötigen Energie, denn sie erfordern Verdauungsarbeit oder fördern körperliche Ausscheidungen. Tierische Milchsorten sind mit der individuellen Verträglichkeit und Verdauungsfähigkeit abzustimmen (siehe Seite 22). Nach ayurvedischer Auffassung steht die Milch im Zusammenhang mit der Mutterschaft und daher mit dem Mond. Milch wird deshalb im menschlichen Organismus unter dem Einfluss der Mondenergie verdaut, also eher abends oder sehr früh am Morgen, vor Sonnenaufgang. Fruchtsäfte sollten nicht zu häufig getrunken werden, da sie einen sehr hohen Zuckergehalt haben. Es ist besser, die Früchte selbst zu essen, da so die Aufnahme des Zuckers durch die vorhandenen Ballaststoffe verlangsamt wird. Wenn Sie gerne Zitrusfrüchte (als Saft oder als ganze Frucht) mögen, sollten Sie diese vorzugsweise in der Mitte des Vormittags zu sich nehmen, denn sie sind sehr aktivierend und könnten den Organismus morgens, wenn er gerade aus dem Schlaf kommt, auf zu abrupte Weise wecken. Besser ist es, regelmäßig Säfte zu trinken, die überwiegend aus Gemüse bestehen (¾ Gemüse, ¼ Obst), am besten zwischen den Mahlzeiten oder als Vorspeise, um von all ihren verdauungsfördernden Wohltaten zu profitieren (Enzyme und Vitamine). Trinken Sie sie nicht mit dem Strohhalm und speicheln Sie sie gut ein, behalten Sie den Saft kurze Zeit im Mund, damit die chemische Zersetzung bereits durch den Speichel beginnen kann. Kräutertees haben einen wohltuenden Einfluss auf das Gleichgewicht der drei Doshas. Sie unterstützen auf sanfte Weise die Ausscheidung der Giftstoffe und tragen zur Reinigung der Energiekanäle bei, sie verbessern den Stoffwechsel und unterstützen auf fantastische Weise Körper und Geist.

DEN KÖRPER MIT FEUCHTIGKEIT VERSORGEN
ALLE JAHRESZEITEN
7 MINUTEN

TULSI-KRÄUTERTEE

Tulsi, auch Heiliges Basilikum genannt, gilt in Indien als die heiligste aller Pflanzen auf Erden und als »Mutter« der gesundheit. Auch die moderne Kräuterkunde anerkennt die einzigartigen Eigenschaften dieser Pflanze.

Verwenden Sie eine Blättermischung aus drei verschiedenen Tulsisorten: *Rama, Vana und Krishna*. Jede dieser drei Sorten hat ein charakteristisches Aussehen und einen typischen Geschmack. Miteinander kombiniert ergeben sie einen ausgeglichenen Aufguss mit zahlreichen wohltuenden Eigenschaften. Dieser Kräuteraufguss ist reich an Antioxidantien, stimuliert das Verdauungs- und Immunsystem, stärkt die Lungen und das Herz. Tulsi ist ein starkes Adaptogen (hilft dem Körper, Stress- und Belastungssituationen besser zu bestehen) und ein hervorragendes Antistressmittel. Es erhöht Ausdauer und Vitalität. Tulsi ist für das Yoga hervorragend geeignet, da es die Zirkulation des Pranas erleichtert, Intuition und Einsicht fördert. Im Ayurveda gilt Tulsi als bitter, scharf und zusammenziehend und ist daher bei Vata- und Kapha-Ungleichgewicht angebracht.

FÜR 2 PORTIONEN (500 ML)
Zubereiten: 2 Minuten
Ziehen lassen: 5 Minuten

500 ml gefiltertes Wasser oder Quellwasser (oder eine Pflanzenmilch nach Belieben)
1 gestrichener EL Tulsi-Kräutertee

Das Wasser auf 70 Grad erhitzen und in eine Teekanne gießen. Tulsi hinzufügen und 5 Minuten ziehen lassen. Durch ein Sieb abgießen und genießen. Er schmeckt warm, bei Raumtemperatur oder ebenso kalt. Sie können Tulsi auch mit anderen Pflanzen mischen. Empfohlene Trinkmenge: bis zu 3–4 Tassen pro Tag (schwangere Frauen sollten vor dem Genuss des Tees den Rat eines Gesundheitsspezialisten einholen).

500 ml heißes Wasser
1 TL Tulsi-Kräutertee
3 Scheiben frischer Ingwer
2 große Stücke Zitronenschale

Zum Aufwachen
Dieser Kräutertee ist scharf und sauer; er erhöht Pitta.

500 ml heißes Wasser
1 TL Tulsi
3 Scheiben Ingwer
½ Zimtstange
½ TL Fenchelsamen
1 TL getrocknete Pfefferminze oder 5 frische Pfefferminzblätter

Für den Bauch
Dieser Kräutertee ist scharf, warm und erfrischend gleichzeitig; er erhöht Pitta.

500 ml heißes Wasser
1 TL Tulsi
1 TL Kamille
1 TL getrocknete Pfefferminze oder 5 frische Pfefferminzblätter
Samen von 2 Kardamomkapseln

Für den Abend
Dieser Kräutertee ist bitter, scharf und süß, erfrischend und ausgleichend.

DEN KÖRPER MIT FEUCHTIGKEIT VERSORGEN
ALLE JAHRESZEITEN
7 MINUTEN

KRÄUTERTEES ZUM VERDAUEN FÜR MORGENS, MITTAGS UND ABENDS

Kräutertees oder Aufgüsse, die aus frischen oder getrockneten Pflanzen von guter Qualität (aus Fachgeschäft für Kräuter oder Bioladen) hergestellt werden, enthalten dieselbe medizinische Wirkung wie die verwendeten Pflanzen. Man muss sie daher sehr sorgfältig aussuchen und anwenden.

KRÄUTERTEE FÜR DEN MORGEN

Dieser Kräutertee eignet sich ganz hervorragend für morgens. Thymian und Rosmarin, die beide warme und scharfe Geschmacksnoten enthalten, sind eine gute Alternative zum Kaffee, da sie auf natürliche Art anregend wirken. Zusammen mit Ingwer kurbeln sie den Stoffwechsel an und erhöhen das Verdauungsfeuer Agni. Sie wirken zudem antirheumatisch, krampflösend und gegen Blähungen und eignen sich für alle Konstitutionen. Im Yoga begünstigen Kräuterpflanzen in Verbindung mit Ingwer die Ausdehnung der Prana-Energie, die zwischen Bauchnabel und Kehle wirkt. Diese Kraft lässt die Luft in den Körper eindringen und reguliert den Herzschlag. Man kann diesem Kräutertee ganz nach Lust ½ Teelöffel Vanille und 1 Teelöffel grünen Tee hinzufügen.

FÜR 2 PORTIONEN (500 ML)
Zubereiten: 2 Minuten
Ziehen lassen: 3–5 Minuten

500 ml Wasser
1 TL Thymianblättchen, frisch oder getrocknet
1 TL Rosmarinnadeln, frisch oder getrocknet
2 cm frischer Ingwer, in Scheiben geschnitten

Das Wasser auf 70 Grad erhitzen und zusammen mit Thymian, Rosmarin und Ingwer in eine Teekanne füllen. 3 bis 5 Minuten ziehen lassen. Durch ein Sieb abgießen und warm trinken.

DEN KÖRPER MIT FEUCHTIGKEIT VERSORGEN
ALLE JAHRESZEITEN
7 MINUTEN

KRÄUTERTEE FÜR DEN MITTAG

Dieser Kräutertee fördert die Verdauung. Kardamom und Fenchel entsprechen der Samana-Energie, jener Energie, die im Bauchraum wirkt, die Verdauung stimuliert und für die Aufnahme der Nährstoffe zuständig ist. Koriandersamen sind aufgrund ihrer schmerzstillenden, antiseptischen und krampflösenden Wirkung ein wahrer Schatz. Fenchelsamen beseitigen Blähungen, Darmgase und andere Unannehmlichkeiten bei der Verdauung. Eine vereinfachte Version dieser Kräutertees besteht aus einer Mischung aus Koriander, Fenchel, Kardamom und Vanille.

FÜR 2 PORTIONEN (500 ML)
Zubereiten: 2 Minuten
Ziehen lassen: 5 Minuten

1 TL Koriandersamen
1 TL Fenchelsamen
2 Kardamomkapseln
½ Zimtstange
1 EL Minzeblätter, frisch oder getrocknet
½ TL Vanillepulver

Das Wasser auf 70 Grad erhitzen und in eine Teekanne gießen. Alle Zutaten hinzufügen und 5 Minuten ziehen lassen. Durch ein Sieb abgießen und warm genießen.

KRÄUTERTEE FÜR DEN ABEND

In Hinblick auf einen erholsamen Schlaf ist ein Kräutertee, der die Verdauung erleichtert, immer willkommen. Kardamom und Fenchel regen Samana an, jene Energie, die im Bauchraum wirkt und für die Verdauung zuständig ist. Fenchel bekämpft unter anderem Blähungen und Luftschlucken. Minze wirkt krampflösend. Lavendel und Eisenkraut beruhigen das Nervensystem.

Eisenkraut kann durch Kamille oder Lindenblüten ersetzt werden. Lindenblüten darf man allerdings nicht zu lange ziehen lassen, sonst haben sie eine gegenteilige Wirkung und wirken anregend.

FÜR 2 PORTIONEN (500 ML)
Zubereiten: 2 Minuten
Ziehen lassen: 5 Minuten

1 TL Fenchelsamen
1 TL Lavendelblüten
2 Kardamomkapseln
1 EL Minzeblätter, frisch oder getrocknet
1 EL Eisenkraut, frisch oder getrocknet
(oder Kamille oder Lindenblüten)
½ TL Vanillepulver oder ½ Vanilleschote, längs aufgeschlitzt, Mark ausgekratzt

Das Wasser auf 70 Grad erhitzen und in eine Teekanne gießen. Alle Zutaten hinzufügen und 5 Minuten ziehen lassen. Durch ein Sieb abgießen und warm trinken.

DEN KÖRPER MIT FEUCHTIGKEIT VERSORGEN
ALLE JAHRESZEITEN
7 MINUTEN

YOGI-GEWÜRZAUFGUSS

Bei der yogischen Ernährungsweise werden sattvische Gewürze wie Ingwer, Zimt, Kardamom usw. bevorzugt. Diese Mischung ist bei Tagesbeginn oder im Laufe des Tages ideal, sie ist einfach und praktisch zuzubereiten. Dank Zimt, Kardamom, Ingwer, Gewürznelke und schwarzem Pfeffer ist die Mischung ausgezeichnet, um das Verdauungsfeuer (Agni) zu erhöhen. Zimt facht das Verdauungsfeuer an und lindert Muskelverspannungen. Kardamom bekämpft Blähungen (und Diarrhöe). Ingwer wirkt antibakteriell und entzündungshemmend. Die Gewürznelke hat krampflösende und für die Darmflora ausgleichende Eigenschaften. Der schwarze Pfeffer wirkt gegen Blähungen und verbrennt Giftstoffe. Vanille regt den Appetit an und wirkt ausgleichend auf die Hormone.

Vorsicht: Wenn Sie an Magengeschwüren, Sodbrennen oder anderen Arten von Pitta-Überschuss (Hitzewallungen, roten Flecken) leiden, sollten Sie diesen Gewürztee nur in Maßen genießen.

FÜR 2 PORTIONEN (500 ML)
Zubereiten: 2 Minuten
Ziehen lassen: 5 Minuten

½ Zimtstange
2 Kardamomkapseln
2 cm frischer Ingwer, in Scheiben geschnitten
1 Gewürznelke
3 schwarze Pfefferkörner
½ TL Vanillepulver

Das Wasser auf 70 Grad erhitzen und in eine Teekanne gießen. Alle Zutaten hinzufügen und 5 Minuten ziehen lassen. Durch ein Sieb abgießen und genießen.

DEN KÖRPER MIT FEUCHTIGKEIT VERSORGEN
ALLE JAHRESZEITEN
10 MINUTEN

MILCHGETRÄNKE

Milchgetränke sind nicht nur ein Mittel, um den Körper (nebenbei) mit Feuchtigkeit zu versorgen (ausschließlich diese Fähigkeit hat eigentlich nur Wasser), sie sind auch als süße Leckerei zu betrachten. Sie können eine interessante und viel schmackhaftere Alternative zu einem industriell hergestelltem Frühstück oder Nachmittagssnack sein. Sie sind nahrhaft und können mit ganz verschiedenen Gewürzen, je nach Bedürfnissen, Lust und Laune hergestellt werden.

GOLDEN MILK ODER KURKUMA LATTE

Diese goldfarbene Milch ist eine Ode an die Sonne, die im Sanskrit *Surya* heißt. Diese Milch ist eine wunderbare Mischung, entzündungshemmend und schmerzstillend. Außerdem ist sie ein wahrer Antioxidantien-Cocktail (Antioxidantien verhindern die vorzeitige Zellalterung). Sie stimuliert das Immunsystem, verbessert die Leberfunktion und die gesamte Verdauung. Die wunderbar goldene Farbe hat diese Milch von der Kurkuma. Kurkuma gilt als das beste »Anti-Krebs«-Gewürz. Das Piperin des schwarzen Pfeffers optimiert die Wirksamkeit des Curcumins in der Kurkuma.

Mandel- und Kokosmilch sind Nahrungsmittel vom Typ Udana, die, da sie in der Höhe auf Bäumen wachsen, mehr Ätherelemente enthalten und einen klaren Geist fördern (Intuition, Einsicht). Zimt und Kardamom sind sattvische Gewürze, die für die Praxis des Yogas vorteilhaft sind. Kurkuma ist eine Wurzel, die Apana stimuliert, jene Energie, die im Unterbauch und Becken sitzt. Die Nahrungsmittel vom Typ Apana stärken Kraft und Ausdauer. Dies alles bringt den Alltag zum Strahlen und Sonne in den Körper. Für eine lang anhaltende Wirkung sollte diese Milch regelmäßig getrunken werden.

FÜR 1 GROSSE PORTION
Zubereiten: 5–10 Minuten

200 ml Mandelmilch
100 ml cremige (dicke) Kokosmilch
½ TL frische Kurkuma, gerieben
1 Kardamomkapsel, zerstoßen
1 Zimtstange
½ TL Vanillepulver
1 Prise schwarzer Pfeffer, frisch zerstoßen
1 EL Ahornsirup

Mandel- und Kokosmilch in einen Topf geben und aufkochen. Die Gewürze hinzufügen, die Temperatur zurückschalten und auf kleiner Hitze 5 Minuten ziehen lassen.
Für mehr Aroma zugedeckt auf der ausgeschalteten Herdplatte weitere 5 Minuten ziehen lassen.
Durch ein feines Sieb abgießen, den Ahornsirup hinzufügen und mit dem Stabmixer ein paar Sekunden aufmixen, bis die Oberfläche schaumig ist. Diese Milch kann warm oder kalt getrunken werden.

DEN KÖRPER MIT FEUCHTIGKEIT VERSORGEN
ALLE JAHRESZEITEN
5–10 MINUTEN

MATCHA LATTE

Dieser Milchtee sorgt morgens für Schwung, ohne Kaffee. Matcha ist ein Grüntee, mit sehr vielen Antioxidantien. Er ist ein erstklassiges Anti-Aging- und Anti-Müdigkeitsmittel. Tierische Milch ist ein Nahrungsmittel vom Typ Samana, jener Energie, die sich im Bauchraum befindet und den Verdauungsapparat steuert. Nahrungsmittel vom Typ Samana sind nahrhaft, ausgleichend und leicht verdaulich, sofern sie nicht im Übermaß konsumiert werden. In diesem Rezept kann die tierische Milch durch pflanzliche Milch ersetzt werden. Die Vanille verleiht etwas Süße, zusätzlich kann man Ahornsirup verwenden, der eine hohe natürliche Süßkraft hat und reich an Mineralien ist (er sollte allerdings nicht zu stark erhitzt werden, damit er seine wohltuenden Eigenschaften behält).

ZUBEREITEN: 5 MINUTEN

½ TL Matchateepulver
200 ml Schafs- oder Kuhmilch
oder: 150 ml Mandelmilch
und 50 ml Kokosmilch
oder: 200 ml Reis-Mandelmilch
1 TL Ahornsirup
1 Prise Vanillepulver

Das Matchateepulver in einen Becher sieben. 2 Esslöffel der Milch- oder Milchmischung Ihrer Wahl hinzufügen und mit einem kleinen Schneebesen oder mit einer Gabel kräftig umrühren, um das Pulver aufzulösen (ideal ist ein kleiner Bambusbesen, wie ihn die Japaner verwenden).
Die restliche Milch mit Ahornsirup und Vanillepulver erhitzen, bis sie köchelt. Die heiße Milch mit dem Stabmixer aufschlagen, bis sie schäumt. Dann zur Teemischung in den Becher gießen, gut vermischen. Sofort trinken.

KAKAO LATTE MIT INGWER UND VANILLE

Dies ist eine Schlemmermilch für die ganze Familie. Sie ist reich an Proteinen, sehr leicht verdaulich und ausgesprochen verträglich auch bei gereiztem Darm. Mandeln, Kokosnuss und Kakao sind wie alle Früchte, die in der Höhe auf Bäumen wachsen, dem Ätherelement zugeordnet, das die Klarheit des Geistes (Intuition und Einsicht) fördert. Kardamom und Ingwer sind sattvische Gewürze vom Typ Samana, der Energie, die das Verdauungssystem anregt. Für Kinder und bei Entzündungen des Darms sollte die Milch ohne Ingwer zubereitet werden.

FÜR 1–2 PORTIONEN
Zubereiten: 5–10 Minuten

200 ml Mandelmilch
100 ml cremige, dicke Kokosmilch
½ TL frischer Ingwer, gerieben
½ TL Vanillepulver
1 Kardamomkapsel, Samen ausgelöst
30 g dunkle Schokolade, grob gehackt
1 EL Ahornsirup

Mandel- und Kokosmilch in einen Topf gießen und aufkochen. Die Gewürze hinzufügen und die Temperatur zurückschalten. Die Schokolade beigeben und auf kleiner Hitze 5 Minuten ziehen lassen. Den Ahornsirup hinzufügen und mit dem Stabmixer mixen, bis die Milch schaumig wird. Warm oder kalt genießen.

DEN KÖRPER MIT FEUCHTIGKEIT VERSORGEN
ALLE JAHRESZEITEN
8 MINUTEN

CHAI

KLASSISCHER INDISCHER CHAI

In Indien trinkt man den ganzen Tag über Chai, meist aus Büffelmilch, Gewürzen und schwarzem Tee hergestellt. Es gibt verschiedene Rezepte, aber Ingwer, Zimt, Schwarztee, Gewürznelke, Fenchel, schwarzer Pfeffer, ein Süßmittel und Milch gehören immer dazu. Meist wird Assamtee als Grundlage verwendet, aber es kann auch grüner Gunpowder-Tee sein. Die Milch nährt Samana, jene Energie, die sich im Bauch befindet, den Verdauungsapparat, Herz und die Atmungsorgane anregt und für die Aufnahme der Nährstoffe zuständig ist.

FÜR 4 PORTIONEN
Zubereiten: 8 Minuten

5 Tassen Wasser
2 Kardamomkapseln, Samen ausgelöst
2 Gewürznelken
1 Zimtstange
3 schwarze Pfefferkörner
⅓ TL Fenchelsamen
2 Scheiben frischer Ingwer
2 TL Tee (Assam- oder grüner Gunpowder-Tee)
1 Tasse tierische Milch
1 EL Vollrohrzucker oder Ahornsirup

Das Wasser mit den Gewürzen in einem Topf aufkochen. Sobald es kocht, den Tee hinzufügen, 10 Sekunden kochen lassen, dann die Herdplatte ausschalten. Die Milch in einem zweiten Topf erhitzen. Den Tee durch ein Sieb abgießen, die heiße Milch hinzugießen, umrühren und nach Geschmack süßen.

DEN KÖRPER MIT FEUCHTIGKEIT VERSORGEN
ALLE JAHRESZEITEN
5–10 MINUTEN

INDISCHER CHAI MIT MANDEL- UND KOKOSMILCH

Dies ist ein wahrer Nektar, den man ohne Bedenken genießen kann. Die süße und warme Mandelmilch ist sehr nahrhaft und reich an pflanzlichen Proteinen. Sie reguliert die Verdauung und den Cholesterinspiegel. Mandeln sind wie alle Früchte, die in der Höhe auf Bäumen wachsen, dem Ätherelement zugeordnet und nähren den Geist und den subtilen Körper. Da er mit sattvischen Gewürzen wie Ingwer, Zimt und Kardamom zubereitet wird, ist dieser Tee sehr yogisch. Die Gewürze machen ihn leicht verdaulich und regen das Verdauungsfeuer an.

FÜR 1–2 PORTIONEN
Zubereiten: 5–10 Minuten

200 ml Mandelmilch
100 ml cremige, dicke Kokosmilch
3 cm frische Ingwerwurzel, in Scheiben geschnitten
3 Kardamomkapseln, zerstoßen
3 schwarze Pfefferkörner
2 Gewürznelken
1 Zimtstange
1 EL Ahornsirup
1 Prise Zimtpulver

Mandel- und Kokosmilch in einen Topf geben und aufkochen. Die Gewürze hinzufügen, die Temperatur zurückschalten und auf kleiner Hitze 5 Minuten ziehen lassen. Für einen stärkeren Chai zugedeckt auf der ausgeschalteten Herdplatte weitere 5 Minuten ziehen lassen.
Durch ein Sieb abgießen, den Ahornsirup einrühren und mit dem Stabmixer einige Sekunden schaumig mixen. In einen Becher gießen, mit Zimtpulver würzen und sofort trinken.

DEN KÖRPER MIT FEUCHTIGKEIT VERSORGEN
ALLE JAHRESZEITEN
3 MINUTEN

FRISCH GEPRESSTE SÄFTE

Nach ayurvedischer Auffassung hat frischer Pflanzensaft die größten heilenden Eigenschaften, da der Saft der Pflanzen die Lebensessenz Soma enthält. Das Soma der Pflanzen erweitert, belebt und aktiviert die Lebensessenz des Körpers und begünstigt dabei alle Regenerationsprozesse des Organismus. Da es auf die alle Lebensenergien umschließende Energiehülle des Körpers wirkt, ist das Soma der Pflanzen ein wichtiger Zusatzstoff für die Zirkulation der Lebensenergie Prana, die es braucht, um den Geist und den subtilen Körper zu stimulieren – Ziel des Strebens jedes Yogis.

GRÜNER SAFT

Durststillend durch die reichlich Wasser enthaltende Gurke, wird dieser Saft durch Avocado und Spinatblätter sehr sämig und köstlich. Spinat ist aufgrund seines Gehalts an Eisen, Magnesium (Antistress-Wirkung), Vitaminen und Antioxidantien besonders interessant. Diese chlorophyllhaltigen Pflanzen, aber auch der Ingwer regen Prana an, jene Energie, die sich im Brustbereich befindet und vom Bauchnabel bis zur Kehle wirkt; sie nimmt die Luft in den Körper auf und reguliert den Herzschlag. Diese drei Gemüse haben die Tendenz, den Körper abzukühlen; daher ist der Saft ideal bei Pitta-Überschuss, bei Erkältungen (Kapha) aber zu vermeiden. Ingwer hilft Entzündungen im Körper zu bekämpfen. Ingwer oder Kurkuma empfehlen sich übrigens als Zugabe zu allen Säften.

FÜR 1 PORTION
Zubereiten: 3 Minuten

1 Handvoll Spinatblätter
½ Gurke
½ Avocado
1 cm Ingwerwurzel

Spinatblätter und Gurke waschen. Die Avocado schälen, den Kern entfernen und das Fruchtfleisch grob zerkleinern. Spinat, Ingwer, Avocado und Gurke in dieser Reihenfolge in den Entsafter geben. Oder alle Zutaten zusammen im Mixer in mehreren kurzen Stößen (jeweils nur 30 Sekunden, damit sie sich nicht erwärmen) mixen, anschließend durch ein Spitzsieb abgießen.
Den Saft sofort trinken.

DEN KÖRPER MIT FEUCHTIGKEIT VERSORGEN
HERBST/WINTER
5 MINUTEN

ROTER SAFT

Wurzelgemüse (Karotten, Rote Bete), aber auch Ingwer wirken anregend. Sie gehören zu Apana, der Energie, die im Unterbauch und Beckenbereich wirkt. Dieser Saft ist reich an Vitaminen, gesund und heilkräftig und einfach zuzubereiten. Rote Bete ist aufgrund ihrer reinigenden und harntreibenden Wirkung besonders bei Leberproblemen und Verdauungsproblemen hilfreich. Apfel und Karotte, unter Zugabe von Ingwer (als natürliches entzündungshemmendes Mittel), stärken die Immunabwehr. Kurmäßig verwendet, verbessert der Saft die Leberfunktion, entgiftet den Organismus und reinigt das Blut. Das Ganze ist süß und heiß, verringert eher Vata und erhöht Pitta und Kapha.

FÜR 1 PORTION
Zubereiten: 5 Minuten

1 kleine rohe Rote Bete
1 Apfel
2 Karotten
1 cm Ingwerwurzel

Rote Bete, Apfel und Karotten waschen. Die Rote Bete schälen, den Apfel vierteln. Den Ingwer schälen. Karotten, Ingwer, Rote Bete und Apfel in dieser Reihenfolge in den Entsafter geben. Den Saft sofort trinken.

PRANA-SAFT

Dieser köstliche Saft allein rechtfertigt schon die Anschaffung eines Entsafters. Es sollte allerdings kein Zentrifugenentsafter, sondern einer mit Schneckenpresse sein. Er entzieht dem Obst und Gemüse den Saft in einer sehr langsamen Rotationsbewegung, sodass diese nicht zu sehr erhitzt werden und alle Nährstoffe erhalten bleiben. Die Vitamine und Mineralstoffe sind sofort verfügbar und können ohne jede Verdauungszeit vom Körper aufgenommen werden. Bevorzugen Sie Gemüsesäfte (harte Fasern). Früchte essen Sie besser ganz; ihre (weicheren) Fasern verlangsamen die Aufnahme des in ihnen enthaltenen Zuckers, wodurch ein zu hoher Anstieg des Blutzuckerspiegels vermieden wird.

Dieser süße und zusammenziehende Saft liefert reichlich Vitamine. Karotte und Ingwer beleben die Apana-Energie, die im Unterbauch und Becken wirkt, und erhöhen so Ausdauer und Kraft. Der Apfel belebt Udana, die Energie, die in Kopf, Hals, Nervensystem und allen Sinnesrezeptoren wirkt.

FÜR 1 PORTION
Zubereiten: 5 Minuten

2 Karotten
2 Äpfel
1 cm frische Ingwerwurzel

Karotten und Äpfel waschen, eventuell schälen, und vierteln. Den Ingwer schälen.
Karotten, Ingwer und Äpfel in dieser Reihenfolge in den Entsafter geben. Oder alle Zutaten zusammen im Mixer in mehreren kurzen Stößen (jeweils nur 30 Sekunden, damit sie sich nicht erwärmen) mixen, anschließend durch ein Spitzsieb abgießen. Sofort genießen.

Brote, Kuchen und kleine Leckereien

Backwaren und Süßigkeiten, ja, aber unter der Bedingung, dass qualitativ hochwertige Produkte verwendet werden. Schluss mit industriell hergestellten Süßigkeiten, sie belasten nur, sowohl den Körper wie das Gewissen. Brot und gesunde Süßigkeiten, die man selbst herstellt, wirken demgegenüber tröstend und wärmend und sind eine Quelle geteilter Freude.

Sie finden in diesem Kapitel eine ganze Reihe von Rezepten, in denen Butter durch Ghee ersetzt wurde (die damit frei von Kasein und Laktose sind), raffinierter weißer Zucker durch Vollrohrzucker und weißes Mehl durch Vollkornmehl aus alten Getreidesorten aus biologischem Anbau, nährstoffreich und gut bekömmlich.

Wenn man bei guter Gesundheit ist, kann man regelmäßig ein- bis zweimal pro Woche Süßes essen; sobald sich aber Störungen oder Beschwerden zeigen wie Verdauungsprobleme, Schnupfen, Müdigkeit, Schmerzen, sollte man darauf verzichten, um das Ungleichgewicht nicht noch weiter zu verstärken. Bei diesen kleinen »Ausschweifungen« ist die Verwendung von Gewürzen besonders wichtig. Sie ermöglichen es, die Wirkung von Zucker und Mehl, die auf manche Konstitutionen störend wirken können, auszugleichen.

BROTE, KUCHEN, SÜSSE LECKEREIEN
ALLE JAHRESZEITEN
15 MINUTEN + 1½ STUNDEN + 20 MINUTEN

NORDISCHE BRÖTCHEN

Diese von der nordischen Küche inspirierten Brötchen schmecken göttlich. Sie sind weich, fast schmelzend, mild und eine Wohltat für die Seele. Sie passen perfekt zu einer winterlichen Suppe (eine vollständige Mahlzeit für den Abend). Ihre Herstellung braucht etwas Zeit, aber die Mühe lohnt sich. Ihr süßer Geschmack ist sattvisch par excellence. Sie sind nahrhaft und ausgleichend und perfekt mit der yogischen Ernährung vereinbar. Durch das Salz haben sie eine rajasische Tendenz und wirken anregend.

Wer sagt denn, dass man Brot verbannen muss? Das schlechte Gluten in industriell hergestellten Broten muss verbannt werden, nicht aber das gute Gluten. Qualitativ hochwertiger Weizen, mit Sorgfalt ausgesucht, und zusammen mit weiteren guten Zutaten verarbeitet, ist hervorragend für eine Pitta- oder Vata-Konstitution; bei einem Kapha-Ungleichgewicht sollte allerdings auf diese Brötchen verzichtet werden.

FÜR ETWA 6 BRÖTCHEN
Vorbereiten: 15 Minuten
Gehen lassen: ca. 1½ Stunden
Backen: 20 Minuten

25 g Trockensauerteig
2 TL feines Salz
1 TL Vollrohrzucker
50 ml Wasser, lauwarm
10 ml Milch (Ziegen-, Schafs- oder Kuhmilch), lauwarm
650 g Weizenmehl Type 1050 oder 1200
Olivenöl
1 EL grobes unbehandeltes Meersalz

Den Sauerteig in eine große Schüssel bröseln. Salz und Zucker hinzufügen. Mit dem lauwarmen Wasser und der lauwarmen Milch (handwarm) übergießen. Alles vermischen, damit sich der Sauerteig auflöst. Dann nach und nach das Mehl hinzufügen und mit einem Holzlöffel unterrühren.

Dieser Teig ist noch recht flüssig. Mit Mehl bestäuben, mit einem Küchentuch abdecken und in einem warmen Raum (20 bis 32 Grad), vor Luftzug geschützt, gehen lassen (im Winter in der Nähe eines Heizkörpers oder auf niedrigster Stufe auf der geöffneten Backofentür).

Den aufgegangenen Teig auf die bemehlte Arbeitsfläche geben. Mit einem Holzspatel in 6 Stücke teilen und diese auf ein mit Backpapier belegtes Backblech legen; den Teig dabei so wenig wie möglich bearbeiten.

In einem warmen Raum nochmals 20 Minuten gehen lassen, aber nicht länger.

Den Backofen auf 200 Grad vorheizen. Jede Teigkugel mit Olivenöl bestreichen und mit (wenig) Meersalz bestreuen. Im Ofen 15 bis 20 Minuten backen. Diese Brötchen schmecken warm, frisch aus dem Backofen einfach köstlich.

BROTE, KUCHEN, SÜSSE LECKEREIEN
ALLE JAHRESZEITEN
10 MINUTEN + 2 STUNDEN + 45 MINUTEN

EINKORNBROT, EIN BROT FÜR JEDEN TAG

Brot selber zu machen macht einfach Spaß und trägt zu einem wahrhaft sattvischen Lebensgefühl bei.

Dieses Brot ist aus Einkornmehl gebacken, das einen leicht nussigen Geschmack hat. Einkorn gilt als Urgetreide. Die Körner sind von einer festen Hülle umschlossen, die den zusätzlichen Arbeitsschritt des Entspelzens erfordert; allerdings schützt diese Hülle das Korn auch vor negativen Umwelteinflüssen und macht es so wertvoll. Es ist reich an Ballaststoffen, Proteinen, aber auch an Eisen und Vitaminen und dadurch sehr gesund. Verwenden Sie ausschließlich Sauerteig und keine Hefe; der Sauerteig ermöglicht eine Art Vorverdauung des Getreides.

Bei Kapha-Ungleichgewicht (besonders bei einer Überproduktion von Schleim) sollte von diesem Brot nicht allzu viel gegessen werden.

FÜR 1 BROT
Vorbereiten: 10 Minuten
Ruhezeit: 2 Stunden
Backen: 45 Minuten

500 g Einkornmehl
25 g Trockensauerteig, möglichst aus Einkorn
2 TL nicht raffiniertes Meersalz
350 ml Wasser, lauwarm

Mehl, Sauerteig und Salz in eine Schüssel geben. Unter Rühren das lauwarme Wasser hinzufügen. Anschließend den Teig etwa 10 Minuten von Hand kneten. Den Teig in eine Schüssel geben, mit einem Küchentuch abdecken und bei einer Temperatur von etwa 22 Grad, vor Luftzug geschützt, 30 Minuten gehen lassen. Den Teig nochmals durchkneten, um alle Luftblasen zu entfernen. Einen runden Brotlaib formen und leicht bemehlen. Bei 22 Grad etwa 1½ Stunden gehen lassen.
Den Backofen auf 210 Grad vorheizen und das Brot 45 Minuten backen. Herausnehmen und auf einem Gitter abkühlen lassen, damit die Feuchtigkeit entweicht und die Kruste knusprig wird.
Das Brot kann auch in der Brotmaschine geknetet und dann, wie oben beschrieben, von Hand geformt und im Ofen gebacken werden, oder man kann es auch vollständig in der Brotmaschine herstellen. In beiden Fällen die Zutaten in der folgenden Reihenfolge in den Backbehälter geben: lauwarmes Wasser, Mehl, dann Sauerteig und Salz. Mit dem Programm für Vollkornbrot backen.

BROTE, KUCHEN, SÜSSE LECKEREIEN
ALLE JAHRESZEITEN
15 MINUTEN + 3 STUNDEN

NUSS-BRIOCHEBROT

Dieses einfache Brot, das mit Haselnusspüree und Walnüssen angereichert wird, liegt in der Art zwischen Brot und Brioche und kann mit oder ohne Brotmaschine hergestellt werden. Es ist mild und süß und hat die wichtigsten sattvischen Eigenschaften, indem es nahrhaft, ausgleichend und angenehm für den Geist und für die Sinne ist.

Achten Sie auf die Qualität des Weizenmehls; alte Sorten (Dinkel, Einkorn) sind zu bevorzugen, sie sind nahrhaft und herzhaft im Geschmack. Die Walnüsse können durch andere Nüsse ersetzt werden, sie sind eine ausgezeichnete Quelle für pflanzliche Proteine. Bei Kapha-Ungleichgewicht ist auf dieses Brot eher zu verzichten.

FÜR 1 BROT
Vorbereiten: 5–15 Minuten,
je nach Methode
Ruhezeit und Backen: 3 Stunden

200 ml Mandelmilch, lauwarm
100 ml Wasser, lauwarm
500 g Weizenmehl Type 1050 oder 1200
25 g Trockensauerteig aus Einkorn oder Dinkel
90 g Haselnusspüree
80 g Vollrohrzucker
80 g Walnusskerne, grob gehackt
2 TL feines Salz

Die lauwarme Milch und das Wasser, Mehl, Sauerteig, Haselnusspüree, Zucker, Walnusskerne und Salz in eine Schüssel geben. Vermischen und von Hand etwa 10 Minuten kneten. Den Teig zu einer Kugel formen, in eine Schüssel geben, mit einem Küchentuch bedecken und an einem warmen Ort (zwischen 20 und 32 Grad), vor Luftzug geschützt, 2 Stunden gehen lassen. Den Teig zwei- bis dreimal einschlagen und zu einem Brotlaib formen. Auf ein bemehltes Backblech legen und, mit einem Küchentuch bedeckt, 1 Stunde ruhen lassen. Den Backofen auf 210 Grad vorheizen und das Brot 30 Minuten backen. Die Kruste bäckt sehr schnell; sobald sie eine schöne goldbraune Farbe hat, bis zum Ende der Backzeit mit Backpapier abdecken. Das Brot kann auch in der Brotmaschine geknetet und, sobald der Teig aufgegangen ist zu einem schönen Laib geformt auf einem mit Backpapier belegten Blech, wie oben beschrieben, gebacken werden. Oder man kann es auch vollständig in der Brotmaschine herstellen; dann das Programm für Vollkornbrot wählen.

BROTE, KUCHEN, SÜSSE LECKEREIEN
ALLE JAHRESZEITEN
25 MINUTEN + 1 STUNDE + 7 MINUTEN

CRACKER MIT KÜMMELSAMEN

Diese Cracker schmecken frisch aus dem Backofen einfach unwiderstehlich. Sie passen gut zu Hummus, Auberginenpaste und Tapenade, auch zu Salaten und Suppen. Weizen und Roggen bringen viel Energie, remineralisieren und wirken ausgleichend auf den Organismus. Weizen erhöht Kapha, vermindert Vata und Pitta, während Roggen das Gegenteil bewirkt. Sauerteig ist ein natürlicher Gärstoff (Hefe sollten Sie vermeiden) und trägt zur guten Verdauung und Nahrungsaufnahme bei. Kümmel vermindert Vata und Kapha, erhöht allerdings Pitta. Er wirkt gegen Blähungen, fördert die Verdauung und steigert den Appetit.

Aus yogischer Sicht wirken Weizen und Roggen, aber auch Ghee ausgleichend. Sie stimulieren Samana, jene Energie, die im Bauchraum wirkt, den Verdauungsapparat, aber auch Herz und Atmung stimuliert und kontrolliert und für die Aufnahme der Nährstoffe zuständig ist.

FÜR ETWA 12 CRACKER
Vorbereiten: 25 Minuten
Gehen lassen: 1 Stunde
Backen: 7 Minuten

50 g Trockensauerteig
500 ml Wasser, lauwarm
400 g Weizenmehl Type 1050 oder 1200
400 g Roggenmehl
1 TL nicht raffiniertes Meersalz
1 TL Kümmel
100 g Ghee

Den Sauerteig mit lauwarmem Wasser in einer kleinen Schüssel vermischen.
In einer großen Schüssel Weizenmehl, Roggenmehl, Salz und Kümmel miteinander vermischen. Das Ghee hinzufügen und von Hand gut mit dem Mehl vermengen. Den Sauerteigansatz hinzufügen und den Teig etwa 15 Minuten von Hand auf der Arbeitsfläche oder mit den Knethaken der Küchenmaschine kneten.
Den Teig in eine Schüssel geben, mit einem sauberen Küchentuch bedecken und an einem warmen Ort, vor Zugluft geschützt, 1 Stunde gehen lassen.
Den Backofen auf 250 Grad vorheizen. Den Teig auf der bemehlten Arbeitsfläche 2 bis 3 mm dick ausrollen. Mit einem Ausstecher oder einem kleinen Glas Scheiben ausstechen; nach Wunsch mit einem kleineren Ausstecher die Mitte ausstechen. Oder den Teig in Rechtecke schneiden.
Die Teigscheiben mit einer Gabel mehrmals einstechen und auf ein mit Backpapier belegtes Blech legen. Im Backofen etwa 7 Minuten backen. Herausnehmen und auf ein Gitter legen.
In einer Blechdose oder in Backpapier gewickelt halten sie sich einige Zeit.

BROTE, KUCHEN, SÜSSE LECKEREIEN
ALLE JAHRESZEITEN
5 MINUTEN + 1 STUNDE + 4 MINUTEN

CRÊPES MIT ROSENWASSER UND FENCHEL

Zum Frühstück, als kleiner Snack oder zum Dessert passen Crêpes einfach immer. Dieses Rezept ohne Eier, mit Rosenwasser, Fenchel und Kardamom fein aromatisiert, kommt aus Indien. Verwenden Sie ein möglichst vollwertiges Mehl aus alten Getreidesorten, das reich an Proteinen, Ballaststoffen und komplexen Zuckern ist, um den Organismus gut zu nähren. Fenchel und Kardamom begünstigen die Verdauung, sie wirken krampflösend und blähungslindernd.

Durch das Gertreide ist dieses Rezept durch und durch sattvisch. Auch Milch von hochwertiger Qualität gilt in der indisch-yogischen Tradition als ein hervorragendes Nahrungsmittel für alle, die sich auf einem spirituellen Weg befinden. Die Rose wirkt mit ihrem köstlichen Blütenduft beruhigend auf den Geist, besonders bei emotionaler Belastung, und verbindet mit den subtilen geistigen Ebenen. Dieses Rezept ist auf Vata und Pitta ausgerichtet, bei Kapha-Ungleichgewicht sollte es vermieden werden.

Das Rezept funktioniert nicht mit pflanzlicher Milch.

FÜR ETWA 12 CRÊPES
Vorbereiten: 5 Minuten
Backen: 4 Minuten pro Stück
Ruhezeit: 1 Stunde

200 g Weizenmehl, Type 1050 oder 1200
2 EL Vollrohrzucker
1 TL Fenchelpulver
½ TL Kardamomsamen, zerstoßen
1 Prise nicht raffiniertes Meersalz
500 ml Schafs- oder Ziegenmilch
1 EL Rosenwasser
Ghee zum Backen

Mehl, Zucker, Fenchel, Kardamom und Salz in eine Schüssel geben und vermischen. Die Milch in einem dünnen Strahl dazugießen, vorsichtig umrühren und dann mit dem Schneebesen schlagen. Das Rosenwasser hinzufügen und vermischen.
In einer heißen Pfanne mit dem Pinsel jeweils etwas Ghee verstreichen. Den Teig portionsweise mit einem kleinen Schöpflöffel in die Pfanne geben. Auf jeder Seite 2 Minuten backen.
Der Teig kann über Nacht im Kühlschrank aufbewahrt und am folgenden Tag zum Frühstück ausgebacken werden.

BROTE, KUCHEN, SÜSSE LECKEREIEN
ALLE JAHRESZEITEN
5 MINUTEN + 35 MINUTEN

MILCHREIS MIT MANDELMILCH, VANILLE UND KARDAMOM

Beim Milchreis gibt es keine halben Sachen – entweder man liebt ihn oder man verabscheut ihn. Vielleicht lässt sich die zweite Gruppe von diesem Rezept aber dennoch begeistern.

Mandelmilch ist reich an Proteinen und normalisiert die Verdauung; sie vermindert Vata und erhöht Kapha und Pitta. Reis, der im Ayurveda als süß betrachtet wird, hat energiespendende und zusammenziehende Wirkungen. Er nährt die Samana-Energie, die im Bauchraum sitzt, während Mandeln die Udana-Energie nähren, die für das Denken und die sensorische Beziehung zur Außenwelt zuständig ist. Dadurch ist dies ein äußerst yogisches Gericht. Kardamom ist immer willkommen, er erleichtert hier die Verdauung des Reises, der für manche Konstitutionen etwas schwer verdaulich ist und Blähungen verursachen kann. Die Zuckermenge kann nach Wunsch noch verringert werden; probieren Sie aus, wie es Ihnen am besten schmeckt.

FÜR 4 PORTIONEN
Vorbereiten: 5 Minuten
Kochen: 35 Minuten

75 g Rundkornreis, je nach Verträglichkeit Vollkornreis
750 ml Mandelmilch
1 Vanilleschote, ausgekratztes Mark, oder 1 TL Vanillepaste
½ TL Kardamomsamen, zerstoßen
3 EL weißes Mandelpüree
4 EL Vollrohrzucker

Den Reis kurz abspülen und abtropfen lassen.
Mandelmilch, Vanillemark, Kardamom und Mandelpüree in einen Topf mit dickem Boden geben. Aufkochen und den Reis einrieseln lassen. Zugedeckt auf kleiner Hitze 30 Minuten köcheln lassen. Dabei regelmäßig mit einem Holzlöffel umrühren.
Den Zucker hinzufügen und weitere 5 Minuten auf kleiner Hitze köcheln lassen.
Den Milchreis in Schalen verteilen. Er kann lauwarm oder kalt gegessen werden.

BROTE, KUCHEN, SÜSSE LECKEREIEN
ALLE JAHRESZEITEN
10 MINUTEN + 8 STUNDEN

SCHAFMILCHJOGHURT MIT VANILLE

Warum sollte man seinen Joghurt selbst herstellen? Aus der Freude am guten hausgemachten Produkt, am einzigartigen Geschmack des Selbstgemachten, weil man so eine qualitativ hochwertige Milch als Ausgangsprodukt wählen und sicherstellen kann, dass der Joghurt weder Gelatine noch Stärke oder andere Zusatzstoffe enthält, und nicht zuletzt, weil es ökologischer ist – man muss keine Verpackung wegwerfen.

In Indien wird fermentierte Milch in Form von Lassi als ein göttliches Nahrungsmittel betrachtet, das Kraft verleiht. Joghurt wird mithilfe von Milchsäurebakterien (das kann etwas Naturjoghurt sein oder ein Joghurtferment in Pulverform) aus Milch hergestellt, einfach vermischt und leicht erwärmt. Mit Vollmilch wird der Joghurt leichter fest. Bei entrahmter Milch kann man für eine festere Konsistenz neben dem Joghurt noch etwas Milchpulver hinzuzufügen. Aus Schafsmilch entsteht der mit Abstand beste Joghurt. Man braucht dazu frische Milch, möglichst Rohmilch (aus dem Bioladen). Man kann Joghurt auch ohne Joghurtmaschine im Backofen herstellen. Die lauwarme Joghurtmilchmischung in Gläser füllen, auf ein Backblech stellen und im Backofen bei 40 Grad 2 Stunden gerinnen lassen. Dann den Joghurt im ausgeschalteten Backofen noch 6 Stunden oder über Nacht stehen lassen. Den fertigen Joghurt im Kühlschrank aufbewahren.

Joghurt ist hervorragend für die Verdauung und die Darmtätigkeit. Er vermindert Vata und erhöht Pitta und Kapha.

FÜR 8 GLÄSER
Zubereiten: 10 Minuten
Fermentieren: 8 Stunden

800 ml Schafmilch
(oder Kuh- oder Ziegenmilch)
1 Vanilleschote (Bourbon-Vanille)
oder ½ TL Vanillepaste
4 EL Ahornsirup
1 Becher Schaf-Vollmilchjoghurt,
Raumtemperatur
2 EL Milchpulver, bei Verwendung
von entrahmter Milch

Die Milch in einen Topf geben und lauwarm erhitzen. Das Vanillemark mit einer Messerspitze auskratzen und hinzufügen. Den Ahornsirup darunterrühren.
Die lauwarme Milchmischung zusammen mit dem Joghurt (und eventuell Milchpulver, falls benötigt) in eine Schüssel mit Ausgießer geben. Mit dem Schneebesen gründlich verrühren.
Diese Mischung in die Gläser der Joghurtmaschine füllen, den Deckel schließen und über Nacht fest werden lassen. Für die Zubereitung ohne Joghurtmaschine siehe oben.
Joghurts, die nicht sofort gegessen werden, im Kühlschrank aufbewahren.

BROTE, KUCHEN, SÜSSE LECKEREIEN
ALLE JAHRESZEITEN
10 MINUTEN + 8 STUNDEN

SCHAFMILCHJOGHURT MIT HOLUNDER

In dieser Zubereitung wird die zarte Säure des Joghurts durch den unvergleichlichen Duft der Holunderblüten verstärkt. Für dieses Rezept kann man im Frühling frische Holunderblüten verwenden oder das ganze Jahr über die getrockneten Blüten, wie sie auch für Kräutertees verwendet werden.

Außer bei einer Unverträglichkeit von tierischem Eiweiß ist Joghurt grundsätzlich gut für das Verdauungssystem. Er erleichtert die Darmtätigkeit und liefert der Darmflora die erwünschten guten Bakterien. Die sehr angenehm duftenden Holunderblüten wirken entzündungshemmend, antiviral und harntreibend.

FÜR 8 GLÄSER
Zubereiten: 10 Minuten
Fermentieren: 8 Stunden

800 ml Schafmilch
2 Handvoll Holunderblüten, gesäubert
1 Becher Schaf-Vollmilchjoghurt, Raumtemperatur
4 EL Ahornsirup
2 EL Milchpulver, bei Verwendung von entrahmter Milch

Die Milch in einen Topf gießen und aufkochen. Die Holunderblüten hinzufügen und 10 Minuten ziehen lassen. Durch ein feines Sieb abgießen.

Die warme Holundermilch zusammen mit dem Joghurt, dem Ahornsirup (und eventuell Milchpulver, falls benötigt) in eine Schüssel mit Ausgießer geben. Mit dem Schneebesen gründlich verrühren.

Diese Mischung in die Gläser der Joghurtmaschine füllen, den Deckel schließen und über Nacht fest werden lassen. Für die Zubereitung ohne Joghurtmaschine siehe Einleitungstext Seite 208.

Joghurts, die nicht sofort gegessen werden, im Kühlschrank aufbewahren.

BROTE, KUCHEN, SÜSSE LECKEREIEN
HERBST/WINTER
2 MINUTEN

CREME DER GLÜCKSELIGKEIT

Ein wahrer Gaumenschmeichler und dabei so einfach herzustellen! Diese Creme eignet sich hervorragend zum Frühstück oder als kleiner Snack am Nachmittag. Besonders zu empfehlen bei Müdigkeit, während der Genesung oder bei Knochenproblemen. Avocado und Banane wirken hervorragend nervenberuhigend und ausgleichend, sie vermindern Vata und erhöhen Pitta und Kapha. Die Gewürze gleichen ihre kühlenden Effekte aus.

Dies ist ein typisch yogisches Rezept. Im Yoga wird die Kombination von Früchten, Rohem und Würzigem bevorzugt. Sie begünstigt die Elemente Luft und Äther, wirkt auf den Geist und schärft die Empfindsamkeit.

FÜR 4 PORTIONEN
Zubereiten: 2 Minuten

1 reife Avocado
1 Banane, nicht zu reif
abgeriebene Schale von ¼ Limette
2 EL Ahornsirup
½ Vanilleschote, ausgekratztes Mark, oder ½ TL Vanillepulver
2 schwarze Pfefferkörner, zerstoßen
1 Prise Kardamom, frisch zerstoßen

Die Avocado und die Banane schälen, in eine Schüssel geben und die Limettenschale hinzufügen. Ahornsirup, ausgekratztes Vanillemark, Kardamom und Pfeffer hinzufügen. Alles zu einer sehr cremigen Masse pürieren. Sofort verzehren.

Wenn die Creme etwas im Voraus zubereitet wird, bewahren Sie sie zusammen mit dem Avocadokern und mit Frischhaltefolie abgedeckt in einer Schüssel auf, damit sie sich nicht schwarz verfärbt.

Den Avocadokern vor dem Servieren entfernen und die Creme auf die Schalen verteilen.

BROTE, KUCHEN, SÜSSE LECKEREIEN
ALLE JAHRESZEITEN
5 MINUTEN

CREME MIT ROHEM KAKAO, AVOCADO UND BANANE

Diese Creme aus rohem Kakao eignet sich prima als einfaches Dessert, als kleine Leckerei zwischendurch oder auch zum Frühstück, warum nicht? Unter einer gesunden Küche verstehen viele eine Küche ohne Zucker. Dabei ist es in erster Linie der im Übermaß konsumierte raffinierte weiße Zucker, der schädlich ist. Natürlichen Zucker, in Maßen genossen, brauchen wir; er ist Teil der yogischen Ernährung und hilft das Stoffwechselgleichgewicht zu erhalten. Roher Kakao erhört den Serotoninspiegel, ein Hormon, das Freude und Optimismus stimuliert. Verbunden mit den guten Fetten der Avocado, eignet es sich hervorragend, um Körper, Herz und Geist zufrieden zu stellen.

Zu beachten: Da Avocado und Banane kühlend wirken, sollte man sie bei einem Kapha-Ungleichgewicht, vor allem bei Problemen im Hals-Nasen-Ohren-Bereich, nicht essen. Kardamom ist das Gegenmittel zum kühlenden Effekt der Banane und Pfeffer das zum kühlenden Effekt der Avocado.

FÜR 4 PORTIONEN
Zubereiten: 5 Minuten

1 reife Avocado
1 reife Banane
1 Spritzer Zitronensaft
4 EL rohes Kakaopulver
4 Datteln
1 Kardamomkapsel, Samen zerstoßen
1 Prise Pfeffer, frisch gemahlen
Mandelmilch, nach Belieben

Die Avocado halbieren, den Kern entfernen und das Fruchtfleisch mit einem Löffel auslösen. Die Banane in Scheiben schneiden.
Im Mixer oder mit dem Stabmixer alle Zutaten, außer der Mandelmilch, pürieren. Die Mandelmilch wird nur hinzugefügt, um falls gewünscht eine cremigere Konsistenz zu erzielen.
Die Creme frisch zubereitet genießen.

BROTE, KUCHEN, SÜSSE LECKEREIEN
ALLE JAHRESZEITEN
30 MINUTEN + 15 MINUTEN

MANDELCREME MIT ORANGEN-BLÜTEN UND PISTAZIEN

Die Düfte des Orients, zusammen mit Mandelmilch und gutem Zucker! Mandeln, als Milch, als Püree oder in Wasser eingeweicht, sind süß und nahrhaft, vollwertig, leicht und ausgleichend; sie sind besonders für Vata-Konstitutionen geeignet. Wie alle Früchte oder Schalenfrüchte sind Mandeln Nahrungsmittel vom Typ Udana, jener Energie, die ihren Sitz oberhalb der Kehle, im Hals und Kopf, hat; sie bestimmt das Denken, das Nervensystem und alle Sinnesrezeptoren, die uns mit der Außenwelt verbinden. Früchte, die in der Höhe auf Bäumen wachsen, stehen in Verbindung mit dem Ätherelement, das den Geist und den subtilen Körper nährt. Die Orangenblüte wirkt lindernd und beruhigend; ihr Duft beruhigt den Geist, befreit ihn von emotionaler und sensorischer Überlastung und verbindet uns ebenfalls mit subtileren Ebenen. Diese fruchtige und blumige Süße ist in Verbindung mit der Energie des Vollrohrzuckers besonders gesund.

FÜR 4 PORTIONEN
Einweichen: 30 Minuten
Zubereiten: 15 Minuten

1 EL ganze Mandeln
1–2 EL geschälte Pistazien
4 EL weißes Mandelpüree
500 ml Mandelmilch
25 g Maisstärke
25 g Vollrohrzucker
25 ml Wasser
15 ml Orangenblütenwasser bester Qualität
4 EL Ahornsirup

Die Mandeln und die Pistazien in einer kleinen Schüssel in Wasser einweichen.
Das Mandelpüree in der Mandelmilch auflösen und in einem Topf mit dickem Boden erhitzen.
Maisstärke, Zucker und Wasser in einer kleinen Schüssel miteinander vermischen. Diese Mischung zur Milch gießen und auf kleiner Hitze mit einem Holzlöffel umrühren, bis die Creme eindickt. Das Orangenblütenwasser hinzufügen und umrühren. Die Creme in kleine Schalen oder Tassen füllen. Bei Raumtemperatur abkühlen lassen. Dann bis zum Servieren kühl stellen.
Vor dem Servieren die Mandeln der Länge nach durchschneiden und die Pistazien grob hacken. Mandeln und Pistazien auf die Creme verteilen und mit Ahornsirup beträufeln.

BROTE, KUCHEN, SÜSSE LECKEREIEN
FRÜHLING
3 MINUTEN + 25 MINUTEN

RHABARBER MIT VANILLE UND ZITRONE

Köstlicher Rhabarber, bitter, frisch und säuerlich! Die krautige Pflanze aus der Familie der Knöterichgewächse entspricht der Prana-Energie, die im Brustkorb sitzt, und sich vom Bauchnabel bis zur Kehle ausbreitet; sie sorgt für die Aufnahme der Luft in den Körper und reguliert den Herzschlag. Zu den Nahrungsmitteln, die dieser Energie entsprechen, gehören chlorophyllhaltige Pflanzen, gekeimte Sprossen, Würzkräuter und Gewürze wie Ingwer, Minze und Koriander. Rhabarber begünstigt die Verdauung, fördert die Aufnahme der Nährstoffe und verbrennt Giftstoffe. Sein scharfer Geschmack verstärkt die Lebendigkeit des Geistes und begünstigt die Einsicht. Man sollte ihn allerdings in Maßen genießen, denn zu viel Schärfe kann verletzen und Entzündungen begünstigen.

FÜR 4 PORTIONEN
Vorbereiten: 3 Minuten
Backen: 25 Minuten

600 g Rhabarber
80 g Vollrohrzucker
1 gehäufter TL Vanillepulver oder
1 Vanilleschote, ausgekratztes Mark
Schale von ½ Zitrone

Den Backofen auf 180 Grad vorheizen.
Den Rhabarber waschen, aber nicht schälen, die Enden eventuell zurückschneiden und die Stangen in etwa 7 cm lange Stücke schneiden.
Die Rhabarberstücke in eine hitzebeständige Form legen, mit dem Zucker und dem Vanillepulver oder Vanillemark vermischen. Die Zitronenschale mit dem Messer in Streifen schneiden und über den Rhabarber streuen.
Im Ofen 25 Minuten backen. Der gebackene Rhabarber schmeckt heiß, lauwarm oder kalt köstlich.

BROTE, KUCHEN, SÜSSE LECKEREIEN
SOMMER
5 MINUTEN + 30 MINUTEN

PFIRSICHSALAT MIT FRISCHEN KRÄUTERN

Früchte, die in der Höhe auf den Bäumen wachsen, sind dem Ätherelement zugeordnet, das den Geist und den subtilen Körper nährt. Sie unterstützen und stimulieren Udana, die Energie von Hals, Kopf und daher dem Denken, aber auch des Nervensystems und aller Sinnesrezeptoren, die uns mit der Außenwelt verbinden. Udana-Nahrungsmittel, die von Yogis besonders geschätzt werden, sollten am besten für sich allein verzehrt werden; sie sind vollständig, leicht und ausgleichend. Dass Früchte allein gegessen werden sollten, hat auch einen gesundheitlichen Grund: So lässt sich vermeiden, dass der in ihnen enthaltene Zucker die Verdauung des restlichen Essens behindert.

Pfirsiche schmecken süß und warm, sie haben eine harntreibende und abführende Wirkung. Die Kräuter steuern weitere Geschmacksrichtungen bei – eine Kombination, die ganz nach Lust und Laune auch mit anderen Früchten und Kräutern ausgeführt werden kann. Erdbeeren lieben Minze und Basilikum, Aprikosen lieben Thymian und Rosmarin, Trauben mögen gerne Estragon … Probieren Sie es aus, lassen Sie sich auf dem Markt oder im Garten inspirieren und stellen Sie unterschiedliche Kombinationen her.

FÜR 4 PORTIONEN
Zubereiten: 5 Minuten
Ruhezeit: 30 Minuten

4 weiße Pfirsiche
Saft von ½ Zitrone
20 g Vollrohrzucker
1 Zweig frischer Estragon
1 Zweig frische Minze
1 Zweig frisches Basilikum

Die Pfirsiche schälen und in Spalten schneiden und auf Teller verteilen.
Zitronensaft, Zucker und die Blätter der Kräuter in einem Mörser grob zerstoßen. Die Kräutermischung über die Pfirsiche verteilen. Vor dem Servieren mindestens 30 Minuten kühl stellen und ziehen lassen.

BROTE, KUCHEN, SÜSSE LECKEREIEN
FRÜHLING/SOMMER/HERBST
15 MINUTEN + 40 MINUTEN

ZUCCHINIKUCHEN MIT WALNÜSSEN UND KARDAMOM

Schluss mit den fertig gekauften Backwaren. Wenn man vollwertiges Mehl aus alten Sorten und vollwertigen Zucker verwendet, die vor Mineralien und Nährstoffen strotzen, nährt man Herz und Körper gleichermaßen. Weizen, Ghee und Vollrohrzucker sind Nahrungsmittel vom Typ Samana, der Energie, die im Bauchraum sitzt und für den Verdauungsapparat, aber auch für Herz und Atmung zuständig ist. Diese Nahrungsmittel sind für die yogische Ernährung unentbehrlich, da sie sattvisch, nährend und ausgleichend sind.

Die Zucchini macht diesen Kuchen saftig, weich und schmelzend, so wie es die Karotte im Kuchen auf Seite 230 tut. Sie ist ein Nahrungsmittel vom Typ Vyana, der Energie, die alle anderen Pranas im ganzen Körper verteilt, koordiniert und reguliert. Diese Nahrungsmittel, die am Boden wachsen wie Kürbisse, Melonen, Wassermelonen, Bohnen usw., fördern die Ausdehnung der Energie.

Kardamom ist ein sattvisches Gewürz, das Lungen und Magen von Schleimüberschuss befreit, das Verdauungsfeuer anregt und Freude bringt. Es erhöht Pitta und vermindert Kapha und Vata.

Dieser Kuchen hält sich sehr gut 2 bis 3 Tage.

FÜR 1 KUCHEN À 6 STÜCKE
Vorbereiten: 15 Minuten
Backen: 40 Minuten

5 EL Ghee, geschmolzen
120 g Vollrohrzucker
2 kleine Zucchini, gerieben (150 g)
3 Eier
4 EL weißes Mandelpüree
1 EL Zitronensaft
200 g Weizenmehl
1 EL Backpulver
1 EL Kardamomsamen, zerstoßen
1 EL Zimtpulver
70 g Walnüsse, zerstoßen
Ghee für die Form

Den Backofen auf 180 Grad vorheizen.
Ghee und Zucker in einer Schüssel mit dem Schneebesen vermischen.
Die geriebenen Zucchini, Eier, Mandelpüree und Zitronensaft hinzufügen und zu einer homogenen Masse verrühren.
Mehl, Backpulver, Gewürze und Walnüsse vermischen und zur Zucchinimischung geben. Alles gut miteinander vermengen.
Eine runde Backform (am besten eine Springform) mit Ghee einfetten und mit Mehl bestäuben. Den Teig einfüllen und im vorgeheizten Ofen 40 Minuten backen. Mit einer Messerspitze überprüfen, ob der Kuchen durchgebacken ist; sie muss beim Herausziehen trocken sein.

BROTE, KUCHEN, SÜSSE LECKEREIEN
ALLE JAHRESZEITEN
15 MINUTEN + 35 MINUTEN

VANILLEGUGELHUPF

Dieser Kuchen ist die Krönung der süßen Leckereien in diesem Buch. Seine unvergleichliche Textur erhält er vom Eischnee. Das Ghee, das hier großzügig verwendet wird, ist bestens geeignet, um den Körper zu nähren und die Verdauung zu fördern. Es stimuliert das Immunsystem und wirkt auf natürliche Weise entzündungshemmend. Im Falle von Kapha-Ungleichgewicht (Erkrankungen im Hals-Nasen-Ohren-Bereich, den Bronchien oder bei übermäßiger Schleimbildung) ist es allerdings zu vermeiden. Einkornmehl, Ghee und Vollrohrzucker fördern die Samana-Energie, die sich im Bauchraum befindet und für die Verdauung zuständig ist. Zu den Samana-Nahrungsmitteln, die nahrhaft und ausgleichend sind, gehören Vollkorngetreide, Milchprodukte von guter Qualität, Honig und Vollrohrzucker.

Man kann diesen Kuchen auch zusätzlich mit Kardamom würzen, das schmeckt ebenso köstlich. Dafür werden die Samen von vier Kardamomkapseln zerstoßen und gleichzeitig mit der Vanille dem Mehl hinzugefügt.

FÜR 1 KUCHEN À 6 STÜCKE
Vorbereiten: 15 Minuten
Backen: 30–35 Minuten

8 Eiweiß
1 Prise Salz
200 g Einkornmehl
175 g Vollrohrzucker
1 Vanilleschote, ausgekratztes Mark
200 g Ghee
Ghee für die Form

Den Backofen auf 180 Grad vorheizen.
Das Eiweiß mit dem Salz in einer großen Schüssel zu Eischnee schlagen. Er muss sehr fest sein.
Mehl, Zucker und das ausgekratzte Vanillemark in einer Schüssel vermischen. Das Ghee in einem Topf schmelzen, lauwarm abkühlen lassen, dann über den Eischnee gießen und sorgfältig vermischen. Nach und nach die Mehlmischung unterrühren, bis eine homogene Masse entstanden ist.
Eine Gugelhupf- oder andere Kuchenform mit Ghee einfetten, den Teig einfüllen und im vorgeheizten Backofen 30–35 Minuten backen. Mit einer Messerspitze überprüfen, ob der Kuchen durchgebacken ist; sie muss beim Herausziehen feucht, aber sauber sein. Den Kuchen aus dem Backofen nehmen und lauwarm abkühlen lassen, bevor man ihn aus der Form nimmt.

BROTE, KUCHEN, SÜSSE LECKEREIEN
ALLE JAHRESZEITEN
15 MINUTEN + 40 MINUTEN

GEWÜRZKUCHEN

Dieser nordisch inspirierte Kuchen ist gut für die Seele: weich, schmackhaft, einfach und schnell herzustellen. Er ist voller Gewürze und daher besonders gut bekömmlich. Wählen Sie ein gutes, möglichst vollwertiges Weizenmehl aus alten Sorten; Sie werden es nicht bereuen, der Kuchen wird wunderbar locker und weich. Weizen oder Einkorn, aber auch Ghee sorgen für einen süßen Geschmack, der die hauptsächliche sattvische Geschmacksrichtung ist, die nährend und ausgleichend wirkt. Getreide und Milchprodukte stimulieren Samana, jene Energie, die im Bauchraum sitzt und für den Verdauungsapparat zuständig ist, aber auch auf Herz und Atmungsapparat wirkt. Bevorzugen Sie pflanzliche Milch oder Ziegenmilch für eine bessere Verdauung. Zimt, Kardamom und Ingwer sind sattvische Gewürze, die in der yogischen Ernährung sehr geschätzt werden. Sie machen diesen Kuchen so besonders wohlschmeckend und haben gleichzeitig einen wohltuenden Einfluss auf die Verdauung; gleichzeitig regen Sie das Herz an und unterstützen die Absonderung von Schleim in den Atemwegen.

FÜR 1 KUCHEN À 6 STÜCKE
Vorbereiten: 15 Minuten
Backen: 40 Minuten

150 g Weizenmehl Type 1050 oder 1200 oder Einkornmehl
1 gehäufter TL Backpulver
120 g Vollrohrzucker
1 EL Zimtpulver
1 EL Kardamomkapseln, zerstoßen
2 EL Lebkuchengewürzmischung
150 g Ghee
150 ml pflanzliche Milch oder Ziegenmilch
2 Eier
Ghee und Mehl für die Form

Den Backofen auf 180 Grad vorheizen.
Mehl, Backpulver, Zucker und Gewürze in einer großen Schüssel vermischen.
Das Ghee schmelzen und die Milch hinzufügen. Unter Rühren zur Mehlmischung geben. Die Eier nach und nach hinzufügen und rühren, bis ein gleichmäßiger Teig entstanden ist.
Eine Kuchenform (am besten eine Springform) mit Ghee einfetten und mit Mehl bestäuben. Den Teig einfüllen und im unteren Teil des vorgeheizten Backofens 40 Minuten backen.
Mit einer Messerspitze an der dicksten Stelle des Kuchens überprüfen, ob er durchgebacken ist; sie muss beim Herausziehen trocken und sauber sein. Ist dies nicht der Fall, die Backzeit um ein paar Minuten verlängern.
Der Kuchen schmeckt köstlich, wenn er noch lauwarm ist, schmeckt aber auch kalt und lässt sich sehr gut bis zum nächsten Tag aufbewahren.

BROTE, KUCHEN, SÜSSE LECKEREIEN
ALLE JAHRESZEITEN
10 MINUTEN + 20 MINUTEN

SCHOKOLADENKUCHEN MIT ORANGENSCHALE

Schokoladenkuchen ist nichts, was ein Yogi unbedingt braucht, da er aber bei uns derart beliebt ist, sei hier ein ebenso leckeres wie gesundes Rezept dafür verraten. Der hier vorgeschlagene Kuchen ist nur wenig gezuckert und wird im Dampf gegart, wodurch er eine unvergleichliche samtweiche Textur erhält und seine Vitamine und Spurenelemente erhalten bleiben. Die Maronen, der Kakao in der Schokolade und die Zitrusfrüchte begünstigen wie alle Früchte, die in der Höhe auf Bäumen wachsen und einen stärkeren Anteil am Ätherelement haben, die Klarheit des Geistes, fördern die Intuition und Einsicht. Esskastanien sind ausgezeichnet, um das Gewebe zu nähren und den Organismus zu remineralisieren, vor allem mit Kalium, Magnesium, Kalzium und Eisen; außerdem sind sie eine gute Quelle für Proteine und Ballaststoffe. Schokolade braucht, um gut verdaulich zu sein, eine Prise Kardamom, welcher sein Gegenmittel ist. Er liefert Antioxidantien, schützt das Herz-Kreislauf-System und wirkt positiv auf unsere Stimmung.

FÜR 1 KUCHEN À 4–6 STÜCKE
Vorbereiten: 10 Minuten
Backen: 20 Minuten

100 g dunkle Schokolade
250 g Maronenpüree
2 Kardamomkapseln, zerstoßen
abgeriebene Schale von 1 Orange
2 Eier
75 g Mehl
1 TL Backpulver
Ghee für die Form

Die Schokolade in Stücke brechen, in eine kleine Schüssel geben und im Dampfkorb des Dampfgarers ein paar Minuten schmelzen lassen.

Das Maronenpüree, die geschmolzene Schokolade, Kardamom, Orangenschale und die Eier in einer großen Schüssel vermischen.

Mehl und Backpulver in einer zweiten Schüssel vermischen. Unter ständigem Rühren zur Schokoladenmischung geben, bis eine gleichmäßige, cremige Masse entstanden ist.

Eine Kuchen- oder Springform (20 cm Durchmesser) mit Ghee ausstreichen. Den Teig in die Form füllen und 20 Minuten im Dampfkorb über dem heißen Wasserdampf garen. Mit einer Messerspitze überprüfen, ob der Kuchen durchgebacken ist; sie muss beim Herausziehen feucht, aber sauber sein.

Den Kuchen aus der Form lösen, dann in Stücke schneiden.

BROTE, KUCHEN, SÜSSE LECKEREIEN
ALLE JAHRESZEITEN
10 MINUTEN + 40 MINUTEN

SAFTIG-WEICHER KARAMELLKUCHEN

Dieser Kuchen ist von einem Rezept aus Mali inspiriert. Er wirkt mit seiner schwammartigen Textur sehr überraschend. Die samtig weiche Süße und der Karamellgeschmack werden durch einen Hauch Salz von der Sojasauce betont. Besonders köstlich schmeckt dieser Kuchen, wenn er lauwarm serviert wird. Der qualitativ hochwertige Weizen und das Ghee entsprechen der Samana-Energie, die im Bauchraum wirkt. Die Nahrungsmittel vom Typ Samana sind in der yogischen Ernährung sehr wichtig, da sie nährend und ausgleichend sind. Eier sind süß und zusammenziehend, warm und sehr nahrhaft. Sie müssen unbedingt biologischer Herkunft sein. Eier brauchen übrigens nicht im Kühlschrank aufbewahrt zu werden, im Gegenteil, dadurch wird der natürliche Schutz der Eischale eher verringert (und so das Eindringen von Bakterien in das Innere begünstigt).

FÜR 1 KUCHEN À 6 STÜCKE
Vorbereiten: 10 Minuten
Backen: 40 Minuten

12 gestrichene EL Ghee
40 g Weizenmehl Type 1050 oder 1050
180 g Vollrohrzucker
1 Päckchen Backpulver
1 TL Natron
5 Eier
1 EL Mandelpüree
1 EL Sojasauce
Ghee und Mehl für die Form

Das Ghee in einem Topf auf kleiner Hitze schmelzen lassen. Mehl, Zucker, Backpulver und Bikarbonat in einer Schüssel miteinander vermischen. Unter ständigem Rühren mit dem Schneebesen das geschmolzene Ghee, nach und nach die Eier, die Sojasauce und das Mandelpüree unterrühren.
Eine Kuchenform (am besten eine Springform; ca. 18 cm Durchmesser, sie muss in den Dampfkorb passen) mit Ghee einfetten und mit Mehl bestäuben.
Wasser 7–8 cm hoch in den Dampfgarer füllen und erhitzen. Sobald das Wasser kocht, die Kuchenform in den Dampfkorb stellen und 40 Minuten garen. Falls nötig, während dem Garvorgang Wasser nachfüllen.
Die Form herausnehmen, einige Minuten ruhen lassen, dann den Kuchen aus der Form lösen. Der Kuchen schmeckt am besten knapp heiß oder lauwarm.

BROTE, KUCHEN, SÜSSE LECKEREIEN
HERBST/WINTER
15 MINUTEN + 45 MINUTEN

KAROTTENKUCHEN

Dieser Kuchen stellt sowohl die Geschmackpapillen als auch den Körper zufrieden. Karotten sind eine Wohltat für den Darm, sie regeln die Darmtätigkeit und wirken gleichzeitig reinigend und heilungsfördernd. Karotten entsprechen der Apana-Energie, die im Unterbauch und Becken sitzt. Nahrungsmittel vom Typ Apana bringen Kraft und Ausdauer. Mandeln und Walnüsse, die in der Höhe auf Bäumen wachsen, enthalten mehr vom Ätherelement, das den Geist nährt und Einsicht und Intuition fördert. Sie sind warm und nährend und passen besonders gut zu einer Vata-Konstitution. Pitta- und Kapha-Konstitutionen werden die Gewürze und das Ghee schätzen, welche die Verdauung erleichtern. Dieser Kuchen sollte eher morgens oder nachmittags als zum Dessert gegessen werden, um die Aufnahme der Nährstoffe der Mahlzeit nicht zu beeinträchtigen.

FÜR 1 KUCHEN À 6 STÜCKE
Vorbereiten: 15 Minuten
Backen: 45 Minuten

5 EL Ghee
125 g Mandeln
125 g Walnüsse
125 g Mehl Type 1050 bis 1200
1 Päckchen Backpulver ohne Phosphat
125 g Vollrohrzucker
3 Eier
250 g Karotten, gerieben
1 TL Zimt
1 TL Lebkuchengewürzmischung
abgeriebene Schale von 1 und Saft von ½ Zitrone
Ghee und Mehl für die Form

FÜR DAS TOPPING, NACH BELIEBEN:
400 ml Kokoscreme
1 TL Vanillepaste oder 1 Vanillestange, ausgekratztes Mark
1–2 TL Ahornsirup

Den Backofen auf 180 Grad vorheizen.
Das Ghee in einem Topf auf kleiner Hitze schmelzen.
Die Mandeln frisch mahlen (so schmecken sie am besten) und die Walnüsse grob hacken. Mandeln, Walnüsse, Mehl, Backpulver, Zucker, das geschmolzene Ghee, Eier, die geriebenen Karotten, Gewürze, Zitronensaft und -schale in einer Schüssel vermischen. Rühren, bis ein gleichmäßiger Teig entstanden ist.
Eine runde Kuchenform (Springform) oder eine Cakeform mit Ghee einfetten und mit Mehl bestäuben. Den Teig einfüllen und im vorgeheizten Ofen 45 Minuten backen. Mit einer Messerspitze überprüfen, ob der Kuchen durchgebacken ist; sie muss beim Herausziehen trocken sein. Den Kuchen abkühlen lassen, dann aus der Form lösen.
Für das Topping die Kokoscreme mit Vanillepaste oder -mark aufschlagen, bis sie die Konsistenz von Schlagsahne hat. Die Creme auf dem ausgekühlten Kuchen verteilen. Kurz vor dem Servieren noch mit Ahornsirup beträufeln.

BROTE, KUCHEN, SÜSSE LECKEREIEN
ALLE JAHRESZEITEN
25 MINUTEN + 15 MINUTEN

LADDUS – ENERGIEBÄLLCHEN OHNE GLUTEN

Laddu ist abgeleitet von *Ladduka*, was im Sanskrit »kleine Kugel« bedeutet. Diese indische Leckerei kommt aus Bihar, wo sie zu festlichen Anlässen hergestellt und auch als Opfergabe in den Hindutempeln gereicht wird. Die Bällchen bestehen aus Kichererbsenmehl und gemahlenen Mandeln (also ohne Gluten), sind reich an Proteinen und liefern Energie. Wählen Sie einen vollwertigen, nährstoffreichen Zucker.

Gemahlene Kokosnuss und Kokosöl liefern Kalzium, Magnesium, Phosphor, Eisen, Natrium, Selen, Zink und weitere Spurenelemente. Das Kichererbsenmehl und der Vollrohrzucker nähren Samana, die Energie im Bauchraum, die für die Aufnahme der Nährstoffe, den Herzschlag und die Atmung zuständig ist. Kokosnuss und Mandel sind Nahrungsmittel vom Typ Udana. Sie wachsen in der Höhe und enthalten daher mehr vom Ätherelement, das den Geist stimuliert (Klarheit, Einsicht, Intuition). Gewürzt wird mit Kardamom, einem sattvischen Gewürz, das diese Energiebällchen leichter verdaulich macht und eine bessere Aufnahme der Nährstoffe ermöglicht. Kokosöl und Ghee liefern gutes Fett, das das Gewebe in der Tiefe nährt. Eine Leckerei, die ohne Gewissensbisse genossen werden kann!

FÜR ETWA 20 STÜCK
Garen: 25 Minuten
Zubereiten: 15 Minuten

250 g Kichererbsenmehl
200 g Kokosöl oder Ghee
25 g Kokosnuss, gemahlen
50 g Mandeln, fein gemahlen
150 g Vollrohrzucker, fein gemahlen
1 TL Kardamomsamen, zerstoßen

Das Kichererbsenmehl sieben.
Kokosöl oder Ghee in einer Pfanne erhitzen, das Kichererbsenmehl hinzufügen und auf kleiner Hitze mit einem Spatel 20 Minuten umrühren, bis es goldgelb wird. Kokosnuss und Mandeln hinzufügen, vermischen und 5 Minuten weiter rühren.
Vom Herd nehmen und abkühlen lassen, Zucker und Kardamom hinzufügen und gut vermischen.
Jeweils kleine Teigstücke zwischen den Handflächen in kreisförmigen Bewegungen zu Kugeln formen.

BROTE, KUCHEN, SÜSSE LECKEREIEN
ALLE JAHRESZEITEN
20 MINUTEN + 35 MINUTEN

HAFERFLOCKENKEKSE MIT INGWER UND KARDAMOM

Kekse sollten in einer gesunden Ernährung zwar nicht jeden Tag genossen werden, aber es gibt einfach Tage, an denen man ein paar Kekse zum Tee oder als Nachmittagssnack braucht. Mit diesen Keksen kann man auch Kindern Ingwer schmackhaft machen. Ingwer ist hervorragend für das Verdauungssystem, aber auch bei Entzündungen, Erkältungskrankheiten und Nebenhöhlen-Problemen. Hafer ist wichtig für das Wachstum, er wirkt gegen Müdigkeit und senkt den Blutzucker. Hafer, Weizen, Ghee und Vollrohrzucker sind Zutaten vom Typ Samana, der Energie, die für die Aufnahme der Nährstoffe zuständig ist, den Verdauungsapparat (Magen, Leber, Bauchspeicheldrüse und Darm) anregt und kontrolliert und auch auf das Herz und den Atmungsapparat wirkt. Nahrungsmittel vom Typ Samana sind nahrhaft und ausgleichend und sehr wichtig für die yogische Ernährung. Ingwer und Kardamom sind sattvische Gewürze, die ebenfalls das Verdauungssystem anregen. Diese Kekse, mit ihren milden und frischen Eigenschaften, passen hervorragend für Vata- und Pitta-Konstitutionen, sind allerdings bei einem Kapha-Ungleichgewicht zu meiden.

FÜR ETWA 20 KEKSE
Vorbereiten: 20 Minuten
Backen: 35 Minuten

70 g Haferflocken, kleinblättrig
225 g Mehl Type 1050 oder 1200
240 g Ghee
200 g Vollrohrzucker
1 gehäufter TL frischer Ingwer, gerieben
Samen von 5 Kardamomkapseln, zerstoßen

Den Backofen auf 180 Grad Umluft vorheizen.
Die Haferflocken in der Küchenmaschine fein zerkleinern.
Haferflocken, Mehl, Ghee, Zucker, Ingwer und Kardamom in einer Schüssel vermischen. Gut verkneten, bis ein gleichmäßiger Teig entstanden ist. Den Teig auf einem Backpapier ausrollen. Dann mit einem Messer in Vierecke schneiden.
Im vorgeheizten Ofen 35 Minuten backen, bis die Kekse goldgelb sind. Aus dem Backofen nehmen und die Kekse entlang der vorgezeichneten Linien aufschneiden. Abkühlen lassen. Diese Kekse können mehrere Tage lang in einer Blechdose aufbewahrt werden.

Den Körper am Ende des Tages nähren

Das Abendessen sollte leicht, gut bekömmlich und warm sein. Es sollte nicht zu spät eingenommen werden, am besten zwischen 18 und 19 Uhr, und zwar in Ruhe und Heiterkeit. Da das Verdauungsfeuer abends schwächer ist, entspricht ihm ein leichteres Essen besser. Was der biologische Rhythmus des Organismus sagt, ist allerdings nicht immer leicht in Einklang zu bringen mit den gesellschaftlichen Rhythmen des modernen Lebens.

YOGAÜBUNGEN VOR DEM ABENDESSEN, EIN RUHEPUFFER

Hier folgen drei Vorschläge, je nachdem, wie viel Zeit Sie haben:
25 Minuten *Yoga Nidra*, 10 Minuten mit *Asanas* und *Pranayama* oder 2 Minuten *Pranayama* allein.

Yoga Nidra: 20 bis 25 Minuten für eine tiefe Entspannung

Haben Sie das Bedürfnis nach Regeneration und Tiefenentspannung? Yoga Nidra hat seinen Ursprung in den beiden Sanskrit-Wörtern *Yoga,* das bedeutet »Vereinigung«, und *Nidra* bedeutet »Schlaf«. Yoga *Nidra* bedeutet also eine Art »bewusster Schlaf«, der zwischen Wachzustand und Schlafen liegt. In diesem Zustand, der auch als »Dämmerzustand« bezeichnet wird, können Informationen, die im Unterbewusstsein abgespeichert sind, ins Bewusstsein gelangen. Yoga Nidra, das von Swami Satyananda entwickelt wurde, ist eine Meditationstechnik, die als Nebeneffekt einen Zustand von physischer, mentaler und psychischer Entspannung hervorruft. Es ist eine natürliche Form der Entspannung und ist für jeden geeignet.
Es ist eine großartige Technik, um einigen Übeln unserer Zeit zu begegnen: Anspannung, Stress, Bluthochdruck mit all seinen Folgen. Innere Spannungen sind die Ursache von Ungleichgewichten und können Krankheiten verursachen. Sie verstärken allgemeine Spannungen und die herrschende Aggressivität. Yoga erinnert uns daran, dass der Frieden in uns selbst liegt, nicht außerhalb von uns. Aus diesem Grund ist es sehr wichtig, dass man lernt, sich zu entspannen.

Yoga Nidra wird liegend in der Position *Shavasana,* der Totenstellung, ausgeübt, mit einem Kissen unter dem Kopf und einer Decke, denn die Körpertemperatur sinkt während des Übens ab. Um bestmöglich von dieser Technik zu profitieren, gilt es allerdings, nicht einzuschlafen. Diese Technik muss bei entsprechend ausgebildeten Yogalehrern erlernt werden (es gibt dazu auch gute Audio- oder Videoanleitungen).

10 Minuten Yoga vor dem Abendessen

Aufrecht stehen, die Arme rechts und links am Körper, die Füße ein paar Zentimeter auseinander, die Augen einige Augenblicke schließen und den Kontakt der Füße mit dem Boden spüren. Die Kontaktpunkte zwischen rechtem und linken Fuß ausgleichen. 3-mal tief und langsam einatmen und beim ebenso langsamen Ausatmen die Entspannung fühlen, die sich im ganzen Körper ausbreitet. Die Augen langsam öffnen und los geht's.

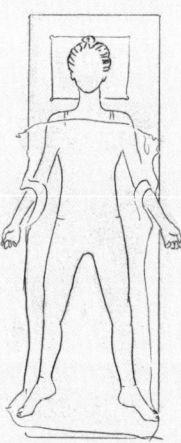

Position 1

1. Tadasana, Palme

Diese Haltung dehnt den ganzen Körper, fördert die Blutzirkulation, besonders den venösen Blutfluss, und erhöht die Wachsamkeit.

Stehend, die Füße 10 bis 15 Zentimeter auseinander, die Arme seitlich am Körper. Einige Momente in dieser Position verharren, den Kontakt der Füße mit dem Boden wahrnehmen und fühlen, wie der Fußballen in Kontakt mit dem Boden ist. Erspüren Sie, ob es einen Unterschied zwischen dem rechten und dem linken Fuß gibt. Bringen Sie beide ins Gleichgewicht. Die Finger mit den Handflächen nach oben vor dem Schambein verschränken und beim Einatmen die verschränkten Hände bis über den Kopf nach oben führen. Gleichzeitig die Fersen anheben und den ganzen Körper von Kopf bis Fuß dehnen. Ausatmen, die Hände mit den Handflächen nach oben auf den Kopf sinken lassen, die Fersen auf den Boden setzen. 5-mal wiederholen.

2. Tiryaka Tadasana, Sich wiegende Palme

Auch diese Übung ist ganz hervorragend geeignet, um die Wirbelsäule, deren Beweglichkeit ein Schlüssel zu einer guten Gesundheit ist, zu mobilisieren.

Aufrecht stehen, die Füße etwa 50 Zentimeter auseinander. Den Blick auf einen Punkt in Augenhöhe richten oder auf einen Punkt etwa 1,5 Meter entfernt auf dem Boden. Die Finger verschränken, die Handflächen nach oben, und beim Einatmen die Arme über den Kopf heben. Beim Ausatmen den Oberkörper aus der Taille heraus nach links beugen, dabei darauf achten, dass der Oberkörper sich weder nach vorne noch nach hinten neigt. Einige Momente mit leeren Lungen in dieser Position bleiben. Beim Einatmen wieder langsam in die Mitte kommen. Dieselbe Bewegung nach rechts ausführen. Dies ist ein Zyklus. 5-mal ausführen.

3. Kati Chakrasana, Wirbelsäulendrehung im Stehen

Diese Haltung bewirkt ein Gefühl von Leichtigkeit und Heiterkeit.

Aufrecht stehen, die Füße im Abstand von etwa 60 Zentimetern, die Arme liegen am Körper an. Die Arme seitlich bis in Schulterhöhe anheben, den Oberkörper nach rechts drehen, dabei die linke Hand an die rechte Schulter führen und den rechten Arm hinter dem Rücken auf die linke Seite der Taille. Der Blick folgt der Bewegung und geht so weit wie möglich über die Schulter hinaus. Die Atmung ist natürlich. Wieder in die Mitte zurückkommen und dieselbe Bewegung auf die andere Seite machen. Dies ist ein Zyklus. 10-mal fließend und sanft ausführen. Darauf achten, dass das Becken stabil bleibt; die Wirbelsäule bildet die Achse, um die der Oberkörper dreht. Bei den letzten beiden Zyklen die Bewegung verlangsamen. Dann einige Augenblicke in der Unbeweglichkeit verharren, die Atmung spüren und den normalen Rhythmus wieder finden.

4. Pranayama Bhramari, Bienenatmung

Dies ist die beruhigende Atmung par excellence. Sie senkt das Stressniveau, vermindert Angst, Wut und jede starke Emotion (Anleitung siehe Seite 96). Machen Sie 3 bis 11 Zyklen davon.

Die Ruhe kommt, der Abend kann beginnen.

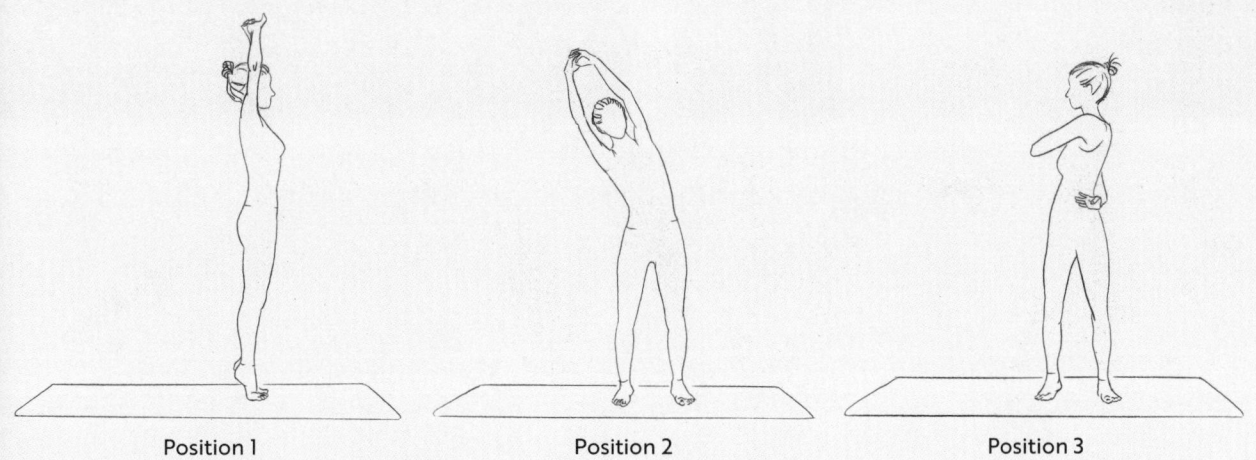

Position 1   Position 2   Position 3

REZEPTE FÜR DAS ABENDESSEN

Es gibt einige Nahrungsmittel, die Sie abends meiden sollten, wie zum Beispiel Rohkost oder Nahrungsmittel aus fermentierter Milch, die schwierig zu verdauen sind und das Verdauungsfeuer daran hindern könnten, sich für die Nacht zur Ruhe zu begeben. Essen Sie möglichst früh, möglichst leicht, warm und so viel, bis der Hunger gestillt ist. Ihr Magen muss zufriedengestellt werden, um den Schlaf zu fördern. Essen Sie Gemüse und eine kleine Menge Kohlenhydrate oder leichte Proteine, wenn Sie mittags noch keine gegessen haben. Wenn Sie spät essen, dann sollten Sie am besten nur Gemüse zu sich nehmen. Essen Sie nach 18 Uhr keinen Zucker mehr und vermeiden Sie Knabbereien nach dem Abendessen. Und wenn die Lust zu knabbern wirklich zu groß ist, dann essen Sie ein paar Mandeln.

ABENDESSEN
ALLE JAHRESZEITEN
15 MINUTEN + 15 MINUTEN

GÖTTLICHER REIS

Dieses traditionelle indische Gericht ist einfach zauberhaft. Sein Duft belebt die Sinne, es kann für große Gelegenheiten zubereitet werden, aber auch für ein einfaches Essen. Reis ist aus der indischen Küche nicht wegzudenken, man betrachtet ihn als das beste Stärkungsmittel für den Körper. Er verleiht ihm Substanz, Stabilität und physische Kraft. Er ist sehr wohltuend für alle drei Doshas, gerne fügt man Ghee hinzu, um eine Vata- oder Pitta-Konstitution zu stärken, sowie Gewürze zur Stärkung von Kapha, um das Verdauungsfeuer zu erhöhen und Fett zu verbrennen. Dieser göttliche Reis hat alles, was ein yogisches Essen braucht; er besteht aus Zutaten vom Typ Udana (für Hals, Kopf, Nervensystem und alle Sinnesrezeptoren), Reis als Nahrungsmittel vom Typ Samana (der Energie im Bauchraum, die Verdauung und Aufnahme der Nährstoffe regelt) sowie sattvischen Gewürzen wie Zimt oder Kardamom.

FÜR 4 PORTIONEN
Vorbereiten: 15 Minuten
Kochen: 15 Minuten

1 Tasse Basmatireis, falls verträglich Vollkornreis
6 Gewürznelken
1 Zimtstange
1 Prise Salz
8 Safranfäden
6 Kardamomkapseln, zerstoßen
1 EL Pistazien
2 EL brauner Zucker
2–3 EL Ghee
1 EL Rosinen
1 EL Mandelstifte

Den Reis waschen. Mit 1½ Tassen Wasser, Gewürznelken, Zimt und 1 Prise Salz auf kleiner Hitze kochen. Er ist gar, wenn das Wasser vollständig aufgesaugt ist und er eine glatte Oberfläche bildet, mit prallen, lockeren Körnern.
Während der Reis kocht, in 1 Esslöffel Wasser Safran, Kardamom, Pistazien und Zucker erhitzen, bis der Zucker geschmolzen ist. Diese Mischung über den gekochten Reis verteilen.
Das Ghee in einer Pfanne erhitzen, Rosinen und Mandelstifte hinzufügen und unter Rühren braten, bis die Mandeln goldgelb sind. Zum Reis geben, gut vermischen und sofort servieren.

ABENDESSEN
HERBST
15 MINUTEN

SALAT MIT GRÜNKOHL, BLUMENKOHL, ERBSEN, BASILIKUM, SEIDENTOFU UND FETA

Wegen seiner schönen, gekrausten grünen Blätter ist Grünkohl ein Nahrungsmittel vom Typ Prana, der Energie, die im Brustraum sitzt, die Luft in den Körper aufnimmt und den Herzschlag reguliert. Grünkohl wird blanchiert und dann gekocht oder roh gegessen, wenn man ihn roh mag. Er enthält wenig Kalorien, viele Ballaststoffe und Vitamine. Er gehört zur Familie der Kreuzblütengewächse, wie Rüben, Raps oder Kresse. Sein Reichtum an Mikronährstoffen macht ihn zu einem Superfood, das Spinat und Brokkoli ihren Platz streitig machen könnte. Er enthält sehr viel Vitamin A, C und K, das eine wichtige Rolle bei der Blutgerinnung und bei der Knochenbildung spielt. Grünkohl und Blumenkohl bilden Gase, was auch auf die positive Seite hindeutet, dass sie die Zahl der guten Bakterien in der Darmflora erhöhen. Diese Bakterien nehmen sich der Ballaststoffe und Zucker an, die wir nicht verdauen und beseitigen sie. Kurkuma und Senfkörner sind ein sehr effizientes Gegenmittel bei Darmgasen. Erbsen liefern viel Energie, und Tofu vervollständigt diesen Salat als Lieferant von pflanzlichen Vitaminen und Mineralsalzen. Feta steuert die Energie der Milch bei, die, wenn sie von guter Qualität ist, bei den Yogis als heilige Nahrung gilt.

FÜR 4 PORTIONEN
Zubereiten: 15 Minuten

4 Grünkohlblätter
½ Blumenkohl
200 g Erbsen, enthülst
120 g Seidentofu
120 g Feta, nach Belieben
1 Bund Basilikum

Für die Sauce:
5 EL Olivenöl
abgeriebene Schale und Saft von ½ Zitrone
1 TL Tahin (Sesampaste)
½ TL frische Kurkuma, gerieben
1 TL Senfkörner

Die Grünkohlblätter waschen, den Mittelstrunk entfernen und die Blätter von Hand zerkleinern oder mit einem Messer klein schneiden. Den Blumenkohl waschen und auf einer groben Reibe reiben. Grünkohlblätter, Blumenkohl und Erbsen 3 bis 5 Minuten im Dampfgarer garen, bis sie weich werden, aber noch knackig sind.

Das gegarte Gemüse kurz unter kaltem Wasser abspülen und in einem sauberen Küchentuch trocknen, um das überschüssige Wasser zu entfernen.

Das Gemüse auf die Teller verteilen, Tofu und zerbröckelten Feta hinzufügen. Die Basilikumblätter abzupfen, fein schneiden und auf die Teller streuen.

Die Zutaten für die Sauce miteinander vermischen und über die Teller verteilen.

ABENDESSEN
FRÜHLING
30 MINUTEN

NEUE KARTOFFELN, IN GHEE KONFIERT

Ein Leckerbissen, der im Mund zergeht, einfach köstlich! Kartoffeln sind äußerst wohltuend für die Darmschleimhaut, sie besänftigen und nähren den Organismus. Sie wachsen unter der Erde und sind daher ein Nahrungsmittel vom Typ Apana, der Energie, die im Unterbauch und Beckenbereich wirkt. Sie erhöhen die Kraft und fördern die Ausdauer, trotz ihrer beschwerenden Eigenschaften. Ihr Geschmack wird in der ayurvedischen Medizin als süß, bitter und zusammenziehend bezeichnet. Sie können Verdauungsgase verursachen, aber schwarzer Pfeffer und Ghee wirken als Gegenmittel. Die geklärte Butter hält die Arterienwände geschmeidig und erleichtert die Produktion von Verdauungssekreten. Ghee ist sehr wertvoll und sollte jeden Tag verzehrt werden.

FÜR 4 PORTIONEN
Zubereiten: 30 Minuten

800 g neue Kartoffeln
120 g Ghee
Fleur de Sel
½ TL Pfefferkörner, frisch zerstoßen
½ Bund frischer Thymian, Blätter abgezupft

Die Kartoffeln waschen, abbürsten und trocknen. 5 Minuten im Dampfgarer garen.
Das Ghee in einer Pfanne erhitzen, die Kartoffeln hinzufügen und unter ständigem Wenden 25 Minuten im Ghee braten, bis sie zartschmelzend und konfiert sind.
Vor dem Servieren einige Prisen Fleur de Sel, Pfeffer und die abgezupften Thymianblättchen hinzufügen.
Zusammen mit einem knackigen grünen Salat ist das eine leckere und reichhaltige Mahlzeit.

KONFIERTE AUBERGINEN, WÜRZIGE TOMATENSAUCE

Ein Teller voller Sonne und Gewürze. Dieses Rezept kann mit Ghee oder mit Olivenöl, mit Basilikum oder Salbei zubereitet werden, ganz nach Belieben. Aubergine, die unbedingt ganz reif und immer gegart gegessen werden muss, wirkt beruhigend, harntreibend und cholesterinsenkend. Sie ist gleichzeitig ein Stimulans für die Leber und die Bauchspeicheldrüse. Sie hat die Tendenz Kapha und Vata zu vermindern und Pitta zu erhöhen. Aubergine und Tomate sind Nahrungsmittel vom Typ Vyana, der Energie, die alle Pranas im ganzen Körper verteilt, koordiniert und reguliert. Salbei und Basilikum sind sattvische Pflanzen, die Intuition und geistige Klarheit begünstigen.

Für eine leichte Mahlzeit wird dieses Gericht allein gegessen, aber man kann auch ein Getreide hinzufügen: Reis, Quinoa, Teigwaren, Weizengrieß oder Dinkel.

FÜR 4 PORTIONEN
Vorbereiten: 15 Minuten
Backen: 25 Minuten

4 Auberginen
Olivenöl und/oder Ghee
nicht raffiniertes Meersalz
Pfeffer, frisch zerstoßen
6–8 Tomaten, je nach Größe
2 TL Ras el Hanout (nordafrikanische Gewürzmischung)
1 EL Ahornsirup
½ Bund frisches Basilikum oder frischer Salbei, fein geschnitten

Oder statt Ras el Hanout folgende Gewürzmischung:
¼ TL frischer Ingwer, gerieben
¼ TL frische Kurkuma, gerieben
¼ TL Korianderkörner
¼ TL Kümmel
¼ TL Kreuzkümmel
¼ TL mildes Chilipulver
¼ TL Fenchelkörner
¼ TL Kardamomsamen
¼ TL Zimtpulver
½ TL schwarze Pfefferkörner

Den Backofen auf 180 Grad vorheizen.
Die Auberginen der Länge nach in dicke Scheiben (6–7 mm) schneiden. Diese Scheiben auf ein mit Backpapier belegtes Blech legen. Jede Auberginenscheibe großzügig mit Olivenöl beträufeln und gründlich einpinseln, damit das Öl gut eindringt. Salzen und pfeffern. Im Backofen 25 Minuten garen, bis die Auberginen eine schöne Farbe angenommen haben.
In der Zwischenzeit die Tomaten waschen und vierteln. Ghee oder Olivenöl in eine große Pfanne geben, das Ras el Hanout hinzufügen und einige Sekunden erhitzen, damit sich das Aroma entfaltet.
Dann die Tomaten hinzufügen und 15 Minuten schmoren lassen. Den Ahornsirup und das Basilikum (oder den Salbei) hinzufügen. Die Tomaten auf die Auberginenscheiben setzen. Noch 5 Minuten im Ofen mitschmoren lassen und dann heiß servieren.

ABENDESSEN
FRÜHLING
20 MINUTEN + 20 MINUTEN

BRENNNESSELSUPPE

Die Brennnessel ist ein fantastischer Verbündeter für die Gesundheit. Diese nährstoffreiche Pflanze unterstützt uns in schwierigen Zeiten. Sie stärkt vor allem die Nieren und die Nebennierendrüsen, die vom Stress und den Alltagsaktivitäten beansprucht und erschöpft werden. Ihr Mineralienreichtum macht den Organismus basisch und beseitigt Gesundheitsprobleme, die mit der Übersäuerung verbunden sind. Brennnesseln sind zusammenziehend und scharf, sie erhöhen Vata, vermindern Pitta und Kapha. Sie sind Nahrungsmittel vom Typ Prana, wie hauptsächlich Gemüse und Pflanzen mit grünen Blättern, die rasch wachsen, vor allem im Frühling, wenn Prana in reichem Maße vorhanden ist. Die Prana-Energie hat ihren Sitz im Brustraum, sie geht vom Bauchnabel aus und steigt Richtung Brust. Es ist die Energie, welche die Luft in den Körper aufnimmt und den Herzschlag reguliert. Die Kartoffel nährt Apana, jene Energie, die im Unterbauch und Becken sitzt und Kraft und Ausdauer verleiht. Brennnesseln werden vorzugsweise im Frühling gepflückt, solange sie noch zart und schmackhaft sind (mit Handschuhen pflücken und nicht am Straßenrand oder anderen belasteten Orten); später im Jahr sind sie eher fest und etwas weniger fein im Geschmack, schmecken aber immer noch sehr gut. Denken Sie daran, die Kartoffeln mit schwarzem Pfeffer zu würzen, damit keine Verdauungsgase entstehen.

FÜR 4 PORTIONEN
Vorbereiten: 20 Minuten
Kochen: 20–25 Minuten

6 Kartoffeln
800 g frische Brennnesseln
nicht raffiniertes Meersalz
schwarzer Pfeffer, frisch gemahlen
Olivenöl oder Ghee

Die Kartoffeln waschen, schälen und in große Stücke schneiden. Im Dampfgarer garen, bis sie weich sind. Mit einer Messerspitze überprüfen, ob sie weich sind.

In der Zwischenzeit die Blätter der Brennnesseln mit Handschuhen abzupfen und in kaltes, mit einem Spritzer weißem Essig versetztes Wasser geben, um sie zu reinigen.

Die Kartoffeln und die Brennnesseln in einen großen Topf geben und mit Wasser bedecken. 10 Minuten auf kleiner Hitze kochen, dann mit dem Pürierstab pürieren.

Die Suppe mit Salz und Pfeffer abschmecken. Eventuell einen Spritzer Olivenöl oder einen Löffel Ghee unterrühren und heiß servieren.

ABENDESSEN
FRÜHLING
15 MINUTEN + 20 MINUTEN

FRÜHLINGSGEMÜSETOPF

Es ist immer eine Freude für die Augen und die Geschmackspapillen, wenn das erste neue Gemüse im Frühling auf den Markt kommt. Erbsen und Zuckerschoten werden in der ayurvedischen Medizin als süß und als sehr energiereich betrachtet, da sie viele Ballaststoffe und Proteine enthalten. Zusammen mit Ghee, wohlschmeckenden Gewürzen und frischen Kräutern begünstigen sie die Darmentleerung. Sie vermindern Vata (wenn sie frisch sind), Pitta und Kapha. Erbsen und Zuckerschoten sind Nahrungsmittel, die die Ausbreitung der Energie im ganzen Körper unterstützen, indem sie Vyana stimulieren. Mairübchen und Kurkuma sind Nahrungsmittel vom Typ Apana, jener Energie, die im Unterbauch und Becken wirkt, Kraft und Ausdauer erhöht. Kurkuma steuert zudem seine zahlreichen vorbeugenden und heilenden Wirkungen bei. Sie wirkt sich positiv auf die Verdauung aus, hat die Fähigkeit, Entzündungen zu lindern, Krebs vorzubeugen und hat eine schützende Wirkung auf das Gehirn. Thymian, Rosmarin, Petersilie und Schnittlauch stimulieren Prana, jene Energie, die ihren Sitz im Brustraum hat und zwischen Bauchnabel und Kehle wirkt; sie sorgt für die Aufnahme der Luft in den Körper und reguliert den Herzschlag. Diese frühlingshafte Mischung aus Gemüse und Kräutern wird mit Zimt gewürzt, einem sattvischen Gewürz, das von Yogis sehr geschätzt wird.

FÜR 4 PORTIONEN
Vorbereiten: 15 Minuten
Kochen: 20 Minuten

1 Bund Mairübchen (Navets)
4 Grünkohlblätter
200 g Erbsen, enthülst
200 g Zuckerschoten, geputzt
3 EL Ghee
5 Pfefferkörner, zerstoßen
2 Zimtstangen
1 TL frische Kurkuma, fein geschnitten
2 Zweige Thymian
2 Zweige Rosmarin
2 Prisen Vollrohrzucker
nicht raffiniertes Meersalz
½ Bund Petersilie, fein geschnitten
½ Bund Schnittlauch, fein geschnitten
Olivenöl zum Beträufeln

Die Rübchen von den Blättern befreien, waschen und je nach Größe in 4 oder 8 Stücke schneiden. Die Grünkohlblätter waschen, den harten Stiel entfernen und die Blätter mit der Schere in kleine Stücke schneiden.
Das Ghee in einem Topf erhitzen, Pfeffer, Zimt und Kurkuma hinzufügen. Dann Erbsen, Rübchen, Zuckerschoten, Grünkohl und zuletzt die Thymian- und Rosmarinzweige dazugeben. Den Zucker darüberstreuen und 250 ml Wasser hinzugießen. 15 bis 20 Minuten kochen, dabei von Zeit zu Zeit umrühren. Sobald das Gemüse weich ist, etwas Salz hinzufügen. Das Gemüse auf Teller verteilen. Mit den fein geschnittenen Kräutern bestreuen und mit etwas Olivenöl beträufeln.

ABENDESSEN
ALLE JAHRESZEITEN
20 MINUTEN + 20 MINUTEN

MAKI SUSHI

Ein Rezept für die Liebhaber der japanischen Küche. Algen sind hervorragende Immunstimulanzien; sie wirken darmreinigend, infektionshemmend und remineralisierend, stärken die Hormondrüsen und sorgen für einen ausgeglichenen Hormonhaushalt (bei Schilddrüsenüberfunktion sind sie aber zu vermeiden). Mit Reis und rohem Gemüse werden diese Sushis zu einer kompletten Mahlzeit, die alle Geschmacksrichtungen und alle notwendigen Nährstoffe enthält.

Reis ist nahrhaft und ausgleichend, er stimuliert die Samana-Energie im Bauchraum. Karotten stärken und stimulieren Apana, die Energie, die im Unterbauch und im Beckenbereich wirkt. Gurke wiederum stimuliert Vyana, jene Kraft, die für die Verteilung und Ausbreitung der Energie durch die verschiedenen Energieströme im Körper sorgt. Avocado stimuliert die Energie von Kopf, Hals, des Denkens, des Nervensystems und der Sinne, die uns mit der Außenwelt verbinden. Petersilie und Schnittlauch sind reich an Chlorophyll, sie stimulieren Prana, die Energie, die im Brustraum sitzt. Ausgezeichnet für die Gesundheit und ideal für die Yogapraxis.

FÜR 4 PERSONEN
Kochen: 20 Minuten
Zubereiten: 20 Minuten

250 g Sushireis
1 Karotte
1 Avocado
8 Noriblätter
4 Handvoll gekeimte Sprossen (Alfalfa)
½ Bund Petersilie und/oder Koriander, fein geschnitten
½ Bund Schnittlauch, fein geschnitten
1 Handvoll Rucola, nach Belieben
2 EL Sesamsamen
Sojasauce

Den Reis mit kaltem Wasser abspülen, bis das ablaufende Wasser klar ist. Abtropfen lassen. Den Reis nach Packungsanleitung garen. Abkühlen lassen.
Die Karotte waschen und in Stifte schneiden. Die Avocado halbieren, schälen und das Fruchtfleisch in Streifen schneiden. 1 Noriblatt auf die Bambusmatte legen. Den Reis in einer etwa 1 cm dicken Schicht darauf verteilen. Rund herum einen Rand von etwa 1 cm frei lassen. In der Mitte auf 2 bis 3 cm Breite einige Karottenstifte, Avocadostreifen, Sprossen, etwas Petersilie und/oder Koriander, Schnittlauch und/oder Rucola darauflegen. Mit 1 Teelöffel Sesam bestreuen. Die Ränder des Noriblatts mit etwas Wasser anfeuchten. Dann das Blatt mithilfe der Bambusmatte fest aufrollen. Weitere Noriblätter füllen und aufrollen, bis alle Zutaten aufgebraucht sind. Die Rollen in 2 bis 3 cm große Stücke schneiden. Mit Sojasauce zum Tunken servieren.

ABENDESSEN
FRÜHLING/SOMMER/HERBST
20 MINUTEN

SPINATROLLEN UND CRACKER MIT FRISCHEM ZIEGENKÄSE

Mit diesem Rezept kann man seinen Energiespeicher wieder auffüllen. Spinat ist eine hervorragende Wahl bei körperlicher oder geistiger Müdigkeit, er wirkt remineralisierend, anregend und reinigend. Er ist zusammenziehend und hat die Tendenz, Vata und Pitta im Organismus zu erhöhen. Spinat ist sättigend, hat aber nur wenig Kalorien, da er viele Ballaststoffe enthält. Er ist ein Nahrungsmittel vom Typ Prana, jener Energie, die zwischen Bauchnabel und Kehle wirkt, für die Aufnahme der Luft in den Körper sorgt und den Herzschlag reguliert. Walnüsse und Zitrone stimulieren Udana, die Energie, die oberhalb des Kehlkopfs wirkt, in Hals, Kopf, im Denken, aber auch im Nervensystem und in allen Sinnesrezeptoren, die uns mit der Außenwelt verbinden.

Walnüsse und Leinsamen sind sehr nahrhaft und aufbauend, enthalten viel Omega-3-Fettsäuren, Antioxidantien und Phytosterol; sie vermindern Stress und wirken sich positiv auf die Herzgesundheit und die Verdauung aus.

Zusammen mit gebratenem Tofu mit Ingwer und Sojasauce wird daraus eine vollständige Mahlzeit.

FÜR 4 PERSONEN
Zubereiten: 20 Minuten

500 g Spinat
nicht raffiniertes Meersalz
Pfeffer

FÜR DIE SAUCE:
30 g Walnüsse
1 EL Leinsamen
2 EL Zitronensaft
2 EL Sojasauce
1 TL Ahornsirup

4 Cracker (Buchweizen, Hirse)
oder ungesäuertes Brot
150 g Ziegenfrischkäse
Olivenöl
½ Bund Schnittlauch, fein geschnitten

Die Spinatblätter waschen. 3 Minuten im Dampf garen. Mit der Hand möglichst alle Flüssigkeit ausdrücken. Abkühlen lassen. Aus Frischhaltefolie vier Vierecke ausschneiden. Den gut ausgedrückten Spinat darauflegen und fest aufrollen, wie eine Wurst.

Für die Sauce Walnüsse und Leinsamen zusammen mit Zitronensaft, Sojasauce und Ahornsirup pürieren.

Die Cracker oder Brotscheiben mit Ziegenfrischkäse bestreichen, großzügig mit Olivenöl beträufeln und mit Schnittlauch bestreuen.

Die Spinatrollen aus der Frischhaltefolie wickeln und wie Maki Sushi in Stücke schneiden. Nach Geschmack mit etwas Salz und Pfeffer würzen. Zusammen mit der Sauce und den Crackern servieren.

ABENDESSEN
SOMMER/HERBST
45 MINUTEN + 30 MINUTEN

QUINOA-GNOCCHI MIT WÜRZIGER TOMATENSAUCE

Dies ist ein köstliches Sommerrezept. Die Herstellung der Gnocchi erfordert etwas Zeit, lohnt sich aber. Quinoa ist kein Getreide, sondern wie Spinat ein Fuchsschwanzgewächs, hat aber ähnliche Eigenschaften wie Getreide. Es enthält wertvolle pflanzliche Proteine und eine ausgewogenere Zusammensetzung von Aminosäuren als bei normalem Getreide, was es für Vegetarier interessant macht. Ebenso enthalten sind Eisen, Zink und Vitamine der B-Gruppe. Quinoa ist frisch und süß und daher für alle Doshas passend. Tomaten sorgen dank der enthaltenen Antioxidantien insbesondere für die Gesundheit der Arterien. Sie stimulieren Vyana, jene Energie, die die anderen Pranas im ganzen Körper verteilt und reguliert. Zum Typ Vyana gehören Nahrungsmittel, die bodennah wachsen, wie Kürbisse, Melonen, Wassermelonen, Erdbeeren, Tomaten, Bohnen, Erbsen usw. Kurkuma ist vom Typ Apana, der Energie, die im Unterbauch und Beckenbereich wirkt und Kraft und Ausdauer verleiht. Gewürze und Kräuter, darunter das besonders sattvische und daher von Yogis sehr geschätzte Basilikum, vervollständigen die Geschmacksrichtungen und machen aus diesem Gericht eine aus ayurvedischer Sicht vollständige Mahlzeit.

FÜR 4 PORTIONEN
Zubereiten: 45 Minuten
Kochen: 30 Minuten

Für die Tomatensauce:
1 EL Ghee
1 TL Kreuzkümmelsamen, zerstoßen
1 TL Bockshornklee, nach Belieben
1 TL Koriandersamen, zerstoßen
1 Prise milder Chili
½ TL schwarzer Pfefferkörner, zerstoßen
6–8 vollreife Tomaten, je nach Größe, geviertelt
1 EL Ahornsirup
nicht raffiniertes Meersalz
1 EL Zitronensaft

200 g Quinoa
1 Gemüsebrühwürfel (siehe Seite 62)
80 g feiner Maisgrieß
1 Bund Basilikum, fein geschnitten

Für die Sauce das Ghee in einer großen Pfanne erhitzen, alle Gewürze hinzufügen und kurz erhitzen, damit sie ihr Aroma entfalten. Tomaten, Ahornsirup und 2 bis 3 Prisen Salz hinzufügen. 15 bis 20 Minuten köcheln lassen, bis eine sämige Sauce entstanden ist. Den Zitronensaft hinzufügen und umrühren.
In der Zwischenzeit das Quinoa in eine große Schüssel geben. Den Brühwürfel in kochendem Wasser auflösen und so viel der Brühe zugießen, bis das Quinoa gerade damit bedeckt ist. Zugedeckt 10 Minuten quellen lassen. Den Maisgrieß hinzufügen und mit den Händen zu einer festen glatten Masse verarbeiten. Jeweils walnussgroße Stücke der Quinoamasse zwischen den Handflächen rollen und zu Gnocchi formen.
Die Gnocchi 10 Minuten im Dampf garen (im Dampfkörbchen oder Dampfgarer). Sie können auch in der Pfanne in Ghee goldbraun gebraten werden; nach Wunsch mit Thymianblättchen bestreuen.
Mit Tomatensauce und fein geschnittenem Basilikum servieren.

ALLE JAHRESZEITEN
10 MINUTEN + 15 MINUTEN

DAL MIT ROTEN LINSEN

Dies ist ein Grundrezept der ayurvedischen Küche. Es ist schnell gemacht und schmeckt vorzüglich. Meist wird es zusammen mit einer Schüssel Reis und einer Gemüsebeilage wie beispielsweise dem Auberginen-Curry Seite 264 serviert. Die Liste der Gewürze ist zwar lang, es braucht aber nur 5 Minuten, um sie im Mörser zu zerstoßen, und schmeckt viel besser als fertige Gewürzmischungen. Rote Linsen sind süß, nähstoffreich und bekömmlich, sie wirken hervorragend bei körperlicher oder geistiger Müdigkeit. Die Gewürzmischung (unter anderem mit den sattvischen Gewürzen Ingwer, Fenchel und Kardamom) begünstigt die Verdauung der Linsen und wirkt Verdauungsgasen entgegen.

Dieses Gericht hat die Tendenz, das Verdauungsfeuer zu erhöhen, aber die geklärte Butter mit ihren erfrischenden und entzündungshemmenden Eigenschaften stellt das Gleichgewicht wieder her. Die Linsen regen das für die Verteilung der Energie im Körper zuständige Vyana an; Ghee ist nahrhaft und ausgleichend. Die Kokosmilch stimuliert Udana, jene Energie, die in Hals, Kopf, im Denken, im Nervensystem und in allen Sinnesrezeptoren wirkt, die uns mit der Außenwelt verbinden. Frischer Koriander, der reich an Chlorophyll ist, regt die Prana-Energie im Brustraum an, die für Atmung und Herzschlag zuständig ist.

FÜR 4 PORTIONEN
Vorbereiten: 10 Minuten
Kochen: 15 Minuten

1 gehäufter EL Ghee
1 TL frische Kurkuma, gerieben
1 TL frischer Ingwer, gerieben
1 TL Senfkörner
½ TL Kreuzkümmel, zerstoßen
½ TL Koriandersamen, zerstoßen
½ TL Fenchelsamen, zerstoßen
½ TL Kardamomsamen, zerstoßen
½ TL Bockhornklee, zerstoßen
250 g rote Linsen
250 ml Kokosmilch
abgeriebene Schale und Saft von 1½ Limette
nicht raffiniertes Meersalz
½ Bund frischer Koriander, fein geschnitten

Das Ghee in einem Topf mit dickem Boden erhitzen. Alle Würzzutaten und Gewürze hinzufügen und kurz erhitzen, damit sich ihr Aroma entfaltet.
Die Linsen waschen und zusammen mit 750 ml Wasser in den Topf geben.
Auf kleiner Hitze 15 Minuten kochen lassen, bis die Linsen zartschmelzend sind. Dann Kokosmilch, Limettensaft und -schale hinzufügen. Salzen und umrühren.
In Schalen anrichten und mit fein geschnittenem Koriander bestreuen.

ABENDESSEN
SOMMER/HERBST
10 MINUTEN + 15 MINUTEN

ZUCCHINI MIT QUINOA, ZIEGENKÄSE UND BASILIKUM

Zucchini sind einfach zuzubereiten. Sie sind nährstoffreich, erfrischend, entwässernd und leicht abführend und damit eine wahre Wohltat für den Darm. Sie stimulieren Vyana, jene Energie, die die anderen Pranas im Körper verteilt und reguliert. Zucchini haben die Tendenz, das Verdauungsfeuer zu schwächen; dem wirken jedoch Gewürze, insbesondere Kreuzkümmel, Kardamom und Pfeffer, entgegen. Ziegenkäse ist frisch leichter verdaulich als länger gelagert, aber hier passt er hervorragend in dieser trockeneren, reiferen Form. Gesalzen trägt er zur Erhöhung des Verdauungsfeuers bei. Basilikum, die von den Yogis sehr geschätzte sattvische Pflanze, bringt feurige Schärfe ins Gericht. Basilikum ist ein natürliches Antiseptikum, wirkt krampflösend und ist ein hervorragendes Nerventonikum. Verwenden Sie unbedingt ein hochwertiges Olivenöl aus erster Kaltpressung und aus biologischem Anbau. Es enthält viele Antioxidantien und zahlreiche entzündungshemmende Stoffe.

FÜR 4 PORTIONEN
Vorbereiten: 10 Minuten
Kochen: 15 Minuten

170 g Quinoa
1 TL Currypulver (oder selbstgemacht aus je ¼ TL Kreuzkümmel, Kurkuma, Kardamom, Koriander und 4 frisch zerstoßenen Pfefferkörnern)
4 kleine oder 2 mittelgroße Zucchini
1 Ziegenweichkäse (z. B. Crottin de Chavignol)
1 Bund Basilikum, einige Blätter für die Garnitur beiseitegelegt, Rest fein geschnitten
4 EL Olivenöl
nicht raffiniertes Meersalz

Das Quinoa in einen Topf geben. Das 1½-Fache seines Volumens an Wasser und das Currypulver oder die Gewürzmischung hinzufügen. Aufkochen und 15 Minuten köcheln lassen.
Die Zucchini grob reiben oder in feine Streifen schneiden. 3 Minuten im Dampf garen.
Quinoa und Zucchini anrichten. Den Ziegenkäse darüber zerbröckeln und mit dem fein geschnittenen Basilikum bestreuen. Mit Olivenöl beträufeln und mit 1 Prise Salz würzen. Mit einigen ganzen Basilikumblättern garnieren.

ABENDESSEN
ALLE JAHRESZEITEN
20 MINUTEN + 30 MINUTEN

LAUWARMER GERSTENSALAT MIT GEBRATENEM BLUMENKOHL, MANDELN UND GEWÜRZEN

Dieser Salat schmeckt einfach köstlich und wird selbst Blumenkohlverächter überzeugen. Er ist auch sehr gesund; Untersuchungen haben gezeigt, dass der regelmäßige Verzehr von Gemüse aus der Familie der Kreuzblütler das Risiko von Krebserkrankungen senken kann. Einer übermäßigen Bildung von Darmgasen können Senfkörner entgegenwirken. Gerste vermindert Pitta und Kapha und erhöht Vata. Sie ist nahrhaft und ausgleichend und stimuliert die Samana-Energie im Bauchraum. Blumenkohl wiederum begünstigt die Verteilung der Energie auf die verschiedenen Energieströme in unserem Körper, indem er Vyana stimuliert. Mandeln, Oliven und Zitronen wachsen in der Höhe, sie stimulieren die Udana-Energie, die im Hals, Kopf, im Denken, im Nervensystem und in allen Sinnesrezeptoren wirkt, die uns mit der Außenwelt verbinden. Petersilie und Staudensellerie sind reich an Chlorophyll und stimulieren Prana, die Energie, die im Brustraum sitzt, für die Aufnahme der Luft in den Körper sorgt und den Herzschlag reguliert.

FÜR 4 PORTIONEN
Vorbereiten: 15–20 Minuten
Kochen/Backen: 30 Minuten

40 g ganze Mandeln
100 g Perlgraupen
1 mittelgroßer Blumenkohl (ca. 700 g)
3 EL Olivenöl
½ TL Meersalz
1 gestrichener TL schwarzer Pfeffer, zerstoßen
1 TL Senfkörner
2 Stangen Staudensellerie
2 EL Petersilie, grob gezupft

FÜR DIE SAUCE:
3 EL Olivenöl
2 EL Zitronensaft
1 EL Ahornsirup
1 gestrichener TL Zimtpulver
1 gestrichener TL Lebkuchengewürz

Die Mandeln grob hacken und in Wasser einweichen.
Den Backofen auf 220 Grad vorheizen.
Die Gerstengraupen mit der doppelten Menge Wasser in einen Topf geben und auf kleiner Hitze 30 Minuten gar kochen.
Den Blumenkohl in große Röschen zerteilen. Mit dem Olivenöl, den Senfkörnern, Salz und Pfeffer in eine große Schüssel geben und gut vermischen, bis der Blumenkohl rundum mit der Gewürzmischung überzogen ist. Die Blumenkohlröschen auf einem mit Backpapier belegten Blech ausbreiten und im vorgeheizten Ofen 20 Minuten backen. Der Blumenkohl wird dabei goldgelb und knusprig. Aus dem Backofen nehmen und in eine Schüssel füllen. Die gekochten Perlgraupen hinzufügen; falls noch Flüssigkeit vorhanden ist, zuvor abtropfen lassen. Den Sellerie samt schönen Blättern in mundgerechte Stücke schneiden und hinzufügen.
Alle Zutaten für die Sauce miteinander vermischen, zum Salat geben. Petersilie und die abgetropften Mandeln hinzufügen und alles gut vermischen.

ABENDESSEN
SOMMER/HERBST
10 MINUTEN + 20 MINUTEN

TOMATENSUPPE MIT GEWÜRZEN

Dies ist eine ausgezeichnete Suppe, vorausgesetzt, die Tomaten sind sonnengereift, saftig und schmackhaft. Tomaten stimulieren Vyana, die Energie, die die anderen Pranas im Körper verteilt und reguliert. Tomaten remineralisieren und entgiften, sie sind harntreibend und leicht abführend. Sie liefern Energie, können aber die Tendenz haben, ein Ungleichgewicht von Pitta und Kapha zu erhöhen. Bei manchen führen sie auch zur Bildung von Darmgasen; dem können Zitrone und Kreuzkümmel entgegenwirken. Zitrone enthält wie alle Früchte, die in der Höhe auf Bäumen wachsen, mehr vom Ätherelement und nährt besonders Udana, die Energie, die in Hals, Kopf und somit im Denken wirkt, aber auch im Nervensystem und in den Sinnesrezeptoren, die uns mit der Außenwelt verbinden. Die Gewürze und das Ghee steuern weitere Geschmacksrichtungen bei und machen das Gericht zu einem vollständigen leichten und schmackhaften Essen. Ghee ist nahrhaft und ausgleichend, es gehört zu den Nahrungsmitteln vom Typ Samana, der Energie, die im Bauchraum wirkt, den Verdauungsapparat (Magen, Leber, Bauchspeicheldrüse, Darm) stimuliert und kontrolliert und für die Aufnahme der Nährstoffe sorgt. Kurkuma erhöht Kraft und Ausdauer und stimuliert Apana, die Energie, die im Unterbauch und Beckenbereich wirkt.

Für eine sättigendere Mahlzeit passt dazu ein nordisches Brötchen (Rezept Seite 198) oder eine Schale Quinoa.

FÜR 4 PORTIONEN
Vorbereiten: 10 Minuten
Kochen: 20 Minuten

8 große Tomaten
(vorzugsweise alte Sorten)
½ TL Pfefferkörner
1 gestrichener TL Korianderkörner
1 gestrichener TL Kreuzkümmel
2 EL Ghee
1 gestrichener TL Bockshornklee
1 TL Senfkörner
1 Msp. milder Chili
1 TL frische Kurkuma, gerieben
Saft von 1 Zitrone

Die Tomaten waschen und in Stücke schneiden.
Pfeffer, Koriander und Kreuzkümmel im Mörser zerstoßen.
Das Ghee in einem Topf erhitzen. Zuerst die zerstoßenen Gewürze, dann den Bockshornklee, die Senfkörner, Chili und Kurkuma hinzufügen. Kurz erhitzen, damit sich das Aroma entfaltet.
Die Tomaten dazugeben, mit 750 ml Wasser bedecken und auf mittlerer Hitze 15 bis 20 Minuten köcheln lassen.
Dann die Suppe pürieren (oder auch nicht), den Zitronensaft hinzufügen und heiß servieren.

ABENDESSEN
SOMMER/HERBST
15 MINUTEN + 30 MINUTEN

AUBERGINEN-CURRY

Dieses Curry zergeht auf der Zunge und schmeckt absolut köstlich. Die Aubergine gilt in der ayurvedischen Medizin als heiß und leicht und ist in diesem Rezept zur Belebung des Verdauungsfeuers von Gewürzen umhüllt. Die Paprikaschote steuert Schärfe bei. Beides sind Nahrungsmittel, die Vyana stimulieren, jene Energie, die die anderen Pranas im Körper verteilt und reguliert. Ingwer und Kurkuma stärken Apana, die Energie, die im Unterbauch und Beckenbereich wirkt. Zu diesen Nahrungsmitteln zählen die essbaren Wurzeln, wie zum Beispiel Kartoffeln, Karotten, Süßkartoffeln, aber auch Ingwer und Kurkuma als Würzzutaten, die die Kraft erhöhen. Fenchel, Zimt und Kardamom sind sattvische Gewürze, die im Yoga besonders geschätzt werden.

Dieses Curry ist ein leichtes Gericht, das auch für den Abend geeignet ist. Für ein reichhaltigeres Mittagessen kann man Basmatireis dazu servieren oder das Curry auch als Belag auf eine dicke Scheibe Brot streichen.

FÜR 4 PORTIONEN
Vorbereiten: 15 Minuten
Kochen: 30 Minuten

3 große Auberginen
1 rote Paprikaschote
4 EL Olivenöl oder Ghee
1 TL Kreuzkümmelsamen, zerstoßen
1 TL Fenchelsamen, zerstoßen
1 TL Korianderkörner, zerstoßen
½ TL Kardamomsamen, zerstoßen
½ TL schwarze Pfefferkörner, zerstoßen
1 EL Senfkörner
1 TL Zimtpulver
1 EL frischer Ingwer, gerieben
1 TL frische Kurkuma, gerieben
1 EL Vollrohrzucker
nicht raffiniertes Meersalz
½ Bund frischer Koriander, nach Belieben

Die Auberginen waschen, den Stielansatz abschneiden und die Früchte in 3 cm große Würfel schneiden. Die Paprikaschote waschen, entkernen und in Streifen schneiden.
Olivenöl oder Ghee in einem Topf erhitzen, die Gewürze, Ingwer und Kurkuma hinzufügen und kurz erhitzen, damit sich ihr Aroma entfaltet.
Die Auberginenstücke hinzufügen und bei starker Hitze anbraten, dabei mit zwei Holzlöffeln wenden, damit sie sich gut mit dem Fett und den Gewürzen verbinden.
Die Paprikastreifen hinzufügen und genauso anbraten. Anschließend 300 ml Wasser und den Zucker hinzufügen. Die Temperatur zurückschalten und auf kleiner Hitze köcheln lassen, bis die Auberginen ganz weich sind; dabei von Zeit zu Zeit umrühren. Salzen und nochmals gut umrühren.
Heiß servieren, nach Belieben mit fein geschnittenem Koriander bestreut und nach Wunsch mit Reis oder Brot als Beilage. Das Auberginen-Curry schmeckt auch kalt sehr gut.

SOMMER/HERBST
15 MINUTEN + 25 MINUTEN

GEMÜSESUPPE MIT GEWÜRZEN UND REISMILCH

Diese Suppe passt immer und lässt sich im Laufe der Jahreszeiten mit dem Gemüse variieren, das gerade auf dem Markt angeboten wird. Karotten gelten in der ayurvedischen Medizin als süß, bitter und scharf, Tomaten als sauer, während Mangold und Spinat als zusammenziehend gelten. Hier verbinden sich die Geschmacksrichtungen zu einem harmonischen Gericht.

Karotten, Süßkartoffeln, Ingwer und Kurkuma stärken und stimulieren Apana, die Energie in Unterbauch und Becken. Tomaten und Zucchini nähren Vyana, jene Energie, die die anderen Pranas im Körper verteilt und den ganzen Körper durchzieht. Die schönen grünen Blätter von Mangold und Spinat sind voller Chlorophyll und nähren Prana, die Energie, die vom Bauchnabel zur Kehle wirkt, die Luft in den Körper aufnimmt und den Herzschlag reguliert. Reismilch ist nahrhaft und ausgleichend; sie bringt geschmackliche Süße und stimuliert die Samana-Energie, die im Bauchraum wirkt, für die Verdauung und die Aufnahme der Nährstoffe, aber auch für Herz und Atmungssystem zuständig ist. Reismilch ist sehr bekömmlich und allen zu empfehlen, die eine empfindliche Verdauung haben. Die Gewürze verstärken den Geschmack, erhalten das Gleichgewicht des Verdauungsfeuers und erfreuen die Sinne; sie sollten immer frisch zerstoßen werden. Zimt und Kardamom sind im Yoga sehr geschätzte sattvische Gewürze.

FÜR 4 PERSONEN
Vorbereiten: 15 Minuten
Kochen: 25 Minuten

3 Karotten
2 Zucchini
3 Mangoldblätter, Mittelstrunk entfernt
1 Süßkartoffel
4 große reife Tomaten
4 Handvoll Spinatblätter
2 EL Ghee oder Olivenöl
1 TL frische Kurkuma, gerieben
1 EL frischer Ingwer, gerieben
1 TL Koriandersamen, zerstoßen
½ TL Kreuzkümmelsamen
5 schwarze Pfefferkörner, zerstoßen
½ TL Zimtpulver
650 ml Reismilch

Das Gemüse waschen. Die Karotten schälen und in dicke Scheiben schneiden. Die Zucchini ebenfalls in dicke Scheiben und die Mangoldblätter in grobe Streifen schneiden. Die Süßkartoffel schälen und in große Stücke schneiden. Die Tomaten grob schneiden.

In einem Topf Ghee oder Olivenöl erhitzen, Kurkuma, Ingwer, Koriander, Kreuzkümmel, Pfeffer und Zimt darin andünsten, bis sich ihr Aroma entfaltet.

Karotten und Süßkartoffel hinzufügen und 2 Minuten unter ständigem Rühren anbraten. Dann Zucchini und Tomaten dazugeben und weitere 2 Minuten anbraten. Zuletzt Spinat und Mangold beifügen. Mit der Reismilch aufgießen; sie sollte das Gemüse ganz bedecken. Auf kleiner Hitze 25 Minuten köcheln lassen. Sobald das Gemüse weich ist, alles pürieren. Falls die Suppe etwas flüssiger sein soll, noch etwas Reismilch hinzufügen. Heiß servieren.

ABENDESSEN
SOMMER/HERBST
15 MINUTEN + 1 STUNDE

GESCHMORTE AUBERGINEN MIT FETA, RUCOLA UND FRISCHEN KRÄUTERN

Die wohlschmeckende Schlichtheit der Mittelmeerküche in Verbindung mit ayurvedischen Gewürzen macht aus diesem Rezept ein hervorragendes Sommeressen. Leichtigkeit ist hier Trumpf, und alle Geschmacksrichtungen sind vorhanden. Die Aubergine ist süß, leicht und heiß; sie verbindet sich hier mit dem Frischkäse, der zusammenziehend und erfrischend wirkt. Die Gewürze bringen Bitterkeit und Schärfe, die frischen Kräuter und der Rucola enthalten eine große Menge Antioxidantien, Vitamine und Mineralstoffe.

Die Süße der Aubergine entspricht dem sattvischen Geschmack par excellence, der sowohl für den Körper als auch für den Geist nährend und ausgleichend ist. Die scharfen und salzigen Geschmacksrichtungen haben anregende Eigenschaften und sind eher rajasisch. Zu den Auberginen kann man Pitabrot oder Chapatis (siehe Seite 148) reichen.

FÜR 4 PORTIONEN
Vorbereiten: 15 Minuten
Backen: 1 Stunde

4 Auberginen
4 EL Ghee
1 TL Kreuzkümmel, zerstoßen
1 TL Koriandersamen, zerstoßen
2 Handvoll Rucola
150 g Feta
⅓ Bund frischer Koriander, fein geschnitten oder gezupft
⅓ Bund frische Petersilie, fein geschnitten oder gezupft

FÜR DIE SAUCE:
5 EL Olivenöl
1 EL Zitronensaft
abgeriebene Schale von 1 Zitrone
1 EL Ahornsirup
4–5 Pfefferkörner, zerstoßen
2 Prisen nicht raffiniertes Meersalz

Den Backofen auf 180 Grad vorheizen.
Die Auberginen waschen, den Stielansatz abschneiden und die Früchte der Länge nach halbieren. Mit der Schnittfläche nach oben auf ein mit Backpapier belegtes Blech legen.
Das Ghee in einem kleinen Topf schmelzen, Kreuzkümmel und Koriander hinzufügen und gut verrühren. Die Schnittflächen der Auberginen mit dem gewürzten Ghee bepinseln. Im vorgeheizten Ofen 1 Stunde garen.
Für die Sauce alle Zutaten in einer kleinen Schüssel vermischen. Die fertig gegarten Auberginen mit dem Rucola und dem zerbröselten Feta anrichten. Mit den Kräutern bestreuen und mit der Sauce übergießen.

ABENDESSEN
HERBST/WINTER
10 MINUTEN + 25 MINUTEN

GRÜNKOHL-CHIPS

Grünkohl ist in Form von Chips absolut lecker und ideal zum Aperitif oder als gesunder Snack zwischendurch. Grünkohl oder Kale, wie man ihn heute gerne nennt, enthält sehr viele Nährstoffe. Damit möglichst viele seiner wohltuenden Eigenschaften erhalten bleiben, sollte die relativ tiefe Backofentemperatur unbedingt beibehalten werden.

Grünes Blattgemüse, dessen Blätter voller Chlorophyll sind, sind Nahrungsmittel vom Typ Prana, der Energie, die im Brustraum sitzt, für die Aufnahme der Luft in den Körper sorgt und den Herzschlag reguliert. Diese Nahrungsmittel wirken anregend, erfrischend und reinigend. Da Grünkohl reich an löslichen und unlöslichen Ballaststoffen ist, verlangsamt er die Aufnahme der Glukose ins Blut und schützt vor einem plötzlichen Anstieg des Blutzuckers. Und interessant für alle, die auf das Gewicht achten: Er hat nur 50 Kilokalorien pro 100 Gramm. Die Gewürze sorgen für eine gute Verdauung, denn wie alle Kohlarten kann auch Grünkohl für einige etwas schwerer verdaulich sein, besonders im Falle eines Vata-Ungleichgewichts.

FÜR 4 PERSONEN
Vorbereiten: 10 Minuten
Backen: 25 Minuten

4 große Grünkohlblätter
4 EL Olivenöl
½ TL nicht raffiniertes Meersalz
½ TL Pfeffer, frisch zerstoßen
1 TL Kurkuma, gemahlen
½ TL milder Chili

Den Backofen auf 120 Grad vorheizen.
Den Grünkohl waschen und sorgfältig mit einem sauberen Küchentuch trocknen. Den harten Mittelstrunk entfernen und die Blätter in mundgerechte Größe reißen.
Das Öl in einer Schüssel mit Salz, Pfeffer, Kurkuma und Chili vermischen. Die Grünkohlstücke hinzufügen und mit den Händen gründlich mit dem gewürzten Öl durchmassieren.
Auf ein mit Backpapier belegtes Backblech legen. Im vorgeheizten Backofen 25 Minuten backen. Die Chips sind fertig, wenn sie vollständig trocken und knusprig sind.

ABENDESSEN
HERBST/WINTER
15 MINUTEN + 20 MINUTEN

KÜRBIS-CARI MIT SPINAT UND GEWÜRZEN

Dieses von der kreolischen Küche inspirierte Gericht ist Nahrung für die Seele. Mit seiner wunderbaren Frische und den Gewürzen schmeckt es lecker und wirkt besonders in der kalten und feuchten Jahreszeit ausgleichend. Kürbis ist harntreibend und nährstoffreich, schützt den Darm und bekämpft Müdigkeit. Kürbisgewächse wachsen auf dem Boden und sind mit der Vyana-Energie verbunden, jener Kraft, die die Verteilung der Energie im ganzen Körper begünstigt. Ingwer und Kurkuma regen Apana an, die Energie, die in Unterbauch und Becken wirkt, Kraft und Ausdauer verleiht. Ingwer eignet sich gut, um Blähungen und Bauchkrämpfe zu beseitigen. Kurkuma verbessert die Verdauung, reinigt das Blut und stärkt die Gallenwege. Spinat ist reich an Chlorophyll und stimuliert Prana, die Energie im Brustraum, die für die Aufnahme der Luft in den Körper sorgt und den Herzschlag reguliert. Damit ist dies ein ideales Gericht, um den Körper des Yogis in der kalten Jahreszeit zu nähren.

FÜR 4 PORTIONEN
Vorbereiten: 15 Minuten
Kochen: 20 Minuten

4 gehäufte EL Mandeln
1 kg Hokkaidokürbis
2 EL Ghee oder Olivenöl
1 EL frischer Ingwer, gerieben
1 TL frische Kurkuma, gerieben
1 TL Koriandersamen, zerstoßen
1 TL Kreuzkümmelsamen
1 TL Cayennepfeffer
1 Gemüsebrühwürfel (siehe Seite 62)
250 g Spinat
nicht raffiniertes Meersalz
½ TL Pfefferkörner, frisch zerstoßen
4 EL Koriander, grob zerkleinert

Die Mandeln in einer Schüssel in Wasser einweichen.
Den Kürbis waschen, halbieren, entkernen und in große Würfel schneiden. Die Schale daranlassen, sie wird beim Kochen weich und kann mitgegessen werden.
Das Ghee oder Olivenöl in einem Topf erhitzen. Ingwer, Kurkuma und die Gewürze hinzufügen und kurz andünsten, damit sich das Aroma entfaltet. Die Kürbisstücke, 400 ml Wasser und den Brühwürfel hinzufügen. Aufkochen und 15 bis 20 Minuten köcheln lassen. Mit einer Messerspitze überprüfen, ob der Kürbis gar ist; er soll zart sein, aber nicht zerfallen.
Den Spinat putzen und zum Ende der Garzeit hinzufügen, noch 1 Minute mitgaren. Mit Salz und Pfeffer würzen.
Das Cari in Suppenteller verteilen. Die Mandeln der Länge nach in 2 bis 3 Stücke schneiden und zusammen mit dem Koriander darüberstreuen. Heiß servieren.

ABENDESSEN
HERBST/WINTER
10 MINUTEN + 50 MINUTEN

OFENGESCHMORTES WINTERGEMÜSE

Dieses wohlschmeckende Gericht voller Farben und Aromen eignet sich ganz hervorragend für die Alltagsküche. Es ist im Handumdrehen zubereitet, denn das Gemüse wird nur gewaschen, zurechtgeschnitten und in den Backofen geschoben. Und während das Gemüse gart, können Sie Ihren Beschäftigungen nachgehen oder auf der Yogamatte Ihre Übungen machen, und 50 Minuten später ist das Essen fertig.

Das hier vorgeschlagene Gemüse können Sie je nach Angebot und Jahreszeit variieren und zum Beispiel noch Navets, Steckrüben, Knollensellerie oder Kohlrabi hinzufügen. Seien Sie kreativ! Sie sollten nur darauf achten, dass alle Gemüse in etwa dieselbe Garzeit haben.

Karotten, Pastinaken, Hokkaidokürbis, Rote Bete und Süßkartoffel liefern alle erforderlichen Energien und alle notwendigen Geschmacksrichtungen: süß, bitter, zusammenziehend, scharf und salzig. Karotte, Pastinake, Rote Bete und Süßkartoffel sind Nahrungsmittel vom Typ Apana, sie erhöhen Kraft und Ausdauer. Ghee und Vollrohrzucker wirken nahrhaft und ausgleichend, sie stimulieren Samana, jene Energie, die im Bauchraum sitzt, das Verdauungssystem (Magen, Leber, Bauchspeicheldrüse und Darm) stimuliert und kontrolliert, für die Aufnahme der Nährstoffe zuständig ist, aber auch auf Herz und Atmungssystem wirkt. Ghee macht geschmeidig; es begünstigt mit seinen guten Fetten die Aufnahme der Nährstoffe und nährt alle Doshas. Die grünen Blätter der Kräuter unterstützen Prana, die Energie, die im Brustraum sitzt, für die Aufnahme der Luft in den Körper sorgt und den Herzschlag reguliert.

FÜR 4 PORTIONEN
Vorbereiten: 10 Minuten
Schmoren: 50 Minuten

4 Karotten
2 Pastinaken
½ kleiner Hokkaidokürbis
1 Rote Bete
1 Süßkartoffel
4–6 EL Ghee, geschmolzen, oder Olivenöl
1 EL Vollrohrzucker
2 Zweige Thymian
2 Zweige Rosmarin
½ Bund Koriander, nach Belieben
½ Bund Petersilie, nach Belieben
Pfeffer, zerstoßen
nicht raffiniertes Meersalz

Den Backofen auf 180 Grad vorheizen.
Das Gemüse waschen und schälen, der Hokkaidokürbis bleibt ungeschält. Karotten und Pastinaken je nach Größe der Länge nach in 2 oder 4 Stücke schneiden. Den Hokkaidokürbis in Spalten schneiden, Rote Bete und Süßkartoffel in Scheiben oder dünne Spalten.
Ein oder zwei Backbleche mit Backpapier belegen und das Gemüse darauf verteilen. Mit dem Ghee beträufeln und mit Zucker bestreuen. Die abgezupften Thymianblätter und Rosmarinnadeln darüberstreuen.
Im vorgeheizten Backofen etwa 50 Minuten schmoren. Nach Wunsch mit fein geschnittenen Kräutern bestreuen und mit Salz und Pfeffer würzen.

ABENDESSEN
HERBST
5 MINUTEN + 25 MINUTEN

ROTE HERBSTSUPPE

Diese wärmende Suppe ist ideal, um den Körper an einem kalten Tag zu kräftigen. Die Süßkartoffel gilt in der ayurvedischen Medizin als süß und zusammenziehend. Sie vermindert Vata und Pitta und erhöht Kapha. Die Karotte wirkt wunderbar ausgleichend auf den Darm. Karotte, Süßkartoffel und Ingwer stärken und stimulieren Apana, die Energie, die im Unterbauch und Becken wirkt. Die Schärfe von Paprika und Tomate verstärkt die wohltuende Wirkung. Sie stimulieren Vyana, jene Kraft, die die Energie auf die verschiedenen Energieströme im Körper verteilt und reguliert. Die Gewürze, vor allem Chili, Ingwer und Paprika, geben einen Energie-Kick, was in Zeiten großer Müdigkeit interessant ist. Paprikagewürz wird aus getrockneten Paprikaschoten und Chili hergestellt. Sein Geschmack ist milder als der von Cayennepfeffer, denn es enthält weniger Capsaicin, welches die Schärfe verleiht. Diese Gewürze sollten Sie je nach Ihrer persönlichen Verträglichkeit von Schärfe verwenden, die sowohl im Mund wie auch im Magen unterschiedlich sein kann.

Zu dieser Suppe passen besonders gut die nordischen Brötchen von Seite 198. Aber jedes andere gute Brot, möglichst aus alten Weizensorten gebacken, geht ebenfalls.

FÜR 4–6 PORTIONEN
Vorbereiten: 5 Minuten
Kochen: 25 Minuten

1 große Süßkartoffel
3 Karotten
1 rote Paprikaschote
5 sehr reife Tomaten
4 EL Ghee oder Olivenöl
1 EL Kreuzkümmel, gemahlen
1 EL frischer Ingwer, gerieben
¼ TL Chili
¼ TL Paprikapulver
2 Gewürznelken, fein zerstoßen
1 l Wasser
1 Gemüsebrühwürfel (siehe Seite 62), nach Belieben

Die Süßkartoffel schälen und in große Stücke schneiden. Die Karotten gründlich waschen und in große Stücke schneiden. Die Paprika waschen, halbieren, entkernen und in Streifen schneiden. Die Tomaten waschen und je nach Größe in Viertel oder Achtel schneiden.
Ghee oder Olivenöl in einem Topf erhitzen. Alle Gewürze hinzufügen und andünsten, damit sie ihr Aroma entfalten. Die Karotten hinzufügen und 1 Minute unter Rühren anbraten, dann die Süßkartoffeln und die Paprika zugeben und 2 Minuten weiter dünsten. Die Tomaten hinzufügen. Das Gemüse mit 1 Liter Wasser bedecken, den Gemüsebrühwürfel, falls verwendet, hinzufügen und alles 25 Minuten auf kleiner Hitze köcheln lassen.
Mit einer Messerspitze überprüfen, ob das Gemüse weich ist. Dann alles im Mixer oder mit dem Stabmixer zu einer sämigen, herrlich rotorangen Suppe pürieren.

ABENDESSEN
HERBST/WINTER
15 MINUTEN + 35 MINUTEN

GEMÜSE-CRUMBLE

Dieser schmackhafte Crumble, der zum Mittagessen oder zum Abendessen passt, beruhigt und weckt gleichzeitig die Geschmackspapillen. Sellerie wirkt antirheumatisch, ist ein hervorragendes Leberheilmittel und ein natürliches Stärkungsmittel. Er ist zusammenziehend, kalt und trocken, erhöht Vata und vermindert Pitta und Kapha. Karotten, Pilze und Ingwer stimulieren Apana, die Energie im Unterbauch und Becken, die Kraft und Ausdauer verleiht. Staudensellerie und Petersilie stimulieren Prana, die Energie, die zwischen Bauchnabel und Kehle wirkt, für die Aufnahme der Luft in den Körper sorgt und den Herzschlag reguliert. Haferflocken und Milchprodukte (Ghee und Parmesan) nähren die Samana-Energie, die im Bauchraum sitzt, Verdauungssystem, Herz und Atmungssystem stimuliert und kontrolliert und für die Aufnahme der Nährstoffe zuständig ist.

Dieses Rezept kann auch mit anderen Gemüsen zubereitet werden. Seien Sie kreativ und nehmen Sie, was Sie gerade im Angebot finden. Sojasauce und Sesamsamen sind ein perfekter Ersatz für Salz.

FÜR 4–6 TELLER
Vorbereiten: 15 Minuten
Backen: 35 Minuten

2 Karotten
4 Stangen Staudensellerie
12 weiße Champignons
250 ml Wasser
2 EL Shoyu (Sojasauce)
1 TL Ingwer, gerieben
½ EL Petersilie, fein geschnitten

FÜR DIE STREUSEL:
100 g Haferflocken
60 g Ghee
60 g Parmesan, gerieben
30 g Sesamsamen

Den Backofen auf 180 Grad vorheizen.
Karotten und Staudensellerie waschen und in kleine Würfel schneiden. Die Champignons putzen und ebenfalls klein schneiden.
Karotten, Staudensellerie und Champignons mit dem Wasser und der Sojasauce in eine große Pfanne oder einen Gusseisentopf geben und 15 Minuten köcheln lassen.
Inzwischen für die Streusel in einer Schüssel die Haferflocken mit Ghee, Parmesan und Sesamsamen vermischen.
Das Gemüse abgießen, die Brühe auffangen und beiseitestellen (sie kann für ein anderes Gericht verwendet oder ein kleines Glas davon als Vorspeise serviert werden). Ingwer und Petersilie zum Gemüse geben und mischen. Das Gemüse in eine Auflaufform füllen und mit den Haferflockenstreuseln bestreuen. Im vorgeheizten Backofen 35 Minuten backen.

ABENDESSEN
HERBST/WINTER
1 NACHT + 10 MINUTEN + 1 STUNDE

WUNDERSUPPE MIT TROCKENERBSEN, SPINAT UND GEWÜRZEN

Diese sämige Suppe weckt auf fast magische Art die Lebenskräfte, denn sie strotzt nur so von Gewürzen. Die Trockenerbsen haben die Geschmacksrichtungen süß und zusammenziehend, die im Ayurveda besonders empfohlen werden. Wie Hülsenfrüchte im Allgemeinen erhöhen sie das Vata im Körper; daher ist es wichtig, sie mit Gewürzen als Gegenmittel zu kochen, besonders mit schwarzem Pfeffer, Kreuzkümmel und Ingwer. Trockenerbsen haben einen niedrigen glykämischen Index und enthalten viele Mineralsalze und Spurenelemente, die der Körper für seine Regeneration benötigt (Kalium, Magnesium, Schwefel, Mangan, Phosphor, Kalzium, Kupfer und Eisen). Trockenerbsen stimulieren Vyana und damit die Verteilung der Energien im ganzen Körper. Ghee ist nahrhaft und ausgleichend; es stimuliert Samana, jene Energie, die im Bauchraum sitzt und für die Verdauung und die Aufnahme der Nährstoffe zuständig ist. Ingwer und Kurkuma verleihen Kraft und Ausdauer und stimulieren Apana, die Energie im Unterbauch und Becken. Die Limette, die in der Höhe auf Bäumen wächst, stimuliert Udana, jene Energie, die in Hals, Kopf, Nervensystem und Sinnesrezeptoren wirkt. Die Spinatblätter sind reich an Chlorophyll und stimulieren Prana, die Energie, die im Brustraum sitzt und für die Aufnahme der Luft in den Körper sorgt und den Herzschlag reguliert.

FÜR 4 PORTIONEN
Einweichen: über Nacht
Vorbereiten: 10 Minuten
Kochen: 1 Stunde

250 g Trockenerbsen, über Nacht in Wasser eingeweicht
2 EL Ghee
1 TL Kreuzkümmel, zerstoßen
4 Pfefferkörner, zerstoßen
4 Kardamomkapseln, zerstoßen
2 Gewürznelken, zerstoßen
¼ TL Cayennepfeffer
½ TL Zimtpulver
1 TL frischer Ingwer, gerieben
1 TL frische Kurkuma, gerieben
150 g junge Spinatblätter
nicht raffiniertes Meersalz
abgeriebene Schale und Saft von 1 Limette

Am Vortag oder mindestens 1 Stunde vor dem Kochen die Trockenerbsen einweichen. Das Einweichwasser und auch das Kochwasser nicht salzen. Die Trockenerbsen abspülen.
Das Ghee in einem Topf mit dickem Boden erhitzen. Alle Gewürze, Ingwer und Kurkuma hinzufügen und kurz erhitzen, damit sie ihr Aroma entfalten. Die Trockenerbsen dazugeben und mit 1 Liter Wasser aufgießen. Auf kleiner Hitze 1 Stunde köcheln lassen.
Die Spinatblätter waschen, bei Ende der Kochzeit hinzufügen und nur noch zusammenfallen lassen.
Die Suppe salzen. Die Limettenschale mit einer feiner Reibe (Microplanereibe) abreiben und zusammen mit dem ausgepressten Saft dazugeben. Gut umrühren. In kleinen Schalen servieren.

ABENDESSEN
ALLE JAHRESZEITEN
10 MINUTEN + 5 MINUTEN

KORIANDERCREMESUPPE MIT KOKOSMILCH

Dies ist ein Rezept für alle, die Koriander lieben. Die Suppe ergibt eine köstliche Vorspeise für ein reichhaltiges Mittagessen oder ein leichtes Abendessen für sich allein.

Koriander ist bitter und scharf und wirkt, wenn er frisch ist, ausgleichend und beruhigend auf alle Doshas. Er wirkt schmerzlindernd, antiseptisch und krampflösend, bekämpft Blähungen und hat harntreibende Eigenschaften.

Koriander ist sehr sattvisch, er nährt die Prana-Energie, die zwischen Bauchnabel und Kehle sitzt und für die Aufnahme der Luft und den Herzschlag zuständig ist. Die Kokosnuss, die in der Höhe auf Bäumen wächst, nährt Udana, jene Energie, die für den Kopf, das Nervensystem und die Sinnesrezeptoren zuständig ist. Kokosmilch ist cremig und süß, sie ist reich an Ballaststoffen und trägt zu einer Regulierung der Darmtätigkeit bei.

FÜR 4 PORTIONEN
Vorbereiten: 10 Minuten
Kochen: 5 Minuten

500 ml Kokosmilch
250 ml Wasser
1 Gemüsebrühwürfel (siehe Seite 62)
1 großes Bund Koriander
½ TL Pfeffer, zerstoßen

Kokosmilch, Wasser und den Gemüsebrühwürfel in einen Topf geben und aufkochen. Die Herdplatte ausschalten und umrühren, bis sich der Brühwürfel in der Flüssigkeit aufgelöst hat. Lauwarm abkühlen lassen.
Den Koriander waschen, die Blätter abzupfen und fein schneiden (besonders schnell geht es mit der Schere).
Koriander und Pfeffer zur Suppe in den Topf geben und alles mit dem Pürierstab pürieren, bis sich an der Oberfläche Schaum bildet.
Die Cremesuppe in kleine Schalen oder Gläser abfüllen und lauwarm oder kalt genießen.

ABENDESSEN
HERBST/WINTER
10 MINUTEN + 30 MINUTEN

LINSEN MIT VIELEN FRISCHEN KRÄUTERN

Dieses Gericht besteht aus Linsen und einer Explosion von frischen Kräutern. Linsen gelten in der ayurvedischen Medizin als süß, frisch und bekömmlich, sie vermindern Vata und Kapha und erhöhen Pitta. Mit ihrem süßen Geschmack sind sie besonders sattvisch. Nahrhaft und ausgleichend zugleich, wirkt dieser Geschmack wohltuend auf Geist und Sinne. Die frischen Kräuter, die vor Chlorophyll strotzen, begünstigen in der Verbindung mit Ingwer die Verteilung der Energie im ganzen Körper.

Das Kochwasser der Linsen nicht salzen, es würde die Kochzeit verlängern. Man kann aber die Gewürze bereits ins Kochwasser geben, damit dieses ihre Aromen aufnimmt. Verwenden Sie nur frisch zerstoßene Gewürze.

FÜR 4 PORTIONEN
Vorbereiten: 10 Minuten
Kochen: 30 Minuten

1 EL Ghee
½ TL Kreuzkümmelsamen
½ TL Koriandersamen
½ TL Fenchelsamen
4 Kardamomkapseln, Samen ausgelöst
½ TL Bockshornkleesamen
1 TL frische Kurkuma, gerieben
1 TL frischer Ingwer, gerieben
200 g grüne Linsen
2 Stangen Staudensellerie
1 reife Avocado
½ Bund glatte Petersilie
½ Bund Schnittlauch
½ Bund Koriander
½ Bund Kerbel

FÜR DIE SAUCE:
3 EL Zitronensaft
4 EL Olivenöl
1 EL Ahornsirup
1 TL frischer Ingwer, gerieben
½ TL schwarze Pfefferkörner, frisch zerstoßen
¼ TL nicht raffiniertes Meersalz

Das Ghee in einem Topf mit dickem Boden erhitzen. Alle Gewürze, Kurkuma und Ingwer hinzufügen und einige Sekunden erhitzen, damit sich ihr Aroma entfaltet. Die Linsen und 400 bis 500 ml Wasser hinzufügen. 25 Minuten kochen lassen (je nach Linsensorte variiert die Kochzeit zwischen 20 und 45 Minuten; die Kochzeit also gegebenenfalls anpassen).

Die Linsen sind fertig, wenn alles Wasser aufgesaugt ist. Die Linsen sollen gekocht sein, aber fest bleiben und nicht zerfallen. Abkühlen lassen.

Für die Sauce alle Zutaten in einer kleinen Schüssel miteinander vermischen.

Die Linsen in eine große Salatschüssel geben. Den Staudensellerie klein schneiden, die Avocado schälen und in kleine Stücke schneiden. Alles zu den Linsen hinzufügen. Zuletzt alle frischen Kräuter, gezupft oder fein geschnitten, dazugeben.

Mit der Sauce übergießen und vorsichtig vermischen, damit die Avocadostücke nicht zerdrückt werden.

ABENDESSEN
HERBST
5 MINUTEN + 20 MINUTEN

MANDELMILCHSUPPE MIT FENCHEL UND ESSKASTANIEN

Diese Suppe ist wie ein Nektar. Esskastanien sind reich an Mineralien und eine interessante Energiequelle. Wie andere Früchte und Schalenfrüchte nähren sie Udana, jene Energie, die in Hals, Kopf, im Denken, im Nervensystem und in allen Sinnesrezeptoren wirkt, die uns mit der Außenwelt verbinden. Nahrungsmittel dieses Typs, die mehr vom Ätherelement enthalten, sind bei Yogis sehr beliebt, weil sie die Klarheit des Geistes, Intuition und Einsicht fördern. Fenchel, der in der ayurvedischen Medizin als süß und frisch betrachtet wird, bekämpft Verdauungsprobleme, Blähungen, Appetitlosigkeit und regt die Muskulatur des Enddarms an. Er beruhigt Vata, Pitta und Kapha. Er dient hier als perfektes Gegenmittel zur Esskastanie, die eventuell Blähungen hervorrufen könnte.

Ein nordisches Brötchen oder eine Scheibe Einkornbrot, warm aus dem Ofen oder geröstet, passen hervorragend dazu.

FÜR 4 PORTIONEN
Vorbereiten: 5 Minuten
Kochen: 20 Minuten

1 eher große Fenchelknolle
1 EL Ghee
750 ml Mandelmilch
1 EL Ahornsirup
2 Handvoll Esskastanien, gegart
½ TL Pfefferkörner, frisch zerstoßen
2 Prisen nicht raffiniertes Meersalz
abgeriebene Schale von 1 Limette

Die Fenchelknolle waschen und in kleine Würfel schneiden. Das Ghee bei starker Hitze in einem Topf erhitzen. Den Fenchel hinzufügen. Die Temperatur zurückschalten und den Fenchel 10 Minuten auf kleiner Hitze dünsten. Dann die Mandelmilch, den Ahornsirup und die Esskastanien hinzufügen und zugedeckt weitere 10 Minuten köcheln lassen.
Mit zerstoßenem Pfeffer und Salz würzen und anrichten.
Über jeden Teller mit einer feinen Reibe die Limettenschale direkt über die Suppe reiben.

HERBST/WINTER
10 MINUTEN + 25 MINUTEN

CREMIGE SÜSSKARTOFFELSUPPE MIT KAROTTEN UND INGWER

Eine große Schüssel voll würziger Süße für einen kalten Herbst- oder Winterabend. Süßkartoffeln und Karotten gelten in der ayurvedischen Medizin als süß und zusammenziehend, gemeinsam sorgen sie für eine gute Darmregulierung. Karotten, Süßkartoffeln, Ingwer und Kurkuma stimulieren Apana, die Energie, die im Unterbauch und Becken liegt, und geben Kraft und Ausdauer. Ingwer und Kurkuma wirken in Verbindung mit Ghee heilend und entzündungshemmend auf einen erschöpften Darm. Hergestellt aus Früchten, die auf Bäumen wachsen, unterstützt Kokosmilch Udana, jene Energie, die in Hals, Kopf und Nervensystem wirkt, den Geist, Klarheit, Einsicht und Intuition stimuliert. Koriander wiederum regt Prana an, die Energie, die zwischen Bauchnabel und Kehle wirkt, für die Aufnahme der Luft in den Körper zuständig ist und den Herzschlag reguliert.

Auch Suppen sollten »gekaut« werden: Das Einspeicheln bewirkt die unabdingbare Vorverdauung der Nahrung und das Kauen lässt uns das Sättigungsgefühl besser wahrnehmen.

FÜR 4 PORTIONEN
Vorbereiten: 10 Minuten
Kochen: 25 Minuten

1 mittelgroße Süßkartoffel
4 Karotten
2 EL Ghee
1 EL frische Kurkuma, gerieben
1 EL frischer Ingwer, gerieben
500 ml Kokosmilch
300 ml Wasser
½ TL schwarzer Pfeffer, zerstoßen
nicht raffiniertes Meersalz
½ Bund Koriander, fein geschnitten

Die Süßkartoffel und die Karotten waschen. In große Stücke schneiden und im Dampf (Dampfkörbchen oder Dampfgarer) etwa 25 Minuten garen, bis das Gemüse vollständig weich ist (den Garzustand mit einer Messerspitze überprüfen). Beiseitestellen.
Das Ghee in einer Pfanne erhitzen. Kurkuma und Ingwer darin kurz andünsten.
Die gegarten Karotten und die Süßkartoffel und in einen großen Topf geben, Kokosmilch, Wasser, die Ghee-Würzmischung und Pfeffer hinzufügen. Salzen und mit dem Stabmixer pürieren. Es sollte eine ziemlich dicke Suppe ergeben. Wenn die Suppe etwas flüssiger sein soll, etwas Wasser hinzufügen und nochmals mixen. Einige Minuten auf mittlerer Hitze kochen.
Mit Koriander bestreut servieren.

ABENDESSEN
HERBST/WINTER
30 MINUTEN + 15 MINUTEN + 40 MINUTEN

KITCHARI: MUNGOBOHNENSUPPE MIT LIMETTE UND KORIANDER

Diese superschmackhafte Suppe gehört zum festen Repertoire der Ayurvedaküche und enthält nur gute Dinge, die Körper und Geist verwöhnen. Mungobohnen enthalten sehr viele Proteine, sie sind gut verdaulich, liefern viel Energie und Mineralien. Sie vermindern vor allem Vata und Pitta (auch Kapha, wenn sie gut mit Gewürzen kombiniert werden). Mungobohnen sind Nahrungsmittel vom Typ Vyana, jener Kraft, die die Energie auf die verschiedenen Energieströme im Körper verteilt. Ghee und Feta wirken nahrhaft und ausgleichend und stimulieren Samana, jene Energie, die im Bauchraum sitzt und für die Verdauung und die Aufnahme der Nährstoffe zuständig ist. Koriander, der sehr reich an Chlorophyll ist, stimuliert Prana, die Energie, die im Brustraum sitzt und für die Aufnahme der Luft und den Herzschlag zuständig ist. Kurkuma wiederum stimuliert Apana, die Energie in Unterbauch und Becken, die Kraft und Ausdauer verleiht und die Verdauung unterstützt. Damit hilft diese Suppe hervorragend bei Müdigkeit, Nervosität und Demineralisation.

Die Gewürze geben dieser Suppe ihren charakteristischen Geschmack; wenn Sie nicht alle davon zur Hand haben, macht es aber auch nichts.

FÜR 3 PORTIONEN
Einweichen: 30 Minuten
Vorbereiten: 15 Minuten
Kochen: 40 Minuten

200 g Mungobohnen
1 Prise Natron
2 gehäufter EL Ghee
1 TL frische Kurkuma, gerieben
1 TL Senfkörner, zerstoßen
1 TL Kreuzkümmelsamen, zerstoßen
1 TL Fenchelsamen, zerstoßen
1 TL Bockshornkleesamen, zerstoßen
½ TL schwarzer Pfeffer, zerstoßen
1 Gemüsebrühwürfel (siehe Seite 62), nach Belieben
nicht raffiniertes Meersalz
abgeriebene Schale und Saft von 1 Limette
100 g Feta
½ Bund frischer Koriander, gezupft oder fein geschnitten

Die Mungobohnen 30 Minuten in einer kleinen Schüssel mit Wasser und 1 Prise Bikarbonat einweichen. Dann abspülen und bereithalten.

Das Ghee in einem Topf mit dickem Boden erhitzen, Kurkuma und alle Gewürze hinzufügen und kurz erhitzen, damit sie ihr Aroma entfalten.

Die Mungobohnen dazugeben, 1 Liter Wasser und, falls verwendet, den Gemüsebrühwürfel hinzufügen.

Auf kleiner Hitze 40 Minuten köcheln lassen. Erst am Ende der Kochzeit salzen. Limettenschale und Saft hinzufügen. Gut umrühren.

Die Suppe in Schalen anrichten. Mit dem grob zerbröckelten Feta und großzügig mit Koriander bestreuen und sofort genießen.

ABENDESSEN
HERBST/WINTER
20 MINUTEN + 20 MINUTEN

BLUMENKOHLSUPPE MIT CASHEWKERNEN UND ZITRONENGRAS

Diese Suppe zeichnet sich durch eine überraschende, aber sehr gut passende Kombination von Aromen aus. Sie ist ein hervorragendes Stimulans für das Immunsystem. Blumenkohl ist ein Nahrungsmittel vom Typ Vyana, das stärkend und stimulierend wirkt und die Verteilung der Energie im ganzen Körper fördert. Blumenkohl gilt in der ayurvedischen Heilkunde als zusammenziehend, kalt und scharf; er vermindert Pitta und Kapha, während er Vata erhöht. Ghee, Ingwer und Kurkuma wirken ausgleichend. Kurkuma und Ingwer stimulieren Apana, die Energie, die im Unterbauch und Becken sitzt, Kraft und Ausdauer verleiht. Ghee wiederum sorgt für eine gute Aufnahme der Nährstoffe, aber auch für eine gute Funktion von Herz und Atmungssystem. Cashewkerne und Mandeln (hier in Form von Mandelmilch) enthalten wie alle Früchte, die in der Höhe auf Bäumen wachsen, mehr vom Ätherelement und fördern damit die Klarheit des Geistes, Intuition und Einsicht. Sie sind süß und bekömmlich, enthalten gute Fette und sind reich an Magnesium, Calcium und Phosphor. Zitronengras beruhigt die Nerven und bekämpft geistige Erschöpfung.

FÜR 4 PORTIONEN
Vorbereiten: 20 Minuten
Kochen: 20 Minuten

200 g Cashewkerne
1 Blumenkohl
1 Stängel Zitronengras
2 EL Ghee
1 TL frischer Ingwer, gerieben
1 TL frische Kurkuma, gerieben
schwarzer Pfeffer, zerstoßen
1 l Mandelmilch
nicht raffiniertes Meersalz

Die Cashewkerne in einer kleinen Schüssel in Wasser einweichen.
Den Blumenkohl waschen und in Röschen zerteilen. Das Zitronengras waschen und fein schneiden.
Das Ghee in einem Gusseisentopf oder in einem Topf mit dickem Boden erhitzen. Zitronengras, Ingwer, Kurkuma und Pfeffer darin kurz andünsten, damit sie ihr Aroma entfalten.
Den Blumenkohl hinzufügen und 2 Minuten anbraten. Dann mit der Mandelmilch aufgießen und zugedeckt 20 Minuten auf kleiner Hitze köcheln lassen.
Am Ende der Kochzeit die abgetropften Cashewkerne und 2 Prisen Salz hinzufügen. Mit dem Stabmixer pürieren, bis die Suppe eine cremige Konsistenz hat. Mit Salz und Pfeffer abschmecken und heiß servieren.

ABENDESSEN
HERBST/WINTER
10 MINUTEN + 15 MINUTEN

MANDELCREMESUPPE MIT SAFRAN

Zu diesem Rezept hat mich die traditionelle kalte spanische Knoblauchsuppe *Ajo blanco* inspiriert. Mandeln sind in der yogischen Ernährung sehr beliebt, denn sie wachsen in der Höhe und enthalten mehr vom Ätherelement, das den Geist und den subtilen Körper nährt, Klarheit, Einsicht und Intuition fördert. Sie stimulieren die Udana-Energie, die im Hals, Kopf, im Denken, im Nervensystem und in allen Sinnesrezeptoren wirkt, die uns mit der Außenwelt verbinden. Die Mandel, die sich unter einer harten äußeren Schale versteckt, gilt auch als Symbol für die Wahrheit, die hinter Äußerlichkeiten verborgen liegt. Ein paar Mandeln sind ein idealer Snack, der das Hungergefühl sofort beseitigt. Sie liefern viel Energie, sind nervenausgleichend, sehr nährstoffreich und remineralisierend.

Safran ist ein sattvisches Nahrungsmittel par excellence; er beruhigt die drei Doshas Vata, Pitta und Kapha. Für Schwangere allerdings ist er nicht geeignet, da er eine anregende Wirkung auf die Gebärmutter hat.

FÜR 4 PORTIONEN
Vorbereiten: 10 Minuten
Kochen: 15 Minuten

25 g ganze Mandeln
1 l Wasser
1 Gemüsebrühwürfel (siehe Seite 62)
100 g geschälte Mandeln, gemahlen
3–4 Tropfen Bittermandelessenz
6 Safranfäden
3 Scheiben Toastbrot ohne Rinde
200 ml Mandelcreme oder Rahm (Sahne)
Fleur de Sel
schwarzer Pfeffer, frisch zerstoßen

Die ganzen Mandeln in einer kleinen Schale in Wasser einweichen.

Das Wasser mit dem Gemüsebrühwürfel, den gemahlenen Mandeln, den Safranfäden und der Bittermandelessenz in einen Topf mit dickem Boden geben. 15 Minuten köcheln lassen.

Die Brotscheiben klein zupfen und zusammen mit der Mandelcreme hinzufügen. 5 Minuten ziehen lassen. Dann alles mit dem Pürierstab gründlich pürieren, bis die Suppe eine cremige Konsistenz hat. Mit Fleur de Sel und Pfeffer würzen.

Die eingeweichten Mandeln abgießen und der Länge nach in dünne Scheiben schneiden. Die Suppe in Schalen anrichten und mit den Mandeln bestreuen.

»Yoga-Praktizierende bemerken, dass sie bei der Wahl der Nahrungsmittel zunehmend anspruchsvoller werden und ein instinktives Umweltbewusstsein entwickeln. (…) Es handelt sich hierbei nicht um ein bestimmtes Programm, eher um eine Entwicklung. Der Grund dafür ist, dass der erfahrene Yogi über eine verfeinerte Sensibilität verfügt und, angetrieben durch sein Empfinden, mit Körper und Geist danach strebt, in der äußeren Welt die erlesensten Formen von Prana zu suchen, um sie in seinem Inneren zu vermehren.«

Micheline Flak, *Propos sur le Yoga au fil des jours,* Santé yoga éditions, 2014

DANK AN ANNAPURNA

Wenn wir sind, was wir essen, haben wir ein eminentes Interesse daran, unsere Nahrung mit größter Umsicht auszuwählen und durch unsere Wahl uns mit der Erde, unserer nährenden Mutter, zu verbinden. Vielleicht werden wir eines Tages selbst nährende Mutter oder nährender Vater und Garant dafür, was auf den Teller unserer Kinder kommt und damit auch Garant für ethische und ökologische Werte. Wenn wir nur passiv konsumieren, was die Nahrungsmittelindustrie produziert, akzeptieren wir, dass uns einer der Grundsteine unserer Freiheit entzogen wird, nämlich der selbstbewusste und selbstbestimmte Erhalt unseres wertvollsten Kapitals, unserer Gesundheit.

Die Vorschläge in den überlieferten Texten des Yogas bezüglich der Ernährung haben nichts von ihrer Aktualität verloren; sie empfehlen nämlich im Grunde, dem gesunden Menschenverstand zu folgen und stets nach Prana, der Lebensenergie, zu streben. Dabei hat es überhaupt nichts mit Selbstkasteiung oder Askese zu tun, wenn man eine gesunde, schmackhafte Ernährung pflegt, die mit dem Planeten Erde achtsam umgeht.

Im hinduistischen Götterhimmel hat Annapurna, »die an Nahrung Reiche«, einen guten Platz. Für die Yoga und Tantra Ausübenden symbolisiert sie die Fähigkeit des Menschen, durch seine Arbeit und seine Wahl für eine gesunde und reichhaltige Nahrung zu sorgen. Mit diesem Buch senden wir unseren westlichen und freudvollen Gruß zu Annapurna, der Mutter aller Nahrung.

DANK

Damit ein Projekt Wirklichkeit wird, bedarf es des Zusammenwirkens einer Vielzahl von Energien. Manche sind grundlegend, andere sind eine willkommene Ergänzung, aber alle sind wesentlich. Ich danke allen aus tiefstem Herzen. Hari Om Tat Sat.

Ich danke:
Micheline Flak, Blaise Angel und Gérald Weingand, meinen Yogalehrern, und durch sie dem Yoga an sich und allen Meistern des Satyananda Yoga.

Marie-Marie Andrasch, Antoine Isambert, Emmanuelle Christophe und Guillaume Duprat von den Éditions Ulmer; Anne-Claire Meret, Sandrine Boumier.

Dem Fotografen Thomas Dhellemmes und seiner Familie, Nicolas Froment, Delphine Viala, Océane Toubert, Lionel Lebrec und dem ganzen Team von L'Atelier Mai 98.

Valérie Bernier, Anne Berthold, Brigitte Ward, Fabienne Renault Raoul, Anaïs Durand, die dabei geholfen haben, dass dieses Buch das Licht der Welt erblickt.

Clémentine Donnaint, Dominika Roslon, Virginie Rol, François Momplay, Laurence Le Bris, Antoine Ricardou, Jules Mesny-Deschamps, Sylvie Potier, Emma Sawko, Pierrette Pallanca, Rohan Pankhania Macdonald, Vincent Dunod und Coralie Bigot.

Und meinen Allerwichtigsten: Valentine und Victor, Arnaud Flour, Françoise Menez, Daniel Bardel, Arnaud Bardel, Jacques Guiavarch.

Meine Gedanken gehen in memoriam besonders an Claude Daulion und Ludovic Parisot, denen ich es verdanke, dass ich zum Yoga Nidra kam.

Den Keramikerinnen Marion Graux (www.mariongraux.com), Claire Bailly-Carudel (www.lafabrique42bis.fr) und Armelle Hauy (JARS, Faïencerie de Moustiers Sainte-Marie).

Folgenden Geschäften und Restaurants: Merci (www.merci-merci.com), Caravane (www.caravane.fr), Madeleine & Gustave (www.madeleine-gustave.com), Neëst (www.neestshop.com), Wild & the Moon (www.wildandthemoon.com).

DIE MITWIRKENDEN

Garlone Bardel ist Stylistin, Kochbuchautorin und Yogalehrerin.
Thomas Dhellemmes ist Foodfotograf. Er hat zahlreiche Preise erhalten, u. a. den Grand prix de la Photographie de Patrimoine Gastronomique 2013.
Blaise Angel, *Karma Sannyasin*, ist Yogalehrer und in der Ausbildung für Yogalehrer tätig.
Anne-Claire Meret ist Naturheilpraktikerin mit Ayurveda-Ausbildung.

INFORMATIONEN ZU YOGA UND YOGA NIDRA

Alle Yoga-Praktiken, die in diesem Buch vorgestellt werden, werden an der Bihar School of Yoga (www.biharyoga.net) unterrichtet, in Deutschland wird sie durch das Satyananda Zentrum e. V. vertreten, in der Schweiz durch die Samatvam-Yogaschule, sie ist der Schweizer Zweig der Bihar School of Yoga, in Frankreich durch das Centre Culturel de Yoga Satyanandashram (www.centrecultureldeyoga.com), das von Swami Yoga Bhakti (Micheline Flak) gegründet und 1977 von Swami Satyananda eröffnet wurde.

www.centrecultureldeyoga.com
www.yoganidra.ch

REZEPTVERZEICHNIS

Auberginen, geschmort, mit Feta, Rucola und frischen Kräutern 266
Auberginen, konfiert, mit würziger Tomatensauce 247
Auberginen-Curry 264
Avocado-Bananen-Creme 212
Avocado-Bananen-Creme mit rohem Kakao 214
Avocadobrot mit Sprossen und Zitrone 108
Blumenkohlsalat mit Kichererbsen, Granatapfel, Petersilie und Haselnüssen 174
Blumenkohlsuppe, Cashewkerne und Zitronengras 286
Bowl zum Mittagessen 159
Brennnesselsuppe 248
Briochebrot mit Nüssen 202
Brokkolisalat, lauwarmer, mit Feta und Petersilie 164
Brotaufstrich mit Haselnuss und Rohkakao 120
Brötchen, Nordische 198
Brunnenkresse-Cremesuppe 132
Budwig-Müsli 105
Burger mit mariniertem Tofu, Kurkuma und Ingwer 142
Butternusskürbis, Cashewkerne, Zitrone, Ingwer und Koriander 172
Chapatis mit Rucola, Radieschen, Avocado, Kichererbsen und Zimt 148
Chia-Porridge mit Rohkakao, Walnuss, Samen, Mandeln und Kardamom 117
Cracker mit Kümmelsamen 203
Creme der Glückseligkeit 212
Creme mit rohem Kakao, Avocado und Banane 214
Cremesuppe aus Radieschenblättern oder Brunnenkresse 132
Crêpes mit Rosenwasser und Fenchel 204
Dal mit roten Linsen 257
Detox-Salat 168
Einkornbrot 200
Energiebällchen ohne Gluten 232
Erbsen, zerdrückt, mit Minze und Burrata 150
Früchteschale mit Gewürzen und Kräutern 106
Frühlingsgemüsecurry und Vollwertreis 128
Frühlingsgemüsetopf 250
Frühlingsrollen 136
Gemüse, Sommer-, geschmort 162
Gemüse, Winter-, ofengeschmort 272

Gemüse-Crumble 274
Gemüsecurry und Vollwertreis 128
Gemüsesuppe mit Gewürzen und Reismilch 265
Gemüsetopf, Frühlings- 250
Gerstensalat, lauwarmer, mit gebratenem Blumenkohl, Mandeln und Gewürzen 260
Gewürzkuchen 226
Gnocchi, Quinoa-, mit würziger Tomatensauce 256
Gomasio 114
Göttlicher Reis 242
Granola mit Hafer, Roter Bete und Ingwer 100
Grünkohl-Chips 268
Gurkensuppe mit Mandeln und Estragon 152
Haferflockenkekse mit Ingwer und Kardamom 234
Haselnuss-Brotaufstrich mit Rohkakao 120
Herbstsuppe, Rote 273
Hokkaidokürbis, gebraten, mit Thymian und Rosmarin 176
Karamellkuchen, saftig-weicher 228
Karotten, konfiert, mit Ingwer, Karottengrün und Koriander 156
Karottenkuchen 236
Kartoffelauflauf mit Gemüse und Zitrone 166
Kartoffeln, in Ghee konfiert 246
Kartoffelsalat, lauwarmer, mit Kräutern und Zitrone 146
Kartoffelkuchen »Om« 139
Kichererbsensalat, Tomaten, Gurken, Kräuter und Gewürze 158
Kitchari (Mungobohnensuppe) 284
Koriandercremesuppe mit Kokosmilch 278
Kräuterreis 130
Kürbis, Butternuss-, mit Cashewkernen, Zitrone, Ingwer und Koriander 172
Kürbis-Cari mit Spinat und Gewürzen 270
Kürbis, Hokkaido-, gebraten, mit Thymian und Rosmarin 176
Laddus, Energiebällchen ohne Gluten 232
Linsen mit frischen Kräutern 280
Linsen, Dal 257
Löwenzahnsalat 144
Magic Budwig 105
Maki Sushi 252
Mandelcreme mit Orangenblüten und Pistazien 216

Mandelcremesuppe mit Safran 288
Mandelmilch, selbst gemacht 102
Mandelmilchsuppe mit Fenchel und Esskastanien 282
Milch, pflanzliche, selbst gemacht 102
Milchreis mit Mandelmilch, Vanille und Kardamom 206
Mungobohnensuppe mit Limette und Koriander 284
Nuss-Briochebrot 202
Orecchiette mit Kräuterpesto 140
Pancakes, Wohlfühl- 118
Panzanella 154
Pfirsichsalat mit frischen Kräutern 220
Porridge mit Buchweizen, Kokosnuss, Cashewkernen, Gewürzen 104
Porridge mit Chiasamen, Reismilch und Gewürzen 112
Porridge mit Flohsamen, Hafer, Ingwer und Vanille 110
Porridge, Chia-, mit Rohkakao, Walnuss, Samen, Mandeln und Kardamom 117
Porridge, Prana-, mit Hafer, Chia, Leinsamen, Hanfsamen und Ingwer 111
Porridge, Quinoa-, mit Mandelmilch und Zitrone 116
Porridge, würziger, mit Reisflocken und Gomasio 114
Quinoa-Gnocchi mit würziger Tomatensauce 256
Quinoa-Porridge mit Mandelmilch und Zitrone 116
Quinoasalat, rohes Gemüse und frische Kräuter 167
Radieschenblätter-Cremesuppe 132
Reis, Göttlicher 242
Reis, Kantonesischer, auf meine Art 134
Reis, Kräuter- 130
Rhabarber mit Vanille und Zitrone 218
Salat aus grünen Bohnen, Mungobohnen, Spinat und Avocado 138

Salat mit Grünkohl, Blumenkohl, Erbsen, Basilikum, Seidentofu und Feta 244
Schafmilchjoghurt mit Holunder 210
Schafmilchjoghurt mit Vanille 208
Schokoladenkuchen mit Orangenschale 227
Sommergemüse, geschmort 162
Spinatrollen und Cracker mit frischem Ziegenkäse 254
Süßkartoffelsuppe mit Karotten und Ingwer 283
Taboulé mit Kräutern und Gewürzen 160
Tofu-Burger mit Kurkuma und Ingwer 142
Tomatensuppe mit Gewürzen 262
Vanillegugelhupf 224
Weiße Rüben, konfiert, mit Zimt 170
Wintergemüse, ofengeschmort 272
Wohlfühl-Pancakes 118
Wundersuppe mit Trockenerbsen, Spinat und Gewürzen 276
Yoga Bowl zum Mittagessen 159
Zucchini mit Quinoa, Ziegenkäse und Basilikum 258
Zucchinikuchen mit Walnüssen und Kardamom 222

Getränke
  Golden Latte 186
  Grüner Saft 192
  Indischer Chai mit Mandel- und Kokosmilch 191
  Kakao Latte mit Ingwer und Vanille 188
  Klassischer indischer Chai 190
  Kräutertees zum Verdauen 182
  Kurkuma Latte 186
  Matcha Latte 188
  Prana-Saft 194
  Roter Saft 194
  Tulsi-Kräutertee 180
  Yogi-Gewürzteeaufguss 184

Die Originalausgabe dieses Buches ist unter dem Titel »Yoga Cookbook« 2017 bei Éditions Ulmer, Paris, erschienen. Diese Ausgabe ist eine von Éditions Ulmer genehmigte Lizenzausgabe.

Aus dem Französischen übersetzt von Barbara Buchwalter

© 2018
AT Verlag, Aarau und München
Fachliche Durchsicht der Originalausgabe: Blaise Angel, Yogalehrer und Ausbildner
Fotos: Thomas Dhellemmes
Illustrationen: Sandrine Boumier
Gestaltung: Guillaume Duprat
Satz: AT Verlag
Druck und Bindearbeiten: Firmengruppe APPL, aprinta druck, Wemding
Printed in Germany

ISBN 978-3-03800-065-5

www.at-verlag.ch

Der AT Verlag, AZ Fachverlage AG, wird vom Bundesamt für Kultur
mit einem Strukturbeitrag für die Jahre 2016–2020 unterstützt.